Meinem Mentor und Mitstreiter

02.06.07

Franz Josef

(S. 74–76. 113ff)

Kohlhammer

Beate-Irene Hämel
Thomas Schreijäck (Hrsg.)

Basiswissen Kultur und Religion

101 Grundbegriffe für Unterricht, Studium und Beruf

Verlag W. Kohlhammer

Umschlag: Data Images GmbH
Reproduktionsvorlage: Stefan Rotsch, Frankfurt a. M.
Gesamtherstellung:
W. Kohlhammer Druckerei GmbH + Co. KG, Stuttgart
Printed in Germany

ISBN 978-3-17-019110-5

Basiswissen Kultur und Religion

101 Grundbegriffe für Unterricht, Studium und Beruf

Der Titel dieses kleinen Wörterbuchs klingt verheißungsvoll: Zu zwei zentralen, angesichts der Globalisierungsdynamik und der damit verbundenen weltweiten gesellschaftlichen Veränderungsprozesse heiß diskutierten Gebieten, nämlich *Kultur* und *Religion*, die zudem vielfältige Überschneidungen aufweisen, soll „Basiswissen“ vermittelt werden, und zwar in Form von 101 Artikeln, die schließlich den unterschiedlichen Ansprüchen von Unterricht, Studium und Beruf genügen sollen...

Mag sein, dass die knappen Texte nicht für alle Zusammenhänge ausreichen; mag sein, dass sie bisweilen sehr komplex und voraussetzungsvoll sind; mag sein, dass 101 Grundbegriffe ohnehin eine viel zu begrenzte Auswahl darstellen, oder dass nach Ansicht von Leserinnen und Lesern ganz andere Begriffe oder andere Perspektiven auf sie grundlegend sind. Dennoch: Wir wollten ein „Hosentaschenbuch“ vorlegen, griffbereit, um immer wieder Hilfen zum Verständnis von Diskussions- und Textzusammenhängen zu bieten, mitunter kleine Entdeckungen zu ermöglichen und nicht zuletzt der interdisziplinären, interkulturellen, interreligiösen und ökumenischen Verständigung zu dienen, indem es auf kleinem Raum eine überschaubare Anzahl von Beiträgen, die jeweils in einen thematischen Zusammenhang aus den Bereichen Kultur und Religion einführen, versammelt. Dass der religiöse Zusammenhang hier primär aus der christentumsgeprägten Perspektive und deshalb aus der Perspektive christlicher Theologie behandelt wird, ist der Tatsache geschuldet, dass der Kontext der Leserinnen und Leser wohl nach wie vor ein vorrangig christlich geprägter, zugleich „eigener“ und „fremder“ ist. In diesem Sinne verstehen wir das „Basiswissen“ als Orientierungshilfe *ad intra* wie *ad extra*.

Für das vorliegende Wörterbuch haben wir über 80 ausgewiesene Fachleute aus unterschiedlichen Disziplinen der Geistes-, Sozial- und Kulturwissenschaften zur Mitarbeit gewinnen können. Das Ergebnis selbst ist ein Beispiel für internationale, interdisziplinäre und interkulturelle Zusammenarbeit. Darüber freuen wir uns sehr und danken den Autorinnen und Autoren herzlich für die gute Kooperation. Ihre Beiträge haben wir bewusst, abgesehen von redaktionellen Bearbeitungen, in ihrem jeweiligen Charakter belassen. Wann immer es sich anbietet, berücksichtigen die Autorinnen und Autoren die Grunddimensionen „Gott, Welt und Mensch“ in ihren zumeist eine, im Fall von Weltreligionen sowie wenigen anderen Grundbegriffen zwei Seiten umfassenden Beiträgen.

Empfehlungen einschlägiger Literatur (auch jeweils in der neuesten Auflage) bieten eine Hilfe zur Vertiefung.

Wir danken Herrn Stefan Rotsch für die Gestaltung des druckfertigen Layouts und dem Kohlhammer-Verlag, namentlich Herrn Jürgen Schneider, für die Aufnahme des Bandes in das Verlagsprogramm und die gute Zusammenarbeit.

Frankfurt a.M., Frühjahrsanfang 2007
Beate-Irene Hämel, Thomas Schreijäck

Abrahamische Religionen

Der Begriff will die Tatsache bewusst machen, dass Juden, Christen u. Muslime in je spezifischer Weise den biblisch (Gen 12,1–25,18) bezeugten Erzvater Abraham (A.) als „Vater des Glaubens" verehren. Juden, Christen u. Muslime teilen damit ein Erbe, das sie so mit Angehörigen aller nicht a.R. indischen od. chinesischen Ursprungs nicht teilen. Diese besondere Verbindung ist dadurch gegeben, dass Christen sich für die Rechtfertigung ihres Christus-Zeugnisses in Schlüsseltexten des NT auf A. zurück beziehen (insbes. Gal 3 u. 4; Röm 4, Joh 8), Muslime explizit vom →Koran her den →Islam als *millat Ibrahim* (Religion A.s) begreifen. Dabei erfolgt der Zugriff auf A. in den drei →Religionen so, dass Gemeinsames u. Trennendes deutlich wird.

Gemeinsam ist Juden, Christen u. Muslimen die durch A. vorgelebte Grundhaltung des Menschen vor Gott, die sich in Akten radikalen Gottvertrauens manifestiert. Dieses Gottvertrauen kommt für Juden vor allem im nicht vollzogenen Opfer des Sohnes A.s, Isaak, zum Ausdruck (die *Akeda* in Gen 22), für Christen im Glauben an die Auferweckung des Gekreuzigten durch →Gott, der sich so als ein Gott erweist, „der die Toten lebendig macht u. das, was nicht ist, ins Dasein ruft" (Röm 4,17), für Muslime im Kampf gegen alle vom Mensch gemachten Götzenbilder u. Idole zugunsten des einen u. wahren Schöpfergottes (Sure 21,57–67).

Kirchlich aufgenommen wurde eine Juden, Christen u. Muslime verbindende A.s-Theologie durch das II. Vatikanische Konzil. Es hat in einer eigenen Religionen-Erklärung (*Nostra aetate*) den Glauben von Muslimen (Nr. 3) u. Juden (Nr. 4) neu bewertet. Die Kirchenkonstitution des Konzils hatte dafür die Weichen gestellt: „Der Heilswille umfasst aber auch die, welche den Schöpfer anerkennen, unter ihnen bes. die Muslim, die sich zum Glauben A.s bekennen [...]" (*Lumen Gentium* 16).

Mit A. aber haben Juden, Christen u. Muslime stets auch ihr Eigenprofil gegeneinander geschärft, sodass es von Anfang an immer auch „Streit um A." gab. Juden haben durch A. ihre besondere Erwählung („Bund") u. ihre spezifischen Landverheißungen gerechtfertigt gesehen u. sich dadurch von Christen u. Muslimen abgegrenzt. Christen haben gegen Juden unter Berufung auf A. ihren Christus-Glauben gerechtfertigt, gleichzeitig durch Christus A. übertrumpft („Noch ehe A. wurde, bin ich"; Joh 8,58) u. so eine weitere durch A. legitimierte Religion (wie den Islam) von vornherein ausgeschlossen. Muslime, deren Religion nach →Judentum u. →Christentum in die Weltgeschichte eintritt, haben sich über A. ihre sachliche Priorität als wahre Religion auf Kosten von Juden u. Muslimen verschafft: „A. war weder Jude noch Christ, er war ein gottergebener Hanif u. kein Heide. Die Menschen, die A. am nächsten stehen, sind diejenigen, die ihm seinerzeit gefolgt sind u. dieser Prophet [Mohammed] u. die, die mit ihm gläubig sind“ (Sure 3,67f.)

Trotz allem Trennenden bemühen sich heute auch in Deutschland Organisationen um ein besseres Verstehen u. eine gedeihliche Zusammenarbeit zw. Juden, Christen u. Muslimen im Geiste A.s: Gesellschaften wie „Freunde A.s“ in München (Prof. M. Görg) od. „A.ische Teams“ (J. Micksch). Geleitet wird solche Arbeit von dem Vertrauen, dass A. weder durch das Judentum, das Christentum od. den Islam vereinnahmt werden kann, sondern vorbildlicher Glaubenszeuge vor Gott bleibt. In diesem Sinne nennen alle drei →Heiligen Schriften A. den „Freund Gottes“ (Jes 41,6; Jak 2,23; Sure 4,125), der Juden, Christen u. Muslimen im rechten Geist die Freundschaft zu Gott lehren kann.

Görg, M., Abraham als Ausgangspunkt für eine „abrahamitische Ökumene“? In: A. Renz/S. Leimgruber (Hg.), Lernprozess Christen – Muslime. Gesellschaftliche Kontexte – Theologische Grundlagen – Begegnungsfelder, Münster 2003, 142–150. – Kratz, R.G./Nagel, T. (Hg.), „Abraham, unser Vater“. Die gemeinsamen Wurzeln von Judentum, Christentum und Islam, Göttingen 2003. – Micksch, J., Abrahamische und interreligiöse Teams, Frankfurt a.M. 2003. – Naumann, Th., Ismael – Abrahams verlorener Sohn, in: R. Weth (Hg.), Bekenntnis zu dem einen Gott? Christen und Muslime zwischen Mission und Dialog, Neukirchen-Vluyn 2000, 70–89. – Kuschel, K.-J., Streit um Abraham. Was Juden, Christen und Muslime trennt – und was sie eint, München 1994 (Düsseldorf 2001).

Karl-Josef Kuschel

Amt, religiöses

Der Begriff des religiösen A.es bezeichnet grundsätzlich eine religiöse Tätigkeit u. Aufgabe, die von den individuellen Charakteristika einer Person unabhängig ist: Im A. wird eine bestimmte Verantwortung u. Funktion od. ein bestimmtes Handeln mit religiöser Autorität ausgestattet u. dauerhaft legitimiert.

Der A.sbegriff wurde insbes. im →Christentum entwickelt, hat dort aber im Laufe der Geschichte unterschiedliche Interpretationen erhalten. Am profiliertesten ist das A.sverständnis dort, wo seine Autorität u. Legitimation von →Gott selbst abgeleitet ist. So versteht etwa Paulus das ApostelA. in Entsprechung zu Christus, der sich für Andere hingab, als Dienst am Anderen. Durch die spätere Entwicklung erhält das durch die Vollmacht Christi ausgestattete A. gar eine Heil vermittelnde Bedeutung, wobei im Rahmen der zunehmenden Hierarchisierung kirchlicher Ämter dem Papst eine besondere Bedeutung zukommt. Der Protestantismus wendet sich zwar gegen diese Heilsbedeutung des A.es, hält jedoch an der Notwendigkeit des kirchlichen A.es fest. Das religiöse A. bedarf jedoch nicht notwendigerweise einer auf Gott zurückgeführten Begründung. In religiösen Traditionen wie etwa dem →Daoismus, dem der Gedanke eines persönlichen Gottes von Hause aus fremd ist, beruht die A.sautorität auf dem in der Ordination offiziell anerkannten Wissen der Priester um den absoluten Urgrund (*tao* bzw. *dao*) des Kosmos u. ihrer Kenntnis der Techniken, die zum Einssein mit diesem Urgrund führen.

Mit dem religiösen A. geht häufig eine besondere Verantwortung für die jeweilige →Religion gegenüber der Welt einher: Sorgten in der kirchlichen →Tradition die ordinierten A.sträger („Kleriker") für die Bewahrung des religiösen Erbes, der sich die Laien unterzuordnen hatten, wurde im →Buddhismus durch das MönchsA. die Erhaltung u. Vermittlung der Lehre sichergestellt. Dabei wäre es zwar falsch, zw. „Volksreligion" hier u. „A.sreligion" dort zu trennen – Laien wie A.sträger sind gleichermaßen um rechte Gesinnung, rechten Glauben od. rechtes Tun besorgt. Das religiöse A. ist jedoch nochmals in besonderer Weise mit der Autorität ausgestattet, die Religion gegenüber der Welt offiziell zu vertreten u. in ihrem Namen zu sprechen.

Im religiösen A.sträger selbst treffen Individuum u. Institution aufeinander. Je höher der Organisationsgrad einer Religion ist, desto deutlicher kommen überindividuelle Funktionen u. Verantwortlichkeiten im A. selbst zum Ausdruck. Religiöses Expertentum in Gestalt von Schamanen, Heilern od. Zauberern ist hingegen nur eingeschränkt als A. zu verstehen; hier steht das Charisma des jeweiligen Experten – seine besonderen religiösen Fähigkeiten – im Vordergrund, während das A. weitergehende Institutionalisierungsprozesse der jeweiligen Religion voraussetzt. Allerdings finden sich in vielen Religionen durchaus auch beide Ausdrucksformen religiöser Spezialisierung – so etwa das A. des Priesters neben der religiös bedeutsamen Rolle des „Medizinmanns". Auch können Formen des Expertentums nebeneinander bestehen, die durch das persönliche Charisma od. durch die Institution des A.es legitimiert sind, so etwa im Falle des →Propheten.

Weber, M., Religion und Gesellschaft, Frankfurt a.M. 2006. – Schneider, Th./Wenz, G. (Hg.), Das kirchliche Amt in apostolischer Nachfolge, Bd. 1 (=Grundlagen und Grundfragen), Freiburg i.B.-Göttingen 2004. – Sattler, D./Wenz, G. (Hg.), Das kirchliche Amt in apostolischer Nachfolge, Bd. 2 (=Ursprünge und Wandlungen), Freiburg i.B.-Göttingen 2006. – Kehrer, G., Organisierte Religion, Stuttgart 1982.

Klaus Hock

Anthropologie

A. (aus gr. *anthropos*=Mensch u. gr. *logos*=Vernunft od. Wort) ist die begründete Rede vom Menschen u. versucht der Frage „Was ist der Mensch?" aus den verschiedensten Perspektiven nachzuspüren. Es gibt z.B. naturwissenschaftliche, philosophische, theologische (→Theologie), pädagogische od. kulturwissenschaftliche (→Kulturwissenschaft) A.n, die in unterschiedlichen →Kontexten u. Denkhorizonten nach dem →Sinn u. der Bedeutung menschlicher Existenz fragen. Nur wenn man sich diesen Fragen stellt, können ethische Orientierungen (→Ethik) im konkreten Umgang mit menschlichem →Leben gefunden werden.

Für das jüdisch-christliche Menschenbild, das sich der Überlieferung der →Bibel verdankt, gilt, dass der Mensch als Geschöpf ein Beziehungswesen (Ich u. Anderer; →Gemeinschaft; Mann u. Frau; Leib u. →Seele) ist, das seinen Ursprung (→Schöpfung) u. seine Vollendung (→Tod) in →Gott findet. Gott hat den Menschen angesprochen u. zur verantwortungsvollen →Liebe angesichts des Nächsten berufen. Gottes- u. Nächstenliebe stehen im Zentrum ethischer Orientierung. Das ist auch der Kern der Rede vom Menschen als Ebenbild, d.h. Stellvertreter Gottes in Gen 1,24ff.

Das Leben geschieht in der Zeit, die einen Anfang u. ein Ende kennt u. in der die Beziehungen zu Gott, zum anderen Menschen, zur Natur u. zu mir selbst gelebt werden. Im Unterschied zu östlicher Religiosität (→Buddhismus, Hinduismus) ist das Leben für die monotheistischen →Religionen (→Judentum, Christentum, Islam) durch Einmaligkeit u. Unwiederholbarkeit gekennzeichnet. Das Erreichen der Vollkommenheit od. →Erlösung ist nämlich nicht nur Sache menschlicher →Freiheit u. Entschiedenheit, sondern auch Sache Gottes, der das Heil aller Menschen schon in der Geschichte (nicht erst im ewigen Leben) will u. seine Gnade schenkt. Auch der Tod kann die Beziehungen, die unser Leben ausmachen, nicht zerstören – dafür steht die biblische Hoffnung auf die unbegreifliche Auferweckung des ganzen Menschen, weil sowohl Seele als auch Leib für die Bezogenheit u. Beziehungsfähigkeit des Menschen über den Tod hinaus stehen.

Die mehrfache Bezogenheit des Menschen ist eine Gegebenheit, von der her die menschliche Freiheit zu verstehen ist. Das Freiheitsvermögen u. die Fähigkeit der Selbstreflexion (Selbstbewusstsein) gelten in der abendländischen Geistesgeschichte als herausragende Charakteristika des Menschen. Gegen eine allzu absolut gedachte →Autonomie des Menschen rufen die monotheistischen Religionen in Erinnerung, dass der Mensch schon vieles empfangen hat, bevor er sein Leben u. seine Freiheit entfaltet. Die Freiheit ist eine eingesetzte, die ihren Ursprung aber nicht eindeutig u. bruchlos fassen kann. Hinzu kommt die Erfahrung von →Sünde u. Schuld. Diese konfrontiert mit dem Scheitern menschlicher Freiheitsgeschichte, wenn sich der Mensch seiner Verantwortung entzieht, u. verschärft die Frage nach Heil, Erlösung u. Vergebung, die aufgrund von Umkehr u. Gnade wieder in zuvor gestörte od. zerstörte Beziehungen des Lebens hineinholt. Somit steht auch die rätselhafte Ambivalenz menschlicher Existenz zw. Glücken u. Scheitern vor Augen, die sich in der Frage nach dem Leiden u. dem Tod zuspitzt. Fraglichkeit u. Ambivalenz lassen die Hoffnung auf ein letztes Gelingen des Lebens laut werden, in dem nicht Vernichtung u. Scheitern, sondern das Glücken der Beziehungen das letzte Wort hat. Gegenüber jenen Versuchen, die den Menschen endgültig definieren od. entschlüsseln wollen, ist an der bleibenden Geheimnishaftigkeit u. Unbegreiflichkeit des Menschen festzuhalten, die dafür steht, dass der Mensch niemals Mittel zum Zweck werden darf (I. Kant), sondern in seiner Unverfügbarkeit u. Einzigkeit zu respektieren ist.

Dirscherl, E., Grundriss Theologischer Anthropologie. Die Entschiedenheit des Menschen angesichts des Anderen, Regensburg 2006. – Wulf, Ch., Anthropologie, Geschichte – Kultur – Philosophie, Hamburg 2004. – Janowski, B., Konfliktgespräche mit Gott. Eine Anthropologie der Psalmen, Neukirchen-Vluyn [2]2003. – Höhn, H.-J., zustimmen. Der zwiespältige Grund des Daseins, Würzburg 2001.

Erwin Dirscherl

Atheismus

(gr. *átheos*=gottlos; *atheóthēs*=Gottlosigkeit, Gottesleugnung, Unglaube) ist die Verneinung der Existenz →Gottes. Das Wort A. hat sich erst seit dem 16. Jh. eingebürgert, obwohl Gottesleugnung so alt ist wie der Gottesglaube (→Glaube) selbst. In der Geschichte der →Religionen wurden häufig Andersgläubige aus politischen Gründen der Gottlosigkeit beschuldigt: Sokrates in der griechischen Antike, die ersten Christen in der römischen Kaiserzeit, Spinoza u. Fichte in der Neuzeit.

Die Auffassung einer Person, die nicht davon überzeugt ist, dass Göttliches existiert, kann als schwacher A. bezeichnet werden. Unter einem starken A. wird dagegen die ausdrückliche Behauptung der Nicht-Existenz Gottes bzw. der Götter verstanden. Angesichts der unterstellten Unwahrheit (→Wahrheit) des Gottesglaubens muss der A. eine Erklärung für die Entstehung u. weite Verbreitung dieser falschen Überzeugung anbieten. Die älteste u. häufigste Erklärung besagt, dass Gott bzw. die Götter von den Menschen erfunden wurden – aus politischen od. psychologischen Gründen bzw. aufgrund ungenügender Kenntnis der Natur, so etwa Cicero, Machiavelli, Holbach, Feuerbach, Marx u. Freud. Die Entlarvung des Glaubens an Gott als Schöpfung des Menschen wird häufig mit der Aufforderung verbunden, sich von der Religion zu emanzipieren. Gottesvorstellungen seien nicht nur falsch, sondern für die Menschen u. die Gesellschaft schädlich u. müssten bekämpft werden. Die atheistische Auffassung, dass die Annahme der Existenz Gottes das Resultat menschlicher Erfindung sei, kam bei L. Feuerbach zur Vollendung. Feuerbach erklärt Religion als Ergebnis der Projektion menschlicher Eigenschaften auf ein göttliches Wesen: Gott hat nicht den Menschen, sondern der Mensch Gott nach seinem Bild erschaffen.

Vor allem durch die Evolutionstheorie Ch. Darwins, die ein wörtliches Verständnis der biblischen Lehre von der Erschaffung des Menschen durch Gott (→Schöpfung) unmöglich gemacht hat, verlor der Glaube an Gott die Funktion einer Erklärung für Vorgänge in der Natur. So vertreten die meisten Naturwissenschaftler heute einen sog. *methodologischen* A., demzufolge Ereignisse in der Erfahrungswelt ohne Annahme der Existenz Gottes wissenschaftlich erklärt werden können. Der *methodologische* A. kann ergänzt werden durch einen *pragmatischen* A., der die Existenz von Gott od. Göttern nicht ausdrücklich ausschließt, diese Vorstellung aber als unnötig od. überflüssig betrachtet. Mit dem methodologischen u. dem pragmatischen A. verwandt ist ein *semantischer* A., für den die Annahme der Existenz Gottes sinnlos ist, da Aussagen, in denen auf Gott od. Götter Bezug genommen wird, nicht verifiziert od. falsifiziert werden können.

Der *theoretische* A. ist eine Form des starken A., der ausdrücklich philosophische Argumente gegen die Existenz Gottes formuliert: N. Hoerster, J. L. Mackie. Eine Position, die sich von diesem starken A. ebenso unterscheidet wie von ausdrücklicher Religiosität, ist der *Agnostizismus* (gr. *agnōsía*=Unkenntnis). Der Agnostizismus geht davon aus, dass die Frage der Existenz od. Nicht-Existenz von Gott bzw. Göttern mit Mitteln der menschlichen Vernunft nicht entschieden werden kann – Protagoras, Hume. Th. Huxley, der das Wort Agnostizismus eingeführt hat, verstand darunter jedoch ursprünglich die Lehre von der Unmöglichkeit, das →Transzendente *trotz seiner Realität* rational zu erkennen.

Dennett, D. C., Breaking the Spell. Religion as Natural Phenomenon, New York 2006. – Faber, R./Lanwerd, S. (Hg.), Atheismus: Ideologie, Philosophie oder Mentalität?, Würzburg 2006. – Mackie, J. L., Das Wunder des Theismus. Argumente für und gegen die Existenz Gottes, Stuttgart 1985 (1986).

Thomas M. Schmidt

Autonomie

A., Selbst-Gesetzlichkeit, ist nach I. Kant das einzig mögliche Prinzip von Moral, weil jede Art von Fremdgesetzlichkeit, Heteronomie, die Selbstbestimmung des vernünftigen menschlichen Willens, die →Freiheit des Individuums, nicht nur in Frage stellen, sondern aufheben u. somit moralisches Handeln, Kausalität aus Freiheit, unmöglich machen würde. In diesem Sinn ist A. das grundlegende Signum des neuzeitlichen Freiheitsbewusstseins u. Selbstverständnisses. In Analogie hierzu spricht man von der A., der Eigengesetzlichkeit unterschiedlicher Wirklichkeitsbereiche, wie der Biologie, Ökonomie, Technik, →Ästhetik usw.

Insofern der christliche →Glaube (→Christentum) grundlegend Glaube an →Gott als transzendenten (→Transzendenz) u. absoluten Herrn u. Schöpfer der Welt ist, scheint er dem Gedanken der A. zu widersprechen u. von der Heteronomie, näherhin der Theonomie, der Bestimmung durch Gott, auszugehen. Gleichwohl bezeugt das AT insges. den Glauben an JHWH (→Judentum) als den sein Volk aus der Knechtschaft herausführenden Befreiergott u. ist die befreiende Botschaft Jesu sowie dessen zu endgültiger Freiheit führende Erlösungstat (→Erlösung) am Kreuz der Kern des NT. Dementsprechend durchzieht die Geschichte des christlichen Denkens bis heute ein ambivalentes Verhältnis zum A.sgedanken. Schon Augustinus changiert zw. der Betonung der menschlichen Freiheit u. der Alleinwirksamkeit der göttlichen Gnade. Ganz ähnlich spricht Luther von der „Freiheit eines Christenmenschen", insistiert aber zugleich auf dessen Abhängigkeit von der unverfügbaren göttlichen Gnade. Auch die nachtridentinische katholische →Theologie konnte das Verhältnis von göttlichem Handeln u. menschlicher Freiheit, also von Theonomie u. A., nicht wirklich lösen. Mit dem Gedanken, dass A. u. Theonomie sich nicht widersprechen müssen, dass vielmehr recht verstandene A. sogar nur dann heteronome Fremdbestimmung ausschließt, wenn sie theonom vertieft ist, will die nach dem II. Vatikanischen Konzil entwickelte „autonome Moral" (A. Auer, J. Fuchs, F. Böckle, D. Mieth u.a.) christlichen Gottglauben mit neuzeitlichem Freiheitsdenken vermitteln. Besondere Beachtung dürfte auf Dauer der dies weiterführende Ansatz des Dogmatikers Th. Pröpper verdienen, der den neuzeitlichen A.sgedanken noch vorbehaltloser aufgreift u. von der unbestreitbar vorgegebenen Freiheit des Menschen ausgeht, um von hier aus den christlichen Glauben als konkrete u. einzig adäquate Verwirklichung, als Erfahrungsraum von Freiheit im umfassenden Sinn zu entwerfen. Nach Pröpper ist somit A. kein Gegensatz zu, sondern gerade der Ausgangspunkt, der Grund der Möglichkeit von Begegnung, u. zwar sowohl mit anderen Menschen als auch mit Gott, u. damit auch Fundament u. Motor jeder Art von praktischem Einsatz für politisch-gesellschaftliche Befreiung. Nicht zuletzt dürfte von diesem A.sverständnis her auch ein →Dialog der Theologie mit den menschliche Selbstbestimmung erneut bestreitenden Biowissenschaften am ehesten möglich sein.

Herrmann, Ch.S. u.a. (Hg.), Bewusstsein. Philosophie, Neurowissenschaften, Ethik, München 2005. – Pröpper, Th., Evangelium und freie Vernunft. Konturen einer theologischen Hermeneutik, Freiburg-Basel-Wien 2001. – Gerhardt, V., Selbstbestimmung: das Prinzip der Individualität, Stuttgart 1999.

Albert Franz

Ästhetik

Der Begriff Ä. bezeichnet eine Teildisziplin der Philosophie, deren Theorien sich mit dem Schönen, dem Erhabenen u. anderen sinnlich-geistig wirksamen Qualitäten befassen, wie sie sowohl in der Natur als auch in den Künsten bei wertender Betrachtung hervortreten. Der semantisch nicht eindeutige Begriff Ä. kann neben der Theorie der ästhetischen Qualitäten u. der Kunst aber auch die besondere Struktur der Gegenstände dieser Theorie bedeuten. So spricht man von der Ä. eines Bauwerks, der Ä. einer Aufführung usw.

Es gibt z.Zt. auch nicht-philosophisch organisierte Ä.en, die sich nicht so sehr in dem Gegenstandsbereich als vielmehr methodisch von der philosophischen Ä. unterscheiden: z.B. empirische Ä. als Teil der Soziologie, der Psychologie od. der Ökologie; theologische Ä. als Versuch, z.B. der christlichen →Theologie, die Schönheit u. Herrlichkeit der →Offenbarung mit genuin theologischer Methodik zu vergegenwärtigen u. in der Inkarnation den Urtypus der Schönheit als Anschaubarkeit des Wahren (→Wahrheit) zu sehen (vgl. das Werk von H. U. v. Balthasar).

Der Terminus Ä. (von gr. *aisthesis*=sinnliche →Wahrnehmung) wurde von dem Philosophen A. G. Baumgarten als Name für die von ihm begründete Theorie sinnlicher Erkenntnis gewählt, deren Grundlegung er in dem zweibändigen Werk *Aesthetica* von 1750 leistete. Zum heute noch fortwirkenden Gründungsimpuls der Ä. gehört es, dass sie sich gegen die Verabsolutierung der Verstandesrationalität wendet u. deren Ergänzung durch eigenständige erkennende u. wertende Leistungen der menschlichen Sinnlichkeit einfordert. So ist philosophische Ä. vom Beginn bis heute in weiten Bereichen Rationalitätskritik (vgl. z.B. Th. W. Adornos Ä. od. die Tendenz der →Postmoderne, Ä. als umfassende Theorie sinnlicher Wahrnehmung zu verstehen).

War Baumgarten beim Begriff des Schönen noch von einer in den Dingen u. Kunstwerken selbst liegenden, d.h. an sich seienden Vollkommenheit (*perfectio phaenomenon*) ausgegangen, für deren Reichtum sich der Mensch durch ein „schön Denken" sensibilisieren könne, so vollzieht Kant im Rahmen seiner kritischen Philosophie die bis heute folgenreiche Subjektivierung der ästhetischen Konstellation, der gemäß sich das Schöne u. andere ästhetische Qualitäten nach der Fähigkeit der zweckfreien, überpersönlichen, d.h. „interesselosen" u. nichtbegrifflichen Schätzung des ästhetisch reflektierenden Menschen richten müssen. Die in dieser ästhetischen Distanz zu gewinnende Lust in der Beurteilung des Schönen u. der Kunst geht aus der allseitigen Anregung u. Interaktion der Erkenntnisvermögen (Verstand, Einbildungskraft, Vernunft) hervor u. unterscheidet sich Kant zufolge von jeder unmittelbar durch die Sinne erwirkten Lust am Angenehmen.

Mit der Subjektivierung des Schönen u. seiner zunehmenden Abkoppelung vom Wahren u. Guten verfällt der ehemalige Zentralbegriff der Ä. in der Moderne u. wird unfähig, den wesentlichen Charakter der Kunst (der „nicht mehr schönen Künste") zu erfassen. Die gegenwärtige Entwicklung einer Ästhetisierung der →Lebenswelt (MedienÄ., Design, Körperkult, Kosmetik, Werbung usw.) bei gleichzeitiger Abwertung des Schönen, vor allem hinsichtlich der großen Kunst, stellt die Ä. vor die Aufgabe, den Geltungscharakter ihrer zentralen Begriffe zu prüfen u. zu aktualisieren.

Reicher, M.E., Einführung in die philosophische Ästhetik, Darmstadt 2005. – Henckmann, W./Lotter, K. (Hg.), Lexikon der Ästhetik, München [2]2004. – Scheer, B., Einführung in die philosophische Ästhetik, Darmstadt 1997.

Brigitte Scheer

Bibel

B. kommt von dem gr. Wort *ta biblia*, das wörtlich übersetzt „die Bücher" bedeutet (auf dem Umweg über das Mittellateinische wurde aus dem ursprünglichen Plural ein Singular). In der antiken jüdischen Literatur (Josephus) wurde dieses gr. Wort für die →heiligen Schriften Israels verwendet, bei den frühen Christen (Origenes, Johannes Chrysostomus) dagegen bereits (wie noch heute) für die Gesamtheit der Schriften des AT u. des NT. Die Christen (→Christentum) übernahmen die B. Israels, deren Bücher überwiegend in der zweiten Hälfte des 1. Jahrtausends v.Chr. entstanden, als grundlegende Urkunde des eigenen →Glaubens. Damit wurde gegen manchen Widerstand, z.B. Markions, festgehalten, dass der →Gott Jesu kein anderer als der Gott des AT war. Die später (zw. Mitte des 1.Jh.s u. Anfang des 2.Jh.s n.Chr.) entstandenen christlichen Schriften wurden der jüdischen B. als zweiter Teil angehängt.

Der Umfang christlicher B.ausgaben ist konfessionell etwas unterschiedlich. Während die Kirche bis zur Reformation u. die katholische Kirche bis heute unter B. weitgehend die Bücher verstanden, die in der Septuaginta (der griechischen Übersetzung bzw. Ausgabe des AT) gesammelt waren, entschieden sich die Reformatoren, nur die Bücher als Teil der B. anzuerkennen, die im hebräischen Original verfügbar waren. Damit wurden sieben Bücher ausgeschieden od. in den Anhang verwiesen, die auf Griechisch abgefasst worden waren od. deren hebräische Vorlage nicht mehr vorhanden war (Judit, Tobit, 1/2 Makkabäer, Weisheit, Jesus Sirach, Baruch, ferner Zusätze zu Esther u. Daniel). Diese Bücher heißen in den reformierten Kirchen Apokryphen, bei den Katholiken deuterokanonische Bücher. Abgesehen von diesem Unterschied besteht die B. aber bei reformierten wie katholischen Christen aus denselben Büchern: 39 (bzw. katholisch: 46) Bücher im AT, 27 Bücher im NT.

Die alttestamentlichen Schriften sind weit überwiegend auf Hebräisch abgefasst worden. Ihre Einteilung u. Reihenfolge unterscheiden sich in der christlichen Tradition vom →Judentum. Auf die Tora (=5 Bücher Mose, Pentateuch) folgen in christlichen Ausgaben die Geschichtsbücher, dann die Weisheitsbücher (zu denen auch mit einer gewissen Sonderstellung die Psalmen gezählt werden) u. die Prophetenbücher (→Prophet). Hinter dieser Vierteilung steht als Grundidee die Abfolge Uroffenbarung (→Offenbarung) – Vergangenheit – Gegenwart – Zukunft.

Die neutestamentlichen Bücher sind durchweg auf Griechisch entstanden. Voran stehen wegen ihrer Bedeutung die vier Evangelien, auf die (als Fortsetzung des Lukasevangeliums) die Apostelgeschichte folgt. Den Abschluss bildet das Buch von den letzten Dingen, die Offenbarung des Johannes. Dazwischen stehen das Korpus der Paulusbriefe, das 14 Briefe umfasst, u. die sieben Katholischen (=allgemeinen, für die Allgemeinheit bestimmten) Briefe, die nicht an einzelne Gemeinden gerichtet sind.

Die B. gilt in den christlichen →Kirchen als inspiriert, d.h. als vom Hl. Geist vermitteltes Wort Gottes. Damit ist keine wörtliche Eingebung gemeint (Verbalinspiration), sondern das Wirken des Hl. Geistes in Israel u. der Kirche, das die dort entstandenen Schriften zu einer authentischen Selbstmitteilung Gottes macht.

Schmidt, W.H., Alttestamentlicher Glaube, Neukirchen-Vluyn [9]2004. – Roloff, J., Einführung in das Neue Testament, Stuttgart 1995 (2003). – Gnilka, J., Theologie des Neuen Testaments, Freiburg i.B. 1994 (1999).

Thomas Schmeller

Bildung

Mit dem Begriff B. sind traditionsreiche u. vielschichtige Vorstellungen von Gestaltungsprozessen (*formatio*) u. Zuständen (*forma*) verbunden, die diesen Kernbegriff der Erziehungswissenschaft u. Pädagogik markieren. B. artikuliert ein kritisch-reflexives Verhältnis, das Menschen zu sich (Selbstbezug), zu den Mitmenschen (Sozialbezug) u. zur Welt (Sachbezug) haben. Diese Verhältnisse markieren die Achsen der →Ethik, der Macht u. des Wissens. B. ist eine Sorge um sich (*epimeleia heautou*) als Sorge um eine mündige Lebensführung u. ist der Versuch, menschliche Erfahrungen in der Totalität eines endlichen leiblich-kognitiven Wesens als Prozess zu denken. Während der Begriff der Erziehung die Signatur der Zucht trägt, wird mit B. seit der Antike der Mensch als ein in den Grenzen seiner Möglichkeiten freies Wesen (→Freiheit) begriffen, das sein

→Leben u. seine Verhältnisse zu gestalten hat. B. steht für eine Widerständigkeit u. Weigerung, Menschen in den Dienst ihrer Nutzbarmachung zu stellen.

Wortgeschichtlich geht der Begriff B. auf Meister Eckart zurück, der B. als das Einbilden →Gottes in die →Seele begreift. Geleitet von der *imago-dei*-Vorstellung übersetzt er *formatio* mit B. Die Ebenbildlichkeit des Menschen (*imago dei*) zu Gott setzt ihn in die Spannung der Selbstgestaltung unter der Maßgabe einer unverfügbaren Geschöpflichkeit (P. de Mirandola). Als kanonische B. umschließt sie von der Antike bis in die Moderne hinein die *septem artes liberales* u. generiert sich als subjektive Aneignung von →Kultur über schulische Lehrpläne. Seine spezifisch pädagogische Prägung erlangt der Begriff ab dem letzten Drittel des 18. Jh.s, als er zur anthropologischen (Bildsamkeit) (→Anthropologie) u. kulturell-sozialen (B.sbürgertum) Selbstbeschreibung wird. Ab dem 19. Jh. wird B. im Rahmen eines Berechtigungswesens funktionalisiert, das den Mangel an Besitz od. Adelstiteln durch B.szertifikate auszugleichen sucht. So steht B. bis heute individuell u. gesellschaftlich für sozialen u. ökonomischen Fortschritt u. wird in dieser Deformation zu einer marktfähigen Ware.

Der Begriff ist eingebettet in unterschiedliche Konzeptionen u. umfasst – anders als die bloße Rede von B. – differenzierte theoretische Zusammenhänge u. Problemstellungen. In dieser Anbindung ist B. im Zeichen der gr. *paideia* als skeptische Umwendung (Sokrates/Platon) od. als an die Sprachlichkeit des Menschen gebundenes rhetorisches Ethos (Isokrates/Aristoteles) verstehbar, ferner tendiert sie auf →Autonomie u. Mündigkeit als Selbstregierung (I. Kant) u. kann als Bestimmung des Menschen (F. Schiller/W. von Humboldt) begriffen werden. B. ist eine fortwährende Tätigkeit (*energeia*), die die auf Aktualisierung drängenden Möglichkeiten des Menschen (*dynamis*) zu verwirklichen trachtet. In ihrem Bezug zur Kultur wird sie zur Aneignung des Allgemeinen sowie zur gesellschaftlichen Integration (Hegel) u. steht in der Spannung einer auf Nutzbarmachung ausgerichteten Ausbildung u. einer gestaltenden ästhetischen B. (→Ästhetik) als Lebenskunst (F. Nietzsche). Als HalbB. gebiert sie belangslose Gelehrsamkeit, sodass B. zur Sorge um B. wird (Th. W. Adorno). Sie trägt seither ein paradoxes Deutungsmuster, das sich von dem ihr innewohnenden kritisch-reflexiven Ethos löst, zugleich HalbB. befördert, auf nützliche Kompetenzen eingeschränkt u. insges. als Humankapital im Kontext Lebenslangen Lernens (PISA) auslegbar wird. Gegenwärtig kann eine Vielfalt von B.skonzeptionen herausgestellt werden, die einem historischen Einheitsgedanken einer großen Erzählung von B. (F. Lyotard) widersteht. B. wird gedeutet als Umgang mit Schlüsselproblemen, als Selbständigkeit im Denken u. als Emanzipation, als Kritik u. skeptisch-kritische Haltung od. als eine das Verhältnis zu sich als einem leiblich-vernünftigen Wesen artikulierende Lebenskunst eines Ethos der Selbstäußerlichkeit. Der Begriff B. lässt sich so in seinem Problemgehalt von verwandten Begriffen wie Lernen, Erziehung, Sozialisation, Kompetenz u. Ausbildung unterscheiden.

Dörpinghaus, A./Poenitsch, A./Wigger, L., Einführung in die Theorie der Bildung, Darmstadt 2006. – Pleines, J.-E. (Hg.) Bildungstheorien. Probleme und Positionen, Freiburg-Basel-Wien 1978. – Lichtenstein, E., Bildung, in: J. Ritter (Hg.), Historisches Wörterbuch der Philosophie, Bd. 1, Basel-Stuttgart 1971, 921–937.

Andreas Dörpinghaus

Böse, das

Im weitesten Sinne bezeichnet böse die schädliche Eigenschaft von Ereignissen od. Sachen, im engeren Sinne die schädigende Absicht von Personen u. Handlungen (→Ethik, Freiheit). Das Wort wird als Sammelbegriff für alles Schädliche, mit Vorzug aber in anthropologischen (→Anthropologie), weltanschaulichen u. religiösen Kontexten verwendet. Zum Substantiv wird das B. dann erhoben, wenn dessen Struktur, prinzipielle Bedeutung od. eine Gefahr herausgehoben wird, die Einzelerklärungen übersteigt. Präzisierungen (z.B. moralisch, metaphysisch, radikal) fügen das metaphorische Reden in reflektierte Zusammenhänge ein; oft wird es zu einem eigenen Wesen verselbständigt. In der westlichen, monotheistisch geprägten →Kultur erscheinen böse u. B.s meist als Verneinung od. Zerstörung des entsprechenden Guten. Wo das Gute etwa in menschlicher Befreiung kulminiert, wird das B. zur Unterdrückung; wird es als →Freiheit formalisiert, gerät es zum „Drama der Freiheit" (R. Safranski). In grundsätzlichen Zusammenhängen erscheint es zugleich als unwiderrufliches Unheil (→Sünde). Politisch od. psychologisch, mit gesellschaftlichen od. moralisch-religiösen Mitteln, lässt es sich nicht überwinden. Zwar sind analytische Klärungen unverzichtbar, aber der Fortschritt kann in neue Spiralen des B.n führen, wie man an Gewaltzusammenhängen erkennt (→Frieden).

Können wir das B. erklären? Immer ist die Neigung gegeben, Menschheit u. Welt in Gut u. B. einzuteilen u. aus diesem Spannungsfeld zu erklären; in diesem Fall ist von Dualismus die Rede, etwa bei einem Moralismus, der zw. guten u. bösen Menschen unterscheidet, bei vergleichbaren Verfahren in →Politik od. Geschichte, bei Weltanschauungen od. →Religionen, die das B. aus Prinzip u. Gegenprinzip erklären. Der Manichäismus ließ die Welt aus einem guten u. bösen Prinzip entstehen, der →Daoismus erklärt die Wirklichkeit aus einem engen Wechselspiel von Gegensätzen. Im →Buddhismus wird alles zum Schein, der aus Selbstbezogenheit entsteht. Die monotheistischen Religionen konnten den Dualismus nur unvollständig überwinden. Dem personal gedachten Teufel, der die Destruktion geschichtlich vorantreibt, kommt oft ein hohes Erklärungspotential zu. Gemäß christlich augustinischer Tradition, die katholische u. evangelische Denkformen stark prägt, ist das B. (Egoismus, Hochmut, Ungehorsam) den Menschen von Geburt an ins Herz gesenkt (Sünde). In →Christentum u. →Islam brechen apokalyptische Strömungen auf, die Regeln menschlichen Umgangs außer Kraft setzen.

In der europäischen Kultur zeigt sich dieses Doppelgesicht. Einerseits wirken in ihr humanisierende u. menschenrechtliche Traditionen. Andererseits hat der Kampf gegen das B. zur Verteufelung u. abgrundtiefen Entwürdigung von Menschen (→Rassismus, Geschlechterdifferenz) geführt. Im Europa des 20. Jh.s hat Religion gelernt, ihre Interpretationskompetenz über das B. mit Philosophie, Humanwissenschaften u. Kunst zu teilen. In jedem Fall geht es darum, Menschen neben allem Engagement für das Gute in ihre Ohnmacht, Endlichkeit u. Schuldfähigkeit einzuüben. So mag es gelingen, den Widerspruch des B.n im Geheimnis des Göttlichen selbst aufzuheben.

Ricoeur, P., Das Böse. Eine Herausforderung für Philosophie und Theologie, Zürich 2006. – Safranski, R., Das Böse oder das Drama der Freiheit, München 1997 (Frankfurt a.M. 2006). – Laube, J. (Hg.), Das Böse in den Weltreligionen, Darmstadt 2003. – Häring, H., Das Problem des Bösen in der Theologie, Darmstadt ²1999.

Hermann Häring

Buddhismus

Im 5. Jh. v.Chr. in Nordindien durch den Fürstensohn Gautama Shakyamuni, genannt der *Buddha* (=der Erwachte), gestiftete Erlösungsreligion auf der Basis des indischen zyklischen Weltbildes. Vor Gautama soll es schon mehrere Vorzeitbuddhas gegeben haben, u. weitere werden folgen, als nächster der künftige Buddha Maitreya. Gautama hatte mit 29 Jahren Elternhaus, Ehefrau u. Kind verlassen, um nach Befreiung von den Problemen Krankheit, Alter u. →Tod zu suchen. Nach sechs Jahren vergeblicher Askeseübungen erlangte er eines Nachts in meditativer Versenkung unter einem Baum „Erleuchtung", d.h. intuitive Einsicht in die Natur des Daseinskreislaufes u. den Weg zur →Erlösung. Er formulierte seine Erkenntnisse in den „Vier edlen Wahrheiten" vom Leiden als Grundverfasstheit der Existenz u. dem „Edlen achtfachen Pfad" zu seiner Überwindung. Gier, Hass u. Unwissenheit bezeichnete er als Grundübel des →Lebens; zu ihrer Überwindung sei es nötig, sich um richtige Erkenntnis der →Wahrheit, ethisches Leben (→Ethik) (insbes. Verzicht auf die Schädigung anderer) u. →Meditation zu bemühen. Wer hierin Vollendung erlangt u. alle Folgen vergangener Taten (*Karma*) beseitigt hat, ist vom Zyklus von Geburt, Tod u. Wiedergeburt erlöst u. geht ins *Nirvana* (=Verlöschen) ein. Im Unterschied zum Christen, der auf Ewiges Leben hofft, wollen Buddhisten aus dem ewigen, unerlösten Weiterlebenmüssen aussteigen u. zur völligen Ruhe kommen. Der alte B. kennt keine Erlösergestalt; der Buddha hat zwar den Weg gewiesen, aber gehen muss jeder Mensch ihn selbst.

Bald nach seiner Erleuchtung begann Gautama zu lehren u. Schüler u. Schülerinnen um sich zu scharen. Er gründete einen Mönchs- u. Nonnenorden, den er auf ein Leben in Armut u. Keuschheit, zu Alkohol- u. Gewaltverzicht u. zum gemeinsamen monatlichen Sündenbekenntnis (→Sünde) verpflichtete. 45 Jahre lang zog der Buddha lehrend durch Nordindien. Mindestens 500 seiner Schüler u. eine unbekannte, aber ebenfalls hohe Zahl seiner Schülerinnen erfuhr die Erleuchtung. Nach seinem Tode wurden auf mehreren Mönchskonzilen seine Lehren memoriert u. erst mündlich, im 1. Jh. v.Chr. auch schriftlich festgelegt. Der buddhistische Kanon umfasst drei Teile: die Ordensregeln, die Lehrreden des Buddha u. philosophische Abhandlungen.

Kaiser Ashoka (3. Jh. v.Chr.), der Einiger Indiens, erhob den B. zur Staatsreligion. Im ganzen Land ließ er auf Inschriften die Bürger zu ethischem Verhalten auffordern. Er begann auch mit der buddhistischen Auslandsmission (→Mission). Der bis zur Zeitenwende dominierende alte B. (von Mahayana-Anhängern pejorativ *Hinayana*=Kleines Fahrzeug genannt) herrscht in Gestalt seiner letzten noch existierenden Schule, dem *Theravada* (=Lehre der Alten), bis heute in Sri Lanka, Birma, Thailand, Kambodscha u. Laos.

Um Christi Geburt entstand das *Mahayana* (=Großes Fahrzeug) als zweite Schulrichtung des B. Im Gegensatz zum Hinayana vertritt es die Auffassung, dass jeder Mensch (u. nicht nur einer pro Weltzeitalter) Buddha werden könne; Frauen allerdings müssen zuvor als Männer wiedergeboren werden. Symbolgestalt des Mahayana ist der *Bodhisattva*, ein werdender Buddha, der die Ruhe des Nirvana nicht genießen will, solange es noch Leiden gibt. Zum Bodhisattva-Ideal gehört es daher, anderen auf ihrem Erleuchtungsweg zu helfen. Legenden berichteten von bes. selbstlosen Taten der Bodhisattvas. Es entstand ein Pantheon mythischer Bodhisattvas u. Buddhas, die von den Gläubigen um Hilfe angerufen, aber auch als Vorbilder verehrt wurden. Damit war der Typus der transzendenten (→Transzendenz) Erlösergestalt nachträglich in den B. gelangt. Allerdings blieb die persönliche Praxis bedeutsamer Teil des Pfades.

Im Mahayana entstanden einflussreiche Schulen der buddhistischen Philosophie. Nagarjuna (ca. 2. Jh. n.Chr.) begründete die Lehre des Mittleren Weges (*Madhyamika*). Die irdische Welt sei letztlich nicht vom Nirvana, dem Erlösungszustand, getrennt, sondern mit diesem identisch. Die „Nur-Bewusstseins-Lehre“ (*Citta-*

matra) von Maitreya, Asanga u. Vasubandhu (ab 4. Jh. n.Chr.) besagt, dass Sinneswahrnehmungen nicht so sehr eine objektive Realität, als vielmehr den →Geist des/der Wahrnehmenden (→Wahrnehmung) widerspiegeln. Das Mahayana ist die vorherrschende Form des B. in Vietnam, China, Korea, Japan u. im tibetischen Kulturkreis (→Kultur). Zwei in Japan bedeutsame Sonderrichtungen des Mahayana sind die Schule des „Reinen Landes", deren wichtigste Praxis die Anrufung des Namens Amidas darstellt, u. der *Chan*- (japanisch *Zen*-)B., der die Meditation als zentrale Praxis betrachtet. Hauptrichtungen des Zen sind die *Soto*-Schule mit gegenstandsloser Meditation u. die *Rinzai*-Schule mit der Meditation über ein *Koan*, einen kurzen, rational nicht auflösbaren Sinnspruch.

Etwa ab dem 6. Jh. n.Chr. trat das *Vajrayana* (=Diamantfahrzeug) auf, die esoterische Schulrichtung (→Esoterik) des B. Nach seinen Haupttexten (*Tantras*) auch „tantrischer B." genannt, enthält es Geheimrituale (→Ritus), Einweihungen, *Mantras* (=heilige Formeln), *Mandalas* (=Modelle des psychophysischen Kosmos), zahllose teils friedliche, teils dämonische Gottheiten als Meditationsobjekte, die alle die Buddhaschaft symbolisieren u. zum Zeichen ihrer vielen Eigenschaften häufig mehrere Köpfe, Arm- u. Beinpaare aufweisen, sowie die grundlegende Polarität von Weisheit u. Mitgefühl, der beiden Aspekte des erleuchteten Bewusstseins. Trotz seiner mitunter exzentrischen Symbolik (→Symbol) basiert das Vajrayana bis in die Details auf buddhistischer Lehre. Es wird heute vor allem in zwei Kulturkreisen gepflegt: in Japan u. Korea in einer frühen Form aus dem 8. Jh. (japanische Schulen: *Shingon* u. *Tendai*), in Nepal, Ladakh, Sikkim, Bhutan, Tibet u. der Mongolei zusätzlich in einer späteren Form aus dem 9.–12. Jh., die in vier Schulen (*Gelugpa, Sakyapa, Kagyüpa, Nyingmapa*) praktiziert wird. In Bhutan ist der tantrische B. Staatsreligion.

Im 20. Jh. fasste der B. verstärkt im Westen Fuß. Am erfolgreichsten sind das Theravada (vertreten durch Nyanatiloka, Ayya Khema), das japanische Zen (Daisetz T. Suzuki, Alan Watts) u. der tibetische B. (XIV. Dalai Lama, Anagarika Govinda, Ole Nydahl). Der Dalai Lama, Oberhaupt des tibetischen B., erwarb sich als Friedenspolitiker internationale Anerkennung (Friedensnobelpreis 1989). In Deutschland sind die meisten buddhistischen Gruppen in der Deutschen Buddhistischen Union (München) organisiert.

Hutter, M., Das ewige Rad. Religion und Kultur im Buddhismus, Graz 2001. – Dalai Lama, Der Weg zur Freiheit. Zentrale tibetisch-buddhistische Lehren, München 1996 (2002). – Buddhismus aktuell (Vierteljahreszeitschrift der Deutschen Buddhistischen Union), München: www.buddhismus-aktuell.de

Adelheid Hermann-Pfandt

„Christen“ nennt man gegen Ende des 1. Jh.s n.Chr. zum ersten Mal in Antiochia, der damaligen Hauptstadt Syriens, die Anhänger des Jesus von Nazaret (vgl. Apg 11,26). Diese selbst verstanden sich eher als „die des Weges“ (vgl. Apg 9,2; 19,9.23; 22,4; 24,14.22); das bedeutet: Sie haben Jesus u. seine Botschaft für sich als „Weg“ erkannt u. sehen sich als „Jünger“, die ihm auf diesem „Weg“ folgen, weil sie ihn als „Heilsweg“ begreifen.

Die Fremdbezeichnung „Christen“ basiert auf dem frühen Bekenntnis der Jesusanhänger, die zunächst alle aus dem →Judentum kamen u. Jesus für den im Judentum erwarteten *Messias* hielten. (*Christos* ist dafür die gr., *Christus* die lat. Übersetzung.) Dies war nur einer von vielen Titeln, mit denen man Person, Leben u. Werk Jesu auf einen gültigen Nenner zu bringen versuchte (neben →Prophet, Heiland, Herr usw.), aber im Judentum der bedeutsamste; denn er besagte: Jesus hat mit →Gott zu tun; er ist sein „Gesalbter“, sein „Gesandter“, sein „Mittler“. Der in frühchristlichen Zeugnissen ebenfalls begegnende Titel „Menschensohn“ wäre eigentlich weit ausdrucksstärker gewesen, denn dieser in der jüdischen Apokalyptik (Dan 7,13f; AethHen) aufgekommene Begriff sprach von einem „menschengestaltigen göttlichen Wesen, ausgestattet mit der Vollmacht, auf Erden die Herrschaft Gottes durchzusetzen“. Diese Inhalte (göttliche Autorität, menschliche Gestalt) deckten sich mit den Erfahrungen der Anhänger Jesu, „Messias“/ „Christus“ hingegen weniger. Denn Jesus entsprach im Grunde keiner der drei mit der Messias-Erwartung verbundenen jüdischen Vorstellungen: Er war weder „königlicher“ noch „priesterlicher“ noch „prophetischer“ Herkunft; letzteres konnte man noch am ehesten als Deutekategorie heranziehen; doch geschah dies eher selten (vgl. Joh 1,45 u.ö.).

Das Ch. hat demnach gemäß seinem Selbstverständnis zwei Wurzeln: eine „geschichtliche“, sofern es sich der Person u. dem Wirken Jesu verdankt, u. eine „göttliche“, sofern es von Gott selbst durch Jesus (den die Christen als Gottes Sohn, Gottes Offenbarer u. Lebenbringer bekennen) „gestiftet“ ist.

Im Rückblick auf 2000 Jahre Ch.sgeschichte lassen sich von daher die gängigen Aussagen verstehen:

- Ch. ist eine „geschichtliche Offenbarungsreligion“: Gott offenbarte sich in der Geschichte des Jesus von Nazaret. Das NT enthält das ganze Vermächtnis Jesu, das zwar von Menschen aufgeschrieben ist, aber nach dem Glauben der Christen mit →Offenbarungen Gottes durch Jesus zu tun hat.
- Ch. ist daher auch eine „dogmatische Religion“: Aufbauend auf „Schrift“ u. →„Tradition“ entfaltete sich der christliche →Glau-

be zu einer →„Religion“ (mit Lehrsätzen u. Dogmen, moralischen Grundregeln u. praktischen Lebensanweisungen).

- Prinzipiell ist das Ch. „universal“: Es versteht sich als „Heilsweg“ für alle Menschen, respektiert aber, dass es auch andere Religionen u. andere Wege gibt, sein Leben zu gestalten u. Heil zu finden.

- Ch. ist auch eine „Kulturreligion“: Es entstammt der jüdischen →Kultur, die weithin seine Anfänge bestimmt. Es setzt also eine gewisse Höhe menschlicher Kultur voraus, setzt aber auch neue Kulturen frei: Das Ch. prägt zunächst die orientalische, dann die griechisch-hellenistische u. schließlich v.a. die abendländische Kultur. Die Missionsbestrebungen (→Mission) der Neuzeit führten auch zu starken Beeinflussungen der amerikanischen, afrikanischen u. asiatischen Länder.

- Schließlich ist das Ch. eine „eschatologische Religion“: Es ist – zumindest in der Theorie u. ganz sicher in seinen Anfängen – auf die Wiederkunft Christi ausgerichtet. Das erlaubt zwar keineswegs Weltflucht od. gar Weltverneinung, lässt aber den Blick der Christen immer auch über →Tod u. Vergänglichkeit dieser Welt hinausgehen in die „wahre →Heimat“ in den Himmeln.

Im Laufe der Jahrhunderte traten die Anfänge des Ch.s immer mehr in den Hintergrund. Das NT zeigt noch vielfältige Spuren der frühen Auseinandersetzungen mit dem Judentum u. dem Hellenismus; ja, man kann den „Ablösungsprozess“ des Ch.s vom Judentum noch deutlich verfolgen. Zum einen bekämpften die Juden seinerzeit alle Abweichler vom Judentum (vgl. den sog. „Ketzersegen“, der noch heute im jüdischen „Achtzehnbittengebet“ gebetet wird u. alle Abweichler vom Judentum verflucht), andererseits definierten die Christen ihre „neue Identität“ stark auf Kosten des Judentums, von dem sie sich ablösten. In dieser Phase der Ch.sgeschichte verstärkte sich der Einfluss der hellenistischen Kultur, aus der die Christen (vom „Völkerapostel“ Paulus angefangen) vieles aufgriffen, sodass sich gerade mit Hilfe dieser Anleihen die zunächst eher „prophetische“ Religion Jesu zu einer „dogmatischen“ entwickelte. Die römische Kultur steuerte später mehr „rechtliche“ Aspekte bei, was damit zusammenhängt, dass das Ch. sich – nach längeren Phasen der Christenverfolgung – sehr bald zur „römischen Staatsreligion“ entwickelte: Von Kaiser Konstantins „Mailänder Edikt“ von 313, das den Christen freie Religionsausübung gewährleistete, bis zu Kaiser Theodosius, der 381 das Ch. zur Staatsreligion machte, ist kein langer Weg. Freilich entstand damals das bedenkenswerte Wort, dass bei der „Befreiung des Ch.s aus den Katakomben“ – d.h. am Ende der Verfolgungszeit – „die Engel im Himmel geweint hätten“; denn ab jetzt strömten die Massen in die christliche Religionsgemeinschaft; das führte zu Verflachungen u. Verfälschungen des Ch.s. Allerdings war das Ch. von Anfang an keine einheitliche Größe. Das NT zeigt so verschiedenartige theologische Ansätze u. Auffassungen, dass in unserer Zeit schon gefragt wurde, ob der „Kanon des NT“ wirklich die Grundlage einer →Kirche od. nicht doch die Basis für die vielen heute existierenden Konfessionskirchen sei.

„Ch.“ ist also – u. das seit Ignatius von Antiochia Anfang des 2. Jh.s (Briefe an die Magnesier 10,1–3) in deutlicher Abhebung vom Judentum – der weiteste Sammelbegriff für alle sich auf Jesus u. sein Vermächtnis gründenden Kirchen bzw. Christen. Gerade der Streit um die „eine Kirche Jesu Christi“ – als die sich vor allem die kath. Kirche versteht – u. um das Selbstverständnis der vielen Kirchen, die größtenteils aus der Reformation hervorgegangen sind, zeigt die „Vielfalt des christlich Möglichen“. Ökumenische Bemühungen (→Ökumene) um die Einheit der Christen erfahren hier ihre Grenzen.

Eines haben alle Kirchen gemeinsam: den Bezug auf Jesus. Aber im Einzelnen wird dieser Bezug doch sehr verschieden bestimmt. Nur wenige Kirchen verstehen sich selbst als den „fortlebenden Christus“ u. nennen die Christen „Glieder des Leibes Christi“ (vgl. 1 Kor 12,27); aber die meisten kennen die sog. →Sakramente – auch wenn sie sich über deren Zahl u. Wirkweise streiten. In der Welt von heute, in der Gott kaum noch vorkommt, tut sich das Ch. schwer, solche Grundüberzeugungen zu vermitteln.

Benz, E., Beschreibung des Christentums, München 1975 (Stuttgart 1993).– Küng, H., Christ sein, München 1974 (München-Zürich [12]1993). – Ratzinger, J., Einführung in das Christentum, München 1968 ([8]2006). – Ebeling, G., Das Wesen des christlichen Glaubens, Tübingen 1959 (Freiburg-Basel-Wien 1993). – Welte, B., Vom Geist des Christentums, Freiburg i.B. 1955 ([2]1966). – Harnack, A. v., Das Wesen des Christentums, Berlin 1900 (Tübingen 2005).

Josef Hainz

Daoismus

D., früher *T*aoismus genannt, bildet zusammen mit dem →Konfuzianismus u. dem →Buddhismus einen der drei Grundpfeiler der chinesischen Weltanschauung u. Lebensführung in der Gesamtwirklichkeit von „Gott, Welt u. Mensch“. Der *Name* „D.“ stammt vom *Dao*, einer kaum übersetzbaren Grundkategorie chinesischen Denkens u. Fühlens u. bezeichnet den Weg, die Dynamik der Natur als Urquell des →Lebens, das allumfassende u., mit seinen zwei Prinzipien des *Yin* u. *Yang*, das letztlich unaussprechliche Geheimnis aller Wirklichkeit. *Hauptquellen* des D. sind das *Daodejing*, wohl von Laozi im 4. Jh. v.Chr. meisterhaft mit ca. 5000 Schriftzeichen verfasst, nach der →Bibel das meistübersetzte Buch der Weltliteratur. Eine weitere Quelle ist Zhuangzi (um 370–300 v.Chr.), ein Mystiker (→Mystik) des D., ein scharfer Kritiker des Konfuzianismus, u. schließlich die Tradition des *Huang-Lao-D.*, die durch „die Seidenrollen von Mawangdui“, bei Ausgrabungen 1973 entdeckt, neu ins Blickfeld rückte.

(1) *Grundlegende Überzeugungen*: Das Lebensganze des Kosmos bildet eine dynamische Einheit, mit *Dao* als zentraler Dynamik, unaussprechlich, alles durchdringend u. doch in letzter Selbstbescheidung hintanstehend. Alle Dinge stehen miteinander in „Beziehung“ in einer kosmischen Resonanz (*gan-ying*). Die zwei Prinzipien des *Yin* u. des *Yang* durchwalten konkret die gesamte →Wirklichkeit. *Yin* steht für das Weibliche, das Empfangende, Dunkle, für die delikate Seite der Wirklichkeit, für den Mond. Das *Yang* hingegen steht für das Männliche, Prägende, Bestimmende, für die ordnende u. dominierende Dimension der Wirklichkeit, für die Sonne. Das „Diagramm des Allerhöchsten Prinzips“ (*Taiji tu*) enthält die beiden Kräfte des *Yin* u. des *Yang*. Der weiße Punkt im dunklen *Yin* besagt, dass es nie ein reines *Yin* ohne einen Funken *Yang* gibt; der dunkle Punkt im hellen *Yang* weist darauf hin, dass selbst im stärksten *Yang* ein Tropfen *Yin* verborgen liegt. Die Zentrierung auf das immerwährend schwingende Leben im *Yin* u. *Yang* erklärt die vielseitige Bemühung des D. um „Unsterblichkeit“ u. die damit gegebene positive Bewertung des menschlichen Körpers. Der „Weise“, auch der „Heilige“ genannt, gilt dem Daoisten als das Vorbild menschlichen Daseins.

(2) *Die Denkform*: Der D. prägt die Menschen zu einer Denkart, die sehr stark mit dem Leben in der Natur zu tun hat, u. einem erfahrungsbezogenen, spontan u. eher mystisch-kontemplativen Empfinden (→Meditation). Der Daoist lässt die Dinge „geschehen“.

(3) *Die Ausdrucksformen*: Entsprechend den grundlegenden Überzeugungen u. der eigenen Denkform sind die Ausdrucksformen des Daoisten „spontan“; er distanziert sich ausdrücklich von den verfeinerten Höflichkeitsformen des Konfuzianismus u. lebt v.a. als daoistischer Einsiedler in Naturgegenden. Seine Höflichkeit strömt aus seiner inneren →Kultur, aus seiner inneren Qualität.

(4) *Die ethischen Dimensionen* (→Ethik): Im D. gilt die Spontaneität des Lebens in der Natur als grundlegende Norm. Der Daoist glaubt, dass die menschliche Natur gut ist. Alles, was aus der Natur spontan hervorbricht, ohne menschliche Zutat, ist gut; danach kann der Mensch leben u. langsam in die Harmonie mit der umfassenden Wirklichkeit hineinwach(s)en. Der Daoist zeigte nie große Sympathie für die ethischen Streber u. zieht es vor, „sich nicht einzumischen“, die Dinge „geschehen u. wachsen lassen“. Manche Daoisten bevorzugen den Rückzug aus dem politischen Leben (→Politik), während andere eine qualitative Gegenwart der Führung u. Inspiration des „Weisen“ od. „Heiligen“ befürworten.

(5) *Die sozialen Ordnungen*: Der Daoist kennt nur eine einzige große Ordnung, nämlich die „Ordnung des spontanen Lebens“. Da gibt es Frühling, Sommer, Herbst u. Winter, Morgen u. Abend;

nach dieser Ordnung möchte er *ziran* (=von-selbst-so) leben, d.h. nach dem Rhythmus, der den Menschen durch die Natur vorgegeben ist. Der Daoist ist kein Freund von Hierarchien u. Machtstrukturen od. Gesetzeswerken.

Im →Dialog (→interkulturell, interreligiös) zw. D. u. →Christentum geht es v.a. allem um drei Schwerpunkte:

(A) *Die Spannung zw. daoistischer Gelassenheit u. leidenschaftlicher Sorge um die Welt, oft getragen von christlichem Ethos*: Der D. betont, dass die Menschheit gerade in der heutigen Hektik eine →Spiritualität braucht, die von den →Symbolen des „Bambus“ mit seinem Hohlraum u. des „Wassers“ mit seiner Weichheit u. Bescheidung im Hang zu den untersten Plätzen geprägt ist. Der Daoist u. der Christ stimmen überein, dass die ideale Mitte im dynamischen Ineinander von *Yin* u. *Yang* läge. Der Daoist würde dem Christen, v.a. dem westlichen, u. auch den christlichen →Kirchen in ihrer Verwaltung u. auch in den Fragen um die Stellung der Frau im christlichen Gemeinschaftsleben (→Gemeinschaft) eine stärkere Dosis *Yin* empfehlen.

(B) *Die Frage nach letzter Geborgenheit*: Während der Daoist sich nach einer Geborgenheit sehnt „im all-einen Lebensganzen“, fragt der Christ nach endgültiger →Identität, wie im personalen Modell der →Liebe zw. „Du u. Ich“. Nach daoistischer Auffassung stellt das christliche personale Modell nur „eine“ unter vielen anderen Erklärungen der Einswerdung dar.

(C) *Die Tiefensicht auf das Geheimnis*: Der Daoist, der aus den Inspirationen des *Daodejing* lebt u. der Christ, der seine Erfahrung mit Jesus Christus ernst nimmt, kommen darin überein, dass die Sache des Glaubens unaussprechliches Geheimnis bleibt u. nach menschlichen Möglichkeiten nur im Paradox versucht werden kann, z.B. „die Stärke der Schwäche“, „die Fülle der Leere“ usw.

Gutheinz, L., China im Aufbruch. Kultur und Religionen Chinas und das Christentum, Frankfurt a.M. 2001. – Laotse, TaoTeKing, Stuttgart 1997. – Küng, H./Ching, J., Christentum und Chinesische Religion, München 1988.

Luis Gutheinz

Demokratie

D.n sind – ähnlich wie die Vereinbarungen über die Menschenrechte – in einem langen historischen Prozess entstanden u. weiterentwickelt worden, ohne bisher einen (idealen) Endzustand erreicht zu haben. Die Erklärung der Menschrechte wurde – als weltweiter Standard – von den Vereinten Nationen in der Menschenrechtscharta von 1948 abgegeben. Bisher haben längst nicht alle Staaten diese Charta auch in ihren nationalen Rechtssystemen zum verbindlichen Maßstab für ihre jeweilige Rechtsprechung gemacht. Selbst D.n haben zahlreiche Konventionen, die infolge der Menschenrechtserklärung verfasst wurden, nicht ratifiziert (obwohl die historischen Wurzeln von D. u. Menschenrechten auf engste verknüpft sind). Zu sehr bestand u. besteht die Befürchtung einer Beschränkung der Freizügigkeit demokratischer Entscheidungsprozesse.

Menschenrechte u. demokratische Verfassungen sind nicht deckungsgleich, sie betreffen aber dieselbe Grundfrage: „Wie dürfen Menschen über Menschen Herrschaft ausüben?" Die gedanklichen Ursprünge reichen weit zurück. Aber erst die französische Revolution hat mit der Abschaffung absolutistischer Herrschaft blutigen Ernst gemacht. Seitdem sind auf zunehmend demokratischer Verfassungsgrundlage Nationalstaaten entstanden, deren territoriale Grenzen die Reichweite des Schutzes ihrer Staatsbürger u. damit auch der demokratischen Grundrechte bestimmen.

Die Macht geht in den demokratisch verfassten Nationalstaaten zwar vom Volke bzw. dem Parlament als dessen repräsentativem Organ aus. Wie sie aber den Staatsbürger im Detail betreffen kann, ist von D. zu D. durchaus unterschiedlich. So sind z.B. Kinder, die verletzbarsten Menschen überhaupt, noch nicht sehr lange als schützenswerte „Objekte" staatlichen u. privaten Handelns anerkannt worden (die Kinderrechtskonvention wurde in Deutschland erst 1992 ratifiziert, die USA u. Somalia haben bis heute nicht zugestimmt).

Die zunehmende →Globalisierung von →Politik hat mit dazu beigetragen, dass die Thematisierung der Menschrechte in den internationalen Beziehungen an Bedeutung gewonnen hat, gleichzeitig aber sich die politischen u. kulturellen Spannungen (→Kultur) zw. D.n u. Nicht-D.n erhöht haben. Die globale Akzeptanz der Menschenrechte u. ihre Durchsetzbarkeit leiden daran, dass Bürgerrechte bisher nur territorial u. durch entsprechende Rechtssysteme abgesichert werden können. Das Völkerrecht hat noch nicht zu einer global bindenden Verpflichtung geführt, internationale Strafgerichtshöfe anzuerkennen u. Vereinbarungen zu treffen, die die nationalstaatlichen Durchsetzungssysteme zum praktischen Vollzug verpflichten. Deshalb werden die Menschenrechte bisher lediglich in politischen Auseinandersetzungen benutzt, z.B. um Kriegshandlungen als „humanitäre Interventionen" politisch zu begründen. U. deshalb kommt es immer wieder zu massiven Verletzungen der Menschenrechte auch durch D.n (so z.B. im Balkankrieg).

Heute betrachten sich vor allem nichtstaatliche Organisationen als Promotoren u. Wächter über die Menschrechte (z.B. *amnesty international*) u. versuchen, auf die internationale Politik Einfluss zu nehmen. Ihre prinzipielle Erfolglosigkeit verweist darauf, dass es von der weiteren Entwicklung der internationalen Beziehungen abhängen wird, ob u. wie es zu global akzeptierten

Rechtssystemen u. – bedeutend schwieriger – einer global akzeptierten Exekutive kommt.

Abromeit, H./Stoiber, M., Demokratien im Vergleich. Einführung in die vergleichende Analyse politischer Systeme, Opladen 2006. – König, M., Menschenrechte, Frankfurt a.M. 2005. – Senghaas, D., Der aufhaltsame Sieg der Menschenrechte, in: H. Münkler/M. Llanque/C.C. Stepina (Hg.), Der demokratische Nationalstaat in den Zeiten der Globalisierung. Politische Leitideen für das 21. Jahrhundert, Berlin 2002. – Höffe, O., Demokratie im Zeitalter der Globalisierung, München 1999.

Christian Büttner

Dialog

Der Mensch hat seine Sprache nicht in der Weise, wie er andere Dinge od. Eigenschaften besitzt. →Sprache konstituiert vielmehr seine ganze Existenz, er ist ein Sprachwesen. Sprache stiftet dabei Beziehungen, wie sie auch umgekehrt selbst das Ergebnis von Beziehungen ist. Schon die biblische Schöpfungsgeschichte (→Bibel, Schöpfung) sagt, dass der Mensch zwar auch den Tieren einen Namen geben u. somit in Beziehung zu ihnen treten kann. Die Hochform menschlicher Beziehung aber ist erst der D. u. die Kommunikation der Menschen untereinander in Gleichberechtigung trotz Unterschiedlichkeit. Dies drückt das biblische Bild von Adam u. Eva aus. D. als Rede u. Gegenrede ist somit ein Wesensvollzug des Menschen (→Anthropologie). Dieser hat eine dialogische Existenz. Insbes. die monotheistischen →Religionen zeigen in der Praxis des →Gebetes, dass sich der sprachlich konstituierte Mensch gerade in seinen Grund- u. Grenzerfahrungen an ein Du richtet, um Eigenes auszusprechen.

Da Sprache u. Kommunikation bereits auf der Ebene des →Lebens u. Handelns konstitutiv sind, dienen sie auch bei der Lösung von offenen Fragen u. Konflikten. D. wird hier zum Diskurs. Bereits Platon schrieb keine abstrakten philosophischen Abhandlungen, sondern entwickelte seine Gedanken in Form von D.en zw. seinem Lehrer Sokrates u. dessen Schülern. Viele Theologen (→Theologie) der frühen →Kirche u. des Mittelalters übernahmen diese Methode dialogischer Wahrheitsfindung. Allerdings kann diese zwei grundverschiedene Voraussetzungen u. Ziele haben. Platon setzte voraus, dass es die im D. gesuchte →Wahrheit bereits im Reich der Ideen gebe. Der D. sollte somit eine Verbindung des Menschen mit dieser Vorgabe anstreben. Einen Paradigmenwechsel nehmen einige Theologen (z.B. Nikolaus von Kues) u. Philosophen (z.B. J. Habermas) vor. Sie weisen im Gegensatz zu Platon darauf hin, dass Wahrheit keine vorgegebene Größe ist, sondern dass sie im D. erst entsteht. Dazu bedarf es gleichberechtigter D.partner u. einer herrschaftsfreien Kommunikation. Insofern hat jeder echte D. auch ein kritisches Element, da er frühere Wahrheitssätze nochmals nach deren Entstehungszusammenhängen befragt.

Auch die Wahrheit eines Textes od. eines Kunstwerkes ist keine vorgegebene, sondern das Ergebnis einer dialogischen Begegnung zw. ihnen u. dem Rezipienten. Ein wahrer D. birgt somit auf vielfältigen Gebieten die Chance, dass stets neue u. lebendige Wahrheit entstehen kann.

Buber, M., Das dialogische Prinzip, Heidelberg 1973 (Gütersloh [10]2006). – Habermas, J., Theorie des kommunikativen Handelns, Bd. 1 u. 2, Frankfurt a.M. 1981 ([6]2006).

Wolfgang Pauly

Diskriminierung

Diskriminieren (lat. *discriminare*) heißt unterscheiden, trennen, absondern. In der sozialwissenschaftlichen u. politischen Diskussion bezeichnet D. nach Grundsätzen der Gleichheit u. Gleichbehandlung festgestellte Benachteiligungen aufgrund gruppenspezifischer Differenzen. Beispiele sind das Geschlecht (→Geschlechterdifferenz), soziale Herkunft (→Heimat), Nationalität, ethnische (→Ethnie) Herkunft, Hautfarbe (→Rassismus), →Sprache, →Religion u. Weltanschauung, politische Überzeugung (→Politik), Alter, Gesundheit, sexuelle Orientierung u. sexuelle →Identität. D. findet in vielen Bereichen des Alltagslebens statt: Wohnen, →Bildung, Beschäftigungssystem, Gesundheits- u. soziale Dienste, Polizei, Rechtssprechung, Repräsentation in den Medien u. politische Partizipation (→Demokratie). Kataloge von Merkmalen u. Orten der D. sind unabgeschlossen, da im Bemühen um die Verwirklichung von Gleichheit neue Sensibilitäten für diskriminierende Praktiken, die es dann politisch zu adressieren gilt, entstehen.

D. tritt in zahlreichen subtilen u. offenen Erscheinungsformen auf, von unbedachten, aber kränkenden Äußerungen über willkürliche Ungleichbehandlung od. Ignorieren bis hin zu manifester Gewalt. Für sozialwissenschaftliche Untersuchungen wie für die Praxis ist es unzureichend, allein Überzeugungen u. Handlungen von Individuen od. sozialen Gruppen in den Blick zu nehmen. Der aus den angelsächsischen Ländern stammende Begriff der *institutionellen D.* sucht die Einbettung von D. in formalen Rechten u. organisatorischen Strukturen, Programmen, Regeln u. Routinen in zentralen sozialen Institutionen zu erfassen. Während *direkte* institutionelle D. regelmäßige, intentionale Handlungen in Organisationen meint (gesetzlich-administrative Regelungen u. informelle Routinen), zielt *indirekte institutionelle D.* auf die gesamte Bandbreite institutioneller Vorkehrungen, die Angehörige bestimmter Gruppen überproportional negativ treffen. Diese Variante der D.

resultiert oft aus der Anwendung gleicher Regeln, die bei verschiedenen Gruppen ungleiche Chancen ihrer Erfüllung zur Folge haben (z.B. Sprachkenntnisse als Zugangskriterium für höher qualifizierende Bildungsgänge). Mit den neuen AntiD.srichtlinien der Europäischen Union u. dem 2006 verabschiedeten bundesdeutschen „Allgemeinen Gleichbehandlungsgesetz“ haben Konzepte der strukturellen u. institutionellen D. auch in Deutschland politisch u. rechtlich Bedeutung erlangt.

Ethnische D. (z.B. beim Zugang zu Wohnungen u. höher qualifizierenden Bildungsgängen) u. räumliche Segregation u. Marginalisierung sind in der Praxis manchmal kaum zu trennen. Obgleich oft durch D. verursacht kann Marginalisierung jedoch in Logiken aufrechterhalten werden, in denen Merkmale der ethnischen Herkunft sekundär u. andere soziale u. ökonomische Kategorien ausschlaggebend werden. Die Bezeichnung „Ghettoisierung“ für die Ansammlung spezieller Gruppen mit gemeinsamen ethnisch-kulturellen Merkmalen (→Kultur) in bestimmten segregierten städtischen Gebieten ist unpräzise u. im alltagssprachlichen Gebrauch zumeist pejorativ konnotiert.

Baumann, Z., Verworfenes Leben. Die Ausgegrenzten der Moderne, Hamburg 2005. – Bielefeldt, H./Follmar-Otto, P., Diskriminierungsschutz in der politischen Diskussion, Berlin 2005 (www.institut-fuer-menschenrechte.de) – Gomolla, M./Radtke, F.-O., Institutionelle Diskriminierung. Die Herstellung ethnischer Differenz in der Schule, Opladen 2002. – Jäger, M./Kaufmann, H. (Hg.), Leben unter Vorbehalt. Institutioneller Rassismus in Deutschland, Duisburg 2002. – Räthzel, N. (Hg.), Theorien über Rassismus, Hamburg 2000. – Bielefeld, U. (Hg.), Das Eigene und das Fremde. Neuer Rassismus in der alten Welt?, Hamburg 1991 (1998).

Mechtild Gomolla

Erlösung

Die Vorstellung von sowie das Bedürfnis nach E. setzt die Wahrnehmung eines Defizits an lebensfördernder bzw. eines Zuviel an lebensmindernder Realität voraus. Daraus bestimmt sich das Wovon der E., das Wie, das Wohin/Wozu sowie das Wer, u. letzteres im doppelten Sinn: der zu Erlösenden bzw. Erlösten, aber auch der Erlöserfigur(en), sofern jedenfalls E. als personal bewirktes Geschehen verstanden wird. Eine zu all diesen Fragestellungen quer liegende Grundunterscheidung ist dabei diejenige von menschlicher Selbst-E. (*Autosoterik*) u. E. durch andere, dem Menschen unverfügbare Mächte, bes. durch den ganz Anderen, durch →Gott (*Theosoterik*).

Im christlichen →Glauben steht alles unter theosoterischem Vorzeichen: Das Wovon der E. ist dann v.a. die Gottesferne, die sich in Selbstverfehlung (→Sünde) u. Selbstverlust (→Tod) manifestiert. Das Wie der E. geschieht durch exklusiv göttliche Initiative, die sich als reines Geschenk (Gnade) darbietet. Das Wohin/Wozu besteht folglich nicht in der bloßen Beseitigung lebensmindernder →Wirklichkeit, sondern in der verwirklichten →Gemeinschaft mit dem erlösenden Gott; dieser ist nicht allein das richtende u. rettende Gegenüber der der E. bedürftigen Menschheit, auch nicht nur die erlösende Macht; in ihm besteht selbst das Heil. Daher verdient ein Erlöser nur dann seinen Namen, wenn in ihm der erlösende Gott selbst begegnet (Jesus Christus als Gottes Sohn). E. vollzieht sich nach christlichem Glauben in der Geschichte, als befreiendes Handeln an Gottes Volk, als heilendes Wirken an Einzelnen (Wunder), als Lebenshingabe für alle (Kreuz), als Wiederherstellung der gesamten →Schöpfung. Da E. in der Geschichte befreit u. nicht jenseits von ihr, befreit sie auch nicht von der Geschichte mit ihren leiblichen, zeitlichen u. sozialen Bedingungen, sondern zu ihr. Daher kann nur dasjenige als E. begriffen werden, das den Menschen in seiner schöpfungsgemäßen Ganzheit ebenso umfasst wie in seiner Individualität u. Sozialität (Auferstehung) u. ihn nicht auf lediglich eine Dimension seines Seins (→Geist, Seele) reduziert. Daher bekennt sich der christliche Glaube auch zur materiell-sozialen Gestalt der →Feier u. Vermittlung von E. (→Sakrament, Kirche).

Somit steht das christliche Verständnis von E. allen religiösen wie nicht-religiösen Auffassungen gegenüber, die E. als Selbstverwirklichung des Menschen begreifen, als Befreiung von seiner individuell-leiblichen Gestalt, od. überhaupt als Aufhebung von Mensch u. Welt auf die Weise der Beseitigung ihrer materiellen, personalen od. sozialen Bestimmtheiten. Andererseits hofft es auf eine E., die alle erlöste Wirklichkeit in die Heiligkeit u. Ewigkeit Gottes, biblisch gesprochen: sein Reich, einbezieht.

Werbick, J., Soteriologie, Düsseldorf 1991. – Seckler, M., Theosoterik und Autosoterik, in: ders., Die schiefen Wände des Lehrhauses, Freiburg i.B. 1988, 40–49.

Leonhard Hell

Esoterik

E. (von gr. *esoterikos*=nach innen), bezieht sich ursprünglich auf den inneren (schon vorgebildeten) Schülerkreis von Philosophen. Im NT (Hebr 6,19) bezieht sich *esoteros* (=was hinter dem Vorhang ist) auf den Zugang zu →Gott, den Jesus Christus den Christen erschlossen hat. Weil der durch einzelne Medien für eher situative Gruppen od. für parapsychologisch interessierte Wissenschaftler vorgeführte animalische Magnetismus (seit dem späten 18. Jh.) u. der Spiritismus (seit Mitte des 19. Jh.s) gegen Ende des 19. Jh.s ihre Bedeutung als mögliches wissenschaftliches Versuchsfeld verlieren u. damit außerhalb der Einbettung in größere kulturelle Zusammenhänge für sich in ein Milieu geraten, bilden sie immer stärker sektenartige Züge (→Sekte) aus. Von der sich vor allem mit dem Spiritismus noch mit wissenschaftlichem Interesse auseinandersetzenden *Society for Psychical Research* (gegründet 1882) bis zur bis zur *Theosophical Society* (gegründet 1875) besteht ein fließender Übergang der Befestigung eines Bewusstseins der Eingeweihtheit. Hat der animalische Magnetismus Interesse an einer empirischen Darstellung von elektrischen Strömungen u. ihren Konsequenzen u. versucht der Spiritismus einfach empirische Beweise für das Jenseits zu erbringen, so münden diese Bewegungen nun in neue Systemansätze. Die bis heute einflussreiche moderne Form der E. bildet sich heraus.

Heutige E. gründet sich auf einer ambivalenten, wissenschaftsförmigen Haltung. Sie nutzt auf der einen Seite die Form der modernen erfahrungswissenschaftlichen Erklärung für Phänomene, die die letzten Fragen des Menschen nach dem Woher u. Wohin des Menschen, den Kosmos (→Kosmologie) u. das metaphysisch transzendente Absolute (→Transzendenz, Gott) betreffen. Ihre Erkenntnisansprüche werden als empiriefähig vorgestellt. Auf der anderen Seite entzieht sie sich dem Basisanspruch der modernen empirischen Wissenschaft. Unter einem wissenschaftlichen Vollzug versteht man eine Erkenntnisbemühung, die drei grundlegende Mindestbedingungen erfüllt. Moderne Wissenschaft bezieht sich auf (1) überprüfbare Aussagen, die (2) prinzipiell kommunikabel sind u. einen (3) systematisch-theoretischen Zusammenhang nach Prinzipien bilden. Diese Mindestbedingungen unterläuft die E., indem sie die Bedingungen spezifiziert, die Form der empirisch-wissenschaftlichen Begründung aber beibehält. Die überprüfbaren Aussagen werden zu Aussagen, die nur für den nachvollziehbar sind, der das Phänomen unter spirituellen (metaphysischen, gruppen- u. szenespezifischen od. parapsychischen; →Spiritualität) Prämissen in den Blick nimmt. Die prinzipielle (d.h. auf jeden fachlich qualifizierten Menschen bezogene) Nachprüfbarkeit schränkt sich ein auf den Bereich der Eingeweihten. Die Bezogenheit auf einen systematisch-theoretischen Zusammenhang nach Prinzipien bezieht sich auf (oft unbewusst gemachte od. unthematische) metaphysische Voraussetzungen od. es fehlt – im Kontext einer synkretistischen (→Synkretismus) Flickerlteppichreligiosität – das Gespür für Systematizität überhaupt. Dem wissenssoziologisch exklusiven Anspruch entspricht die Wendung auf ein nicht nur geheimes, sondern auch ganzheitliches Wissen (holistische Weltformel) u. die damit zusammenhängende Unmöglichkeit, einen E.er durch Falsifikation zu widerlegen.

Grom, B., Esoterik, in: H. Baer u.a. (Hg.), Lexikon neureligiöser Gruppen, Szenen und Weltanschauungen, Freiburg i.B. 2005, 329–335. – Hauser, L., Kritik der neomythischen Vernunft, Bd. 1 (=Menschen als Götter der Erde. 1800–1945), Paderborn [2]2005.

Linus Hauser

Ethik

Die Begriffe E. u. Moral werden häufig mit dem „guten →Leben“, darüber hinaus mit Ansprüchen, wie wir uns verhalten sollen, in Verbindung gebracht – wir *wollen* „gut“ sein u. *sollen* „richtig“ handeln. In der Wissenschaft unterscheiden wir zw. den beiden Ebenen der gelebten Moral u. der reflektierenden E.; dabei gibt es sowohl in der gelebten Moral als auch in der E. unterschiedliche Vorstellungen darüber, was das „Gutsein“ sowie das „richtige Handeln“ denn ausmacht. Nur so kann es zu Diskussionen darüber kommen, wie sich Menschen mit unterschiedlichen familiären, kulturellen, religiösen Hintergründen Moral vorstellen. Die religiöse Perspektive ist entsprechend nur eine mögliche unter anderen, die der Frage nach der Moral eine spezifische Ausrichtung gibt, die von den jeweiligen Inhalten der Religion geprägt ist.

Die christliche →Religion (→Christentum) geht, so zeigt die *Moraltheologie*, von der Beziehung zw. →Gott u. Mensch aus, die mit der Interpretation der eigenen →„Herkunft“ od. Abkünftigkeit der individuellen Existenz beginnt u. bei der Hoffnung auf ein Leben in Fülle für alle Menschen aufhört. Damit deutet sich schon an, was Christen mit dem „guten Leben“ verbinden: uneingeschränkte Beziehung, Herkunft u. Ziel, Leben in Fülle – das sind auch Vorstellungen, die für die (theologische) E. wichtig sind, weil sie Vorstellungen von Glück u. Gelingen enthalten u. dem Menschen eine Existenz-Grundlage geben, die er annehmen od. ablehnen kann.

Die christliche E. geht aber nicht nur von der spezifischen Gott-Mensch-Beziehung aus, sondern ebenso von der Mensch-Gott-Beziehung, die durch den Begriff der Ehrfurcht vor Gott charakterisiert werden kann. Die E. bestimmt diese Ehrfurcht gegenüber Gott als praktischen Anspruch, sich als verantwortlich für →Schöpfung u. andere Menschen an-gesprochen zu sehen: Gottesliebe realisiert sich im christlichen Sinn in der Nächstenliebe. Die Sorge für u. um andere ist entsprechend die Antwort, die der Mensch um des Gelingens des eigenen Lebens willen gibt – u. die er geben *soll*. Wird die Perspektive der Verantwortung als Antwort auf die immer schon vorausgegangene An-sprache Gottes verstanden, dann ist der Zusammenhang zw. den beiden Perspektiven der E. des guten Lebens u. der normativen Moral hergestellt. Es geht der christlichen Moral (u. entsprechend der Reflexion in der E.) dann nicht nur um das Gelingen des individuellen Lebens, sondern ebenso um den Anspruch des Respekts vor u. der Sorge für u. um andere.

In der E. werden diese Überlegungen „fundamentalethisch" genannt. Sie beziehen sich auf das *Verstehen* – u. im weiteren auf das *Begründen* – der Ansprüche, die sich dem einzelnen Menschen stellen, sofern er moralfähig ist u. entsprechend für sein Handeln verantwortlich ist.

In der Reflexion auf die begründeten Ansprüche, die Menschen aneinander stellen können, argumentiert die E. nach den Methoden der Philosophie. In der E.geschichte sind verschiedene Schulen entstanden, die um die „besten Argumente" ringen (kognitivistische Ansätze), etwa um die Begründung der Menschenrechte od. die Perspektive der sozialen u. politischen Gerechtigkeit; daneben wird aber auch die Frage gestellt, ob es überhaupt eine rationale Begründung moralischer Ansprüche geben kann od. ob sie nicht eher in Intuitionen od. in Gefühlen gründen (nonkognitivistische Schulen).

Zur Theologischen E. gehört über die Begründung der Sollensansprüche hinaus die kritische Beobachtung u. Analyse gesellschaftlicher Prozesse. Zur historischen Erfahrung wohl aller →Kulturen gehört nicht nur die Gemeinschaftsbildung u. die Identifikation mit gemeinschaftlichen Zielen (heute ist dies das Gemeinwohl, das Wohl aller in einer globalisierten Welt; →Globalisierung), sondern eben auch, dass einzelne Menschen od. Gruppen aus →Gemeinschaften od. Gesellschaften ausgegrenzt u. damit in ihren Rechten beschnitten werden; Um diese Missstände u. Verfehlungen in ihrer strukturellen Dimension in den Blick nehmen zu können, ist die Methode die Kritik auf der Grundlage der Sozial- u. →Kulturwissenschaften, aber auch der →Politik- u. Rechtwissenschaften notwendig. Als *SozialE.* thematisiert die theologische E. daher vor allem die sozialen, strukturellen u. institutionellen Bedingungen u. die ihnen zugrunde liegenden Werte u. Normen. SozialE. fragt nach der →*Solidarität* – als Ausdruck der Sorge für u. um andere in sozialen Gefügen (Familie, Gemeinschaften, Nationen) – u. nach der →*Gerechtigkeit* – als Ausdruck des geschuldeten Respekts u. der Gleichheit aller Menschen.

Neben diesen zwei grundsätzlichen Ebenen der Fundamental- bzw. IndividualE. u. der SozialE. entfaltet sich die E. in verschiedene Handlungs- u. Praxisbereiche, die manchmal BereichsE.en, manchmal „Angewandte" E.en genannt werden (KulturE., MedienE., UmweltE., WirtschaftsE. usw.). Ein exemplarischer Bereich der E. ist die sog. BioE., die sich mit den Fragen der modernen Medizin, Biotechnologie, den Neuro- u. Informationswissenschaften beschäftigt. Anders als die Fundamentaltheologie geht es der E. i.S. ihrer Disziplin weniger um den theoretischen Diskurs von Wissenschaft u. →Theologie, sondern vielmehr um die praktisch-moralischen Fragen, die sich durch die veränderten Wissens- u.

Handlungsbedingungen in den genannten Bereichen ergeben. Bes. die medizinischen Frage nach dem Lebensanfang u. dem Lebensende (→Tod), aber auch die Frage nach dem Spielraum u. den Grenzen der menschlichen →Autonomie, sowie die Veränderung der menschlichen Natur spielen hier eine große Rolle. In den letzten Jahren zeichnet sich in der BioE. eine Wende zu den „globalen" Problemen ab, nämlich der Gesundheitsversorgung, dem Beitrag der Forschung u. Technologie zur Entwicklung, u. der Bekämpfung von Infektionskrankheiten mit epidemischem Ausmaß, an erster Stelle HIV/AIDS.

Christliche E. steht – jenseits aller wissenschaftlichen Interdisziplinarität – unter dem (Glaubens-)Anspruch des Bundes Gottes mit allen Menschen; ein „Sein", das ein „Sollen" impliziert. Es ist dieser Bund, der die E. darauf verpflichtet, das Imperfekte zum Ausgangspunkt ihrer kritischen Analyse zu nehmen u. die menschliche Verantwortung zu entziffern: *Achtung* anderen gegenüber, *Sorge* für andere u. das *solidarische* Eintreten für *Gerechtigkeit* – auf diesen Prinzipien ruht die Theologische E. auf.

Düwell, M./Hübenthal, C./Werner, M. (Hg.), Handbuch Ethik, Stuttgart ²2005. – Düwell, M./Steigleder, K. (Hg.), Bioethik. Eine Einführung, Frankfurt a.M. 2003. – Anzenbacher, A., Christliche Sozialethik. Einführung und Prinzipien, Paderborn 1998.

Hille Haker

Ethnie

E.n (ethnische Gruppen) sind menschliche Kollektive, die auf der Ebene zw. Familien u. ganzen Völkern, Gesellschaften, bzw. Nationen angesiedelt sind. In der älteren Völkerkunde wurden E.n nach einfach beobachtbaren Merkmalen, wie Siedlungsgebiet, Hausform, „Bräuchen", →Religion u. →Sprache (u. oft sogar nach Körpermerkmalen) eingeteilt. Dies führt jedoch zu unterschiedlichen bzw. überlappenden Einheiten, je nachdem, welches Kriterium genommen wird. Außerdem ist die Lebensweise (→Kultur) von E.n immer im Wandel u. schließlich sind Mitglieder von E.n weltweit zunehmend mobil. Deshalb betont die moderne Ethnologie bei der Abgrenzung weniger die Besonderheiten der Lebensweise als vielmehr die von Mitgliedern selbst betonten Grenzen, ganz im Gegensatz zu Politikern u. Massenmedien (vgl. Antweiler 2005). E.n werden in der heutigen Ethnologie i.d.R. nach dem „Wir"-Bewusstsein (Ethnizität) u. daran orientierten Handlungen unterteilt. Demzufolge können E.n wenige Mitglieder haben, aber auch Millionenvölker darstellen. Ethnizität zeigt sich in Vorstellungen, Gefühlen u. Handlungen der Zugehörigkeit, die eine Gruppe gegen (eine) andere abgrenzen. Dazu gehören auch Vorstellungen, die die eigene Gruppe als ganz bes. u. als positiv u. die Außenwelt aus dieser Perspektive sehen (Ethnozentrismus).

I.d.R. stellen ethnische Gruppen endogame Gruppen dar; ihre Mitglieder heiraten also innerhalb der Einheit. Ethnische Gruppen werden im historischen Prozess durch Ethnizitätsprozesse der Einbeziehung (*Inklusion*) u. Ausgrenzung anderer (*Exklusion*) innerhalb interethnischer Interaktion gebildet, sodass die entsprechenden Zuschreibungen seitens anderer hereinspielen. Die für die Mitglieder maßgebenden Gruppenmerkmale sind ausgewählte od. erfundene →Traditionen, die als gemeinsam anerkannt werden. Im Einzelnen müssen verschiedene Ebenen sauber unterschieden werden: ethnische Kategorien, ethnische Gruppen, ethnische Netzwerke u. ethnische Institutionen bzw. Organisationen.

Kollektive →Identität besteht in einer Art „Zwiebelschalenmodell" immer auf verschiedenen Ebenen. Dies können aufsteigend etwa die Ebenen der Verwandtschaftsgruppe (Lineage, Clan), Altersgruppe, Regionalgruppe, Religionsgruppe od. Nation sein. Individuen wählen dabei je nach sozialer Situation u. →Kontext aus diesem Set von unterschiedlich umfassenden Identitätseinheiten. Diese Auswahl ist in aller Regel kaum bewusst; manchmal folgt sie dagegen aber strategischen Gesichtspunkten. Zweitens selektieren Individuen die gruppendefinierenden Merkmale aus einer Vielzahl von Möglichkeiten. Für die genannten Ebenen können ganz unterschiedliche Merkmale der Grenzziehung herangezogen werden, etwa Sprache od. Religion. Entscheidend ist die Eigenperspektive (die *emische* Sicht) der gefühlten, geglaubten u. jeweils betonten Gemeinsamkeiten. Insofern ist es für die Identitätsdynamik zweitrangig, ob die Abgrenzungen althergebracht (*primordial*) od. etwa erst durch kolonialbehördliche Eingriffe kreiert („konstruiert") sind u. ob eine Ursprungslegende aus der wissenschaftlichen Sicht reale Geschichte wiedergibt od. „erfundene Geschichte" ist.

Antweiler, Ch., Ethnologie. Ein Führer zu populären Medien, Berlin 2005. – Eriksen, Th. H., Ethnicity and Nationalism: Anthropological Perspectives, London 1993 ([2]2003). – Ganter, S., Ethnizität und ethnische Konflikte. Konzepte und theoretische Ansätze für eine vergleichende Analyse, Freiburg i.B. 1995.

Christoph Antweiler

Fest

F.e zu feiern ist eine fundamentale humane Begabung. Es gehört zu den bleibenden Grundstrukturen menschlichen Daseins u. zum Erbe aller →Religionen u. →Kulturen, →Zeit zu unterbrechen, bewusst zu gestalten, in Zeit-Symbolen (→Symbol) →Sinn zu stiften u. zu erfahren – durch kosmisch-jahreszeitliche Zyklen, in Vergegenwärtigung →Gemeinschaft stiftender u. prägender (Ur)-

Geschichte sowie lebensgeschichtlicher Wenden. Wie bei anderen Tradierungsprozessen unterliegen Verständnis u. Praxis einschneidenden u. in der europäischen Neuzeit beschleunigten kulturellen Wandlungsprozessen: Funktionalisierung u. Transformierung für faschistische, kommunistische, nationalistische Ideologien, aber auch zivilreligiöse Deutungen, Banalisierungen u. selektive *Bricolagen* (→Identität) im Zuge zunehmender Pluralisierung (→Pluralismus) der →Lebenswelten u. Individualisierungsschübe. Ökonomische Interessen führen zur Vermarktung überkommener u. neu arrangierter F.e.

Auch christliche F.e sind aus Inkulturationsprozessen erwachsen. So wurden Elemente jüdischer, hellenistisch-römischer, aber auch keltisch-germanischer u. darin archaischer →Traditionen in selektiver Akzentuierung u. bei spannungsvoller Wahrung christlicher Intentionen integriert (→Synkretismus; Volksreligion). Unterschiedliche Rezeptionsgeschichten spiegeln sich in regionalen u. konfessionellen Varianten. In der Begegnung mit fremden Religionen bzw. Kulturen sind F.e ein erstrangiger Schlüssel, weil in ihnen die Mysterien menschlicher Existenz, ihrer kosmischen Einbettung u. der →Offenbarung des göttlichen Geheimnisses mit allen Sinnen erfahrbar begangen werden. Deshalb sind F.e ein unverzichtbarer Weg zur Erschließung fremder Religionen bzw. Kulturen.

Wirkliche F.erfahrung stellt sich weder bei touristischer Neugier u. distanzierter Beobachtung noch bei religionskundlich vergleichenden (→Religionswissenschaft), sozialwissenschaftlichen u. psychologischen Analysen ein. Bei aller Achtung vor dem bleibend geheimnisvoll Fremden soll es zu einer einfühlsam verstehenden Teilnahme, zur Mitfreude, ja – bei entsprechender Einladung – zum gastweisen Mitvollzug (→Gastfreundschaft) von zugänglichen Momenten des F.es kommen, soweit dies der im Gewissen geschuldete Respekt vor den zentralen Intentionen fremder u. eigener F.e u. vor dem darin vergegenwärtigten Selbstverständnis erlaubt. Die verständnisvolle u. ehrfürchtige Begegnung mit F.en anderer Religionen bleibt eine verheißungsvolle Aufgabe →interkultureller →Bildung. Sie ermöglicht eine spirituelle (→Spiritualität) Gemeinschaft, stärkt Kräfte der Heilung u. der Versöhnung, hält den Sinn für das göttliche Geheimnis wach u. ermutigt zu →Solidarität u. Hoffnung.

Raske, M., Sollten Mitglieder der Gesellschaft für Christlich-Jüdische Zusammenarbeit im Dezember ‚Weih-nukka' feiern? In: mich erinnern – dich erkennen – uns erleben. 50 Jahre Gesellschaft für Christlich-Jüdische Zusammenarbeit in Frankfurt am Main 1949–1999, Frankfurt a.M. 1999, 141–146. – Wagemann, G., Feste der Religionen, Begegnung der Kulturen, München 1996 (2002). – Halbfas, H., Religionsunterricht in der Grundschule. Lehrerhandbuch 3, Düsseldorf-Zürich 1985 (u. folgende Aufl.), 341–369 (vgl. das gesamte Unterrichtswerk).

Michael Raske

Freiheit

F. ist ein zentrales Leitthema der europäischen Moderne. →Theologie, Philosophie, →Politik-, Rechts- u. Sozialwissenschaften haben die positiven Facetten von F. herausgestellt, zugleich aber auch mit den Ambivalenzen von F. die Ambivalenzen der Moderne in den Blick genommen: z.B. individualistische Engführung, Absolutsetzung, Funktionalisierung od. Missachtung von F.

Für das →Christentum stellt F. einen der zentralen Grundbegriffe dar. Bes. in der evangelischen Theologie wurde dies seit der Reformation bekräftigt u. vertieft. Die menschliche Erfahrung von Gottes F. u. →Liebe bildet den Ausgangspunkt für die christliche Interpretation von F. Christliche F. gründet in →Gottes geschichtlichem Befreiungshandeln, das das biblische Volk Israel als Befreiung deutete u. das das Leben Jesu kennzeichnete. Gottes F. ist nicht willkürlich, sondern korrespondiert mit seiner Liebe zu den Menschen (1. Joh 4,7ff). Jesus Christus wendet sich den Menschen ohne Vorbedingung zu, auch ohne Ansehen ihrer →Religion u. →Kultur. Um dieser Zuwendung willen hat Gott die Welt mit sich versöhnt: durch den Kreuzestod u. die Auferstehung Jesu Christi. Damit hat, so der Apostel Paulus, Jesus Christus die Glaubenden (→Glaube) zur F. befreit (Gal 5,1). So unerlöst die Welt auch noch ist, die Glaubenden erfahren sich als Befreite inmitten der noch unerlösten Welt (→Erlösung), m.a.W.: Sie erfahren sich als Gerechte u. Sünder zugleich.

Bereits in der Hebräischen Bibel wird bezeugt, dass die Würde des Menschen in der Ebenbildlichkeit Gottes gründet u. auf die F. des Menschen zielt. Aufgrund seiner Verstrickung in Schuld u. →Sünde u. seiner Verflechtung in bewusste u. unbewusste Zwänge kann sich jedoch kein Mensch aus sich selbst heraus befreien. Nach christlicher Sicht ist wirkliche F. daher ein Geschenk der Gnade Gottes.

Drei Relationen zeichnen christliche F. als kommunikative F. aus: die Beziehung des Menschen zu Gott, zu sich u. zu seinen Mitgeschöpfen. Die F. zu Gott bildet die grundlegende Relation. Gerade weil sich der Mensch als Sünder angenommen weiß, wird er fähig, seiner Berufung zur F. gerecht zu leben. F. u. Liebe, F. u. Verantwortung sind nicht zu trennen. Aufgrund der drei Relationen ist christliche F. also missverstanden, wenn sie auf eine rein innere F. reduziert od. als abstrakte F. interpretiert wird. Die innere F. aus der Beziehung zu Gott „entäußert sich“, aktualisiert sich in der Beziehung zu Gott, zu sich selbst u. den Mitgeschöpfen als liebevoller Dienst.

Die in Jesus Christus geschenkte F. befreit vom vermeintlichen Heilsweg des Gesetzes u. somit von Schuld u. Sünde. Als solche befreit sie zum Leben. „F. von“ ist daher immer eine „F. für“, für das

Leben in F. u. Verantwortung zu Gott, zu sich selbst u. den Mitgeschöpfen. Christlicher F. kommt daher neben der persönlichen Dimension stets eine gemeinschaftliche (korporative) Dimension zu: zum einen hinsichtlich der →Kirche als Ort der F. u. Befreiung, zum anderen hinsichtlich der Gesellschaft als Ort, in dem christliche F. eingebracht wird. Dabei ist die Korrespondenz von F., →Gerechtigkeit u. →Frieden hervorzuheben, markantes Beispiel dafür ist das Ringen um ReligionsF.

Huber, W., Gerechtigkeit und Recht. Grundlinien christlicher Rechtsethik, Gütersloh [3]2006. – Dahling-Sander, Ch., Zur Freiheit befreit. Das theologische Verständnis von Freiheit und Befreiung nach Martin Luther, Huldrych Zwingli, James H. Cone und Gustavo Gutiérrez, Frankfurt a.M. 2003. – Knuth, H.Ch. (Hg.), Von der Freiheit. Besinnung auf einen Grundbegriff des Christentums, Hannover 2001. – Fornet-Betancourt, R. (Hg.), Befreiungstheologie. Kritischer Rückblick u. Perspektiven für die Zukunft, Bd. 1-3, Mainz 1997. – Ulrich, H.G. (Hg.), Freiheit im Leben mit Gott. Texte zur Tradition evangelischer Ethik, Gütersloh 1993.

Christoph Dahling-Sander

Frieden

F. als unbeschreibbares Ideal – theologisch gesprochen: als eine eschatologische Größe – ist vergleichbar mit dem, was Jesus die „Herrschaft Gottes“ bzw. „Reich Gottes“ genannt hat. Wenngleich das eine wie das andere ein alles umspannendes Optimum an Zusammenleben sowie die permanente Sehnsucht danach impliziert, sich aber im Hinblick darauf jeder Antizipation entzieht, so kann doch dieses wie jenes unter räumlichen wie zeitlichen Aspekten zumindest *ansatzweise* aufscheinen: Reich Gottes ist deshalb dort, wo Jesus (der sich bezeichnenderweise jeder Reich-Gottes-Definition enthält) mit seinem Finger Dämonen austreibt, u. *Schalom* (F.) dort, wo man (in den Schriften des AT) einander grüßt, also in kleinen überschaubaren Strukturen eines verbindlichen Zusammenlebens. So markiert F. (der weit mehr ist als etwa nur die Abwesenheit von Krieg) durchaus Zustände eines persönlichen u. gesellschaftlichen Wohlbefindens, eines ganzheitlichen Heilseins, spannt aber vor allem auf ein unverfügbares, überraschungsoffenes Ziel (vgl. dagegen die Totalitarismusgefahr des konkreten utopischen Denkens) u. ist deshalb eher ein Prinzip.

Unter dem Aspekt der Weg-Ziel-Relation verweist F. als Ziel auf die Notwendigkeit eines F.s als Weg. Das Ziel liegt im Weg wie der Baum im Samen (M. Gandhi, M.L. King). Deshalb entspricht F. als einem Ideal, das frei ist von jeder (interpersonalen, strukturellen od. kulturellen) Gewalt, ein Weg, der frei ist von jeder (wie auch immer zu denkenden) Gewalt. In diesem Sinne fördert F.serziehung die Fähigkeit u. Bereitschaft, auf allen Ebenen des

Zusammenlebens Konflikte gewaltfrei zu lösen (vgl. auch die Lehre der *Gewaltfreien Aktion*). Um nicht die unhaltbare Ansicht, dass der Mensch nicht friedensfähig sei, zu verstärken, setzt F.serziehung didaktisch nicht bei Phänomenen des Misslingens zwischenmenschlichen Zusammenlebens an, sondern bei Phänomenen des Gelingens (vgl. dagegen herkömmliche F.serziehung). Sie kann dabei auf ein in allen →Kulturen bzw. →Religionen vorhandenes F.sbewusstsein rekurrieren (vgl. Goldene Regel, Hinarbeiten auf ein →Weltethos) u. die Verbindung eines ethisch verantwortlichen Handelns (→Ethik) einerseits mit dem unverfügbaren Wirken einer göttlichen, friedensstiftenden Dritten Macht (Gandhi: Macht der →Wahrheit) andererseits. Weil da etwas da ist (im jüdischen Credo: JHWH; →Judentum), das Befreiungsprozesse unterstützt u. zw. den Konfliktparteien versöhnend zu wirken vermag, deswegen macht Verzicht auf Gewalt Sinn. F. ist, so gesehen, tatsächlich eine Gabe →Gottes. Das wird beispielsweise auch deutlich, wenn sich Vertreter der Religionen in Assisi zum F.sgebet treffen u. dabei (ganz i.S. der Konzilserklärung *Nostra aetate*) das Gemeinsame der Religionen im Vordergrund steht u. nicht das Besondere als das Unterscheidende, geschweige Trennende. Perspektivisch bedeutsam ist die demonstrative Abkehr Papst Johannes Pauls II. von der klassischen „Lehre vom gerechten Krieg" hin zu einer „Lehre vom gerechten F." sowie die von der UNO ausgerufene Dekade zu Beginn des neuen Jahrtausends „Culture of Peace and Non-Violence for the Children of the World" (vgl. auch die vom ÖRK (=Ökumenischer Rat der Kirchen) ausgerufene Dekade „Gewalt überwinden").

Nauerth, Th. (Hg.), Handbuch christlicher Friedenstheologie (Digitale Bibliothek), Berlin 2004. – Spiegel, E., Gewaltverzicht. Grundlagen einer biblischen Friedenstheologie, Kassel [2]1989. – Galtung, J., Strukturelle Gewalt, Reinbek 1975. – Sharp, G., The Politics of Nonviolent Action, Boston 1973.

Egon Spiegel

Fundamentalismus

Der Begriff geht zurück auf einen Zusammenschluss christlich-konservativ-evangelikaler Gruppen in den USA zu Beginn des 20. Jh.s, die der drohenden Modernisierung u. Relativierung des christlichen →Glaubens „Fundamentals", d.h. absolut gültige zentrale Glaubensinhalte entgegensetzten. Der Begriff wurde seit den 80er Jahren des 20. Jh.s wieder aufgenommen, um das weltweit zu beobachtende überraschende Auftauchen neuer kampfbereiter Formen von →Religion zu bezeichnen. In der Folgezeit wurde dann der Begriff allerdings geradezu inflationär verwendet u. häufig so ausgeweitet, dass er alle möglichen Formen von Radikalismus, Extremismus, Fanatismus u. Traditionalismus, ja schließlich auch noch alle Formen absoluter →Werte u. religiöser Gewissheiten einschließen kann. Im Rahmen der Säkularisierungsthese, wonach Religion mit zunehmender Modernisierung austrockne, erscheint der religiöse F. als irrationaler Aufstand gegen Aufklärung u. Moderne, als Antimodernismus. Plausibler ist, dass es sich um eine moderne Bewegung handelt, die aus religiösen Motiven bestimmte (vor allem liberale) Grundprinzipien der Moderne in Frage stellt (moderner Antimodernismus). Es geht dabei vor allem um den öffentlichen u. politischen Wahrheits- u. Orientierungsanspruch der Religion (gegen: Religion ist Privatsache) u. um den Erkenntnisanspruch des religiösen Glaubens (gegen: Religion ist ein subjektives Gefühl). In der Durchsetzung dieser Ziele wird auch auf vormoderne →Traditionen zurückgegriffen.

Theologisch geht man am besten von der dialektischen Grundstruktur religiöser Erfahrung (→Offenbarung) aus. Dazu gehört zum einen die Überzeugung, dass →Gott bzw. das Göttliche in dieser Welt u. vermittels dieser Welt (durch heilige Zeichen aller Art; →Symbol) begegnet, dass aber kein weltliches Zeichen unterschiedslos Gott ist. Weil Gott nur vermittels weltlicher Zeichen gegenwärtig u. für den Menschen erfahrbar sein kann, ist Glaube die Fähigkeit der Auslegung weltlicher Zeichen als Erscheinungsgestalt göttlicher Nähe. Damit kann sich religiöser Glaube auf zweifache Weise selbst verfehlen: Wenn er die religiöse Zeichenwelt der eigenen Tradition mit der →Wahrheit u. →Wirklichkeit Gottes identifiziert u. die Unterscheidung zw. Gott u. Welt vergisst (Bilderanbetung bzw. Götzendienst): dies ist der Grundfehler des religiösen F. Wenn umgekehrt religiöser Glaube nur die Differenz von Gott u. Welt betont (nur die →Transzendenz Gottes hervorhebt) u. die Einheit von Gott u. Welt vergisst, dann entzieht er Gott jeden Ort in dieser Welt (Bilderzerstörung): dies ist der Grundfehler des religiösen Liberalismus. Damit wird deutlich, dass religiöser F. u. religiöser Liberalismus einander bedingen, man daher das eine nicht ohne das andere wirkungsvoll bekämpfen kann, u. dass der Begriff des religiösen F. eine große Bandbreite aufweist: von der (vielleicht ungeschickten) Ernstnahme der konkreten Gegenwart Gottes in dieser Welt bis zur Verkehrung des religiösen Glaubens im Götzendienst.

Küenzlen, G., Religiöser Fundamentalismus – Aufstand gegen die Moderne? In: H.-J. Höhn (Hg.), Krise der Immanenz. Religion an den Grenzen der Moderne, Frankfurt a.M. 1996, 50–71. – Wiedenhofer, S., Wann der Glaube „fundamentalistisch" wird, in: Informationen für Religionslehrerinnen u. Religionslehrer, Bistum Limburg (1994) 1, 16–21.

Siegfried Wiedenhofer

Gastfreundschaft

Der Begriff G. enthält drei Elemente: „Gast-" (1), „-freund-" (2) u. „-schaft" (3).

(1) Das Wort „Gast" ist einer derjenigen Begriffe, die mit dem existentiellen Überleben (→Leben) des Menschen zu tun haben. Er kommt daher in vielen Variationen bereits als gemeingermanisches Wort vor u. entspricht seinen Verwandten im Slawischen (*ghosti*), im Lateinischen (*hostis*), im Englischen (*ghost*) u. bedeutet ursprünglich „Feind/Fremder". Doch gibt es auch die im Lateinischen viel gebräuchliche Weiterentwicklung des Begriffes als *hospes* (=Gastherr u. Gast, aus *hosti – potis*). In den Begriffen Hotel, Hospiz, od. etwa Hospital erscheint uns wieder dieser Wortstamm. Auch der Kantische Begriff der Hospitalität ist von *hospes* abgeleitet.

Der/das Feindliche/Fremde ist im Menschen u. in allen →Kulturen stets stark angstbesetzt. Die Papuas auf Neuguinea sagen sogar, dass man einen Fremden *immer* meiden solle. Den Platz, an dem sich ein Fremder hingesetzt hätte, sollte man mit einem Dolchstoß „reinigen", um sich damit vor dem Unheil zu schützen, das ein Fremder stets mit sich brächte. Auch die abendländische Kultur tut sich mit dem Fremden/den Fremden (z.B. dem →Islam) schwer. Man kann sich die individuelle, aber auch generelle Angst vor dem Fremden als eine radikale Urangst vorstellen.

(2) „Freund" ist das Gegenwort zu Feind, so jedenfalls sieht es das Gemeingermanische. Freund ist Blutsverwandter, Stammesgenosse, persönlicher Vertrauter u. Kamerad – auch im Krieg. Mit Freund werden auch noch weitere Formen gebildet, wie z.B. freundlich (=liebenswürdig, heiter) od. auch Verbformen wie anfreunden (=sich jemand zum Freunde machen). Die germanische Wurzel des Begriffes Freund ist verwandt mit „frei", wie man es auch im Begriff „freien" wiederfindet u. hat so auch mit →Liebe zu tun. Im Wort →Friede u. Friedhof kommt „fre..." wieder vor u. meint hier den Schutz u. die Schonung des Verletzlichen, des Verletzten.

(3) Das ein Femininum bildende Suffix „-schaft" deutet auf ein Substantiv hin, das die vorhergehenden quasi statischen Bestandteile des Wortes sozusagen in einen aktiven Zusammenhang stellt: Gast u. Freund werden *aktiv*.

Insofern ist G. stets ein (A) *Akt bewussten Handelns*. U. so hat G. (*hospitium*) bereits seit der Antike auch eine moralische Komponente. G. beinhaltet nämlich ein (B) *Sollen* u. wird somit als Wert begriffen. Dieser Wert ist ein aus →Werten wie dem Liebesgebot (Akt der Barmherzigkeit) od. etwa dem der Achtsamkeit abgeleiteter Wert. Insofern ist G. individuell eine (C) *moralische*

Pflicht (Tugend) u. gesellschaftlich eine (D) *Kulturleistung* im Umgang mit dem „Feind/Fremden“ überhaupt.

G. ist nur möglich in der Begegnung. Denn wer sich nicht begegnet, kann faktisch weder Feind noch Gast sein. Begegnet einem aber das Fremde od. ist man selbst der Fremde, dann muss man irgendetwas tun. Man kann nicht nichts tun. Diese Begegnung erzwingt quasi Kommunikation. Eine mit dem Fremden gelingende Kommunikation ist erst möglich in der Überwindung der eigenen Angst (s.o.). Insofern ist G. begreifbar als (F) *Akt der Entfeindung*, indem die Angst vor dem Fremden/Feindlichen aktiv überwunden wird. Dies gilt übrigens für den, der Gast ist (Fremder), wie für den Gastgeber in gleicher Weise.

Platter, G., Fremdenhass u. Gastfreundschaft, Bonn 2005. – Kant, I., Zum ewigen Frieden, hg. v. O. Höffe, Berlin [2]2004. – Kayed, Ch., Gast sein. Ein Lesebuch, Bozen-Wien 2003. – Derrida, J., Von der Gastfreundschaft, Wien 2001. – Peyer, H., Von der Gastfreundschaft zum Gasthaus. Studien zur Gastlichkeit im Mittelalter, Hannover 1987.

Guntram Platter

Gebet

Es gibt G.: G. ist Teil der →Lebenswelt. Dem G. begegnet auch, wer nicht betet, u. sei es als fremdes Relikt vergangenen od. befremdendes Zeugnis zeitgenössischen →Lebens. Auch wer nicht betet, wird aufgrund von Erfahrung u. Lernen bestimmte *Texte* als G.e u. bestimmte *sprachliche Vollzüge* als Beten *deuten* (können). G.e, Betende u. Lesarten des G.s sind in allen →Religionen anzutreffen. Es gibt G. nur im Plural. Das jeweilige Vorverständnis kann jedoch dazu führen, dass etwas zwar als G. erkannt, aber nicht anerkannt wird. So erscheint es angebracht, das G. zunächst einmal negativ zu fassen als von alltäglicher Kommunikation *abweichende* Kommunikation: Im G. wird Kommunikation gesucht mit dem, was alltäglicher Kommunikation nicht nur zufällig entgeht. Die üblichen Kriterien für →Sinn od. Unsinn, Gelingen od. Misslingen einer Kommunikation geben insofern für das G. wenig her.

Trotzdem gibt es G. nur in je konkreten Vollzügen, die daraufhin befragt werden können: *Wer* betet, ist es individuelles od. kollektives od. G. bes. beauftragter bzw. befähigter Personen? *Was* wird gebetet, welche Formen: freies od. vorformuliertes G., welche Inhalte: Bitte, Beschwörung, Klage, Dank, Lob, Fluch, Schuldbekenntnis, hat das G.? *Wie* wird gebetet: still od. laut, ekstatisch od. ritualisiert (→Ritus)? *Wann* wird gebetet: spontan od. zu festen Zeiten? *Wo* wird gebetet: im „stillen Kämmerlein“ od. in sakralen Räumen (Kirchen, Synagogen, Moscheen, Tempel)? *Worin* wird gebetet, in welchen Ausdrucksgestalten: in Worten u./od. Gesten od. etwa in entzündeten Kerzen u. G.sfahnen? *Warum* wird gebetet: aus Angst, Dankbarkeit, Verpflichtung u.a.m.? *Wozu* wird gebetet, was sind die Ziele: wird gebetet um Erfüllung od. Überwindung von Wünschen, um Gedeihen od. Verderb von etwas od. jemandem, um Respekt zu erlangen od. um Dank zu erweisen? U. schließlich: *Wohin* wird gebetet, was od. wer ist das Gegenüber, u. in welchem Verhältnis steht überhaupt das Beten zu einem Gegenüber?

In der christlichen →Tradition mit ihren jüdischen Wurzeln (→Judentum) u. ihrer Orientierung an G.spraxis (Mk 1,35 u.ö.) u. G.slehre Jesu (Mt 6,9–13 par; Mt 7,7–11 par) hat die letzte Frage besonderes Gewicht. In ihr wird G. als die *Antwort* des Menschen auf →Gott verstanden, u. zwar als jene Antwort, die durch die zuvor von Gott (in →Schöpfung, →Offenbarung u. →Erlösung) ergangene *Anrede* an den Menschen ermöglicht ist. Die normativen G.szeugnisse des →Christentums betonen deshalb das dankendlobende Gedenken (→Gedächtnis) (z.B. Ps 104, Ps 105, Eph 1,3–14). In der Antwort, die die Betenden *auf* Gott geben, sprechen sie aber nicht nur *zu* ihm, sondern unvermeidlich auch *über* ihn u. über *sich selbst* (vgl. Mi 6,1–8; Lk 18,9–14). Insofern Beten also heißt, Gott zu identifizieren u. individuelle wie kollektive menschliche →Identität auszubilden, ist eine fortwährende kritische Überprüfung angezeigt (vgl. Jes 1,10–17; Mt 6,5–8). Überdies ist die christliche Deutung des G.s durchaus plural. So hebt z.B. die ostkirchliche Tradition (→Orthodoxie) weniger auf den →Dialog u. stärker auf eine Verbindung bzw. Einheit mit Gott ab (vgl. Röm 8,26f.).

Börner-Klein, D./Demmer, K./Gensichen, H.-W./Haunerland, W./Korherr, E. J./Schaller, H./Untergassmair, F. G./Wahl, O./Weismayer, J., Gebet, in: Kasper, W. u.a. (Hg.), Lexikon für Theologie u. Kirche, Bd. 4, Freiburg i.B. u.a. ³1995, 308–320. – Flasche, R., Gebet, in: Handbuch religionswissenschaftlicher Grundbegriffe, Bd. 2, Stuttgart u.a. 1990, 456–468. – Schaeffler, R., Kleine Sprachlehre des Gebets, Einsiedeln 1988.

Reinhard Feiter

Gedächtnis

G. (synonym: Erinnerung, Gedenken, Anamnese) ist ein menschlicher Grundvollzug so wie →Sprache, Denken u. Handeln. Ohne Erinnerung könnten Menschen weder kommunizieren noch eine Sprache erlernen, Fertigkeiten erwerben, dauerhafte Beziehungen aufbauen etc. Erinnerung ist wesentlich mit der menschlichen Erfahrung verknüpft – direkter ebenso wie indirekter Erfahrung – u. ist das zentrale Element persönlicher →Identität.

Auch Gruppen, →Ethnien u. religiöse →Gemeinschaften haben Erinnerungen an positive od. negative Situationen in der Geschichte. Diese „kollektive Erinnerung“ konstituiert soziale Identität, die die Gruppe nach innen zusammenbindet u. nach außen abgrenzt. G. ist stets eine Interpretation der früheren Geschehnisse, nie ein objektives Abbild der biografischen od. historischen Fakten. Entscheidend sind die Deutungen u. die Bedeutung, die einem Ereignis zugeschrieben werden, was einen kommunikativen Prozess voraussetzt (Welzer 2002).

Erinnerung ist auch ein philosophischer Begriff. Platon hat im Rahmen seiner Ideenlehre die Anamnesis-Lehre entwickelt, wonach die Gedanken u. Einsichten der Menschen nichts weiter sind als Wiedererinnerungen an einst in der Ideenwelt Gewusstes, das bei der Geburt in Vergessenheit gerät. Neben der Erinnerung von Ideen steht die Erinnerung konkreter historischer Ereignisse (anamnetische, erinnernde Vernunft; Metz 2006).

Nicht zuletzt ist G. eine religiöse u. theologische Basiskategorie (Petzel/Reck 2003). Biblische Erinnerungsmuster (→Bibel) sind im →Judentum wie auch im →Christentum bis heute markant. Beispielsweise ist die Identität des biblischen Israel u. des Judentums in besonderer Weise an das Gedenken von Leidenssituationen (Versklavung in Ägypten, Bedrohung) u. Heilsereignissen (Befreiung, Rettung durch →Gott) zurück gebunden, was sich u.a. in der Pesachliturgie zeigt. Im Christentum hat sich die Erinnerung an Leben, Leiden u. Sterben Jesu Christi bereits zu frühchristlicher Zeit liturgisch profiliert (z.B. im Appell „Tut dies zu meinem G.!“). Diese Form kultischer Anamnese verbindet LeidensG. (*memoria passionis*) mit Erlösungshoffnung (*memoria ressurectionis*=Gedenken der Auferstehung; →Erlösung).

Doch ist G. auch gekennzeichnet von einer tiefen Ambivalenz: Erinnerungen können gefährlich werden, wenn eine Person od. eine Gemeinschaft das Gedenken früherer Kränkungen, Verletzungen od. ungerechter Leidenssituationen zum Anlass nimmt, Mitglieder einer anderen Gruppe in heutiger Zeit abzulehnen od. ihnen gar mit Hass zu begegnen. Nur wenn sich Erinnerung nicht egozentrisch *ver*-schließt, sondern konsequent die Erinnerung an das Leiden der Anderen *ein*-schließt, kann sie humanisierend wirken.

Die Debatten um den öffentlichen Stellenwert der Erinnerung sind in Europa insbes. mit dem Gedenken an Auschwitz verknüpft. Gerungen wird um eine „Kultur der Erinnerung“ („anamnetische Kultur“), die den Opfern u. Überlebenden der Judenvernichtung (u. anderer Gruppen) im Nationalsozialismus gerecht wird, die die Täter u. deren Motivationen in den Blick nimmt, die Schuldfrage nicht ausklammert, die Verstrickungen auch der →Kirchen aufdeckt, um daraus humanisierende Kraft für Gegenwart u. Zukunft zu gewinnen.

Metz, J.B., Memoria passionis. Ein provozierendes Gedächtnis in pluralistischer Gesellschaft, Freiburg u.a. 2006. – Welzer, H., Das kommunikative Gedächtnis. Eine Theorie der Erinnerung, München 2002 (2005). – Petzel, P./Reck, N. (Hg.), Erinnern. Erkundungen zu einer theologischen Basiskategorie, Darmstadt 2003.

Reinhold Boschki

Geist

G. ist in der gegenwärtigen „Philosophie des G.es“ ein Sammelbegriff für alles Psychische: Wer über G. verfügt, hat z.B. Überzeugungen, Absichten, Wünsche u. Hoffnungen, Gefühle wie Trauer, Freude od. Eifersucht u. Empfindungen wie die von Wärme, Kälte od. Hunger. Diskutiert werden u.a. die Fragen, was diese Phänomene gemeinsam haben könnten u. wie sie zusammenhängen; in welcher Beziehung der Körper eines geistbegabten Wesens zu dessen geistigen Eigenschaften steht; u. wie sich ein geistbegabtes Wesen zu seiner physischen u. sozialen Umwelt verhält, wie es z.B. zu Erkenntnissen über sie kommt (Erkenntnistheorie).

Es wurde oft angenommen, der eigentliche Träger des G.igen, z.B. der Erkenntnis, sei eine vom Körper verschiedene, eigenständige u. unvergängliche Substanz, bei Platon z.B. die →Seele. Vor ihrem Eingang in den Körper befindet sie sich im Reich der als göttlich verstandenen Ideen, der geistigen „Urbilder“ der physischen Welt. In der Schau dieser Ideen gewinnt sie Erkenntnisse über die Welt: Etwa über die →Gerechtigkeit, geometrische Lehrsätze od. auch das Wesen körperlicher Dinge. Bei ihrem Eingang in den Körper vergisst sie dieses Wissen wieder, um sie im Lernen wieder zu „erinnern“ (Anamnesislehre). Platons Schüler Aristoteles hat dessen Dualismus, also die strikte Unterscheidung zw. G.ig-Seelischem u. Körperlichem, kritisiert. Für ihn kann die Seele mit ihrem Erkenntnisvermögen nicht ohne den Körper existieren, vielleicht mit Ausnahme eines schwer zu fassenden „reinen Denkens“, das in den Bereich des Göttlichen gehört. Gewöhnliche Erkenntnis über die Welt wird dagegen auf empirischem, d.h. erfahrungsmäßigem Weg durch die Vermittlung von Sinnesorganen gewonnen, eine vorgeburtliche Schau von Ideen gibt es nicht. Der Dualist R. Descartes unterscheidet ähnlich wie Platon mit dem G.ig-Seelischen u. dem Körperlichen zwei ganz verschiedene Substanzen. Der Bezug auf einen gütigen →Gott, der nicht betrügen kann, sichert die Möglichkeit von Erkenntnis: Er kann nicht wollen, dass wir in Täuschungen befangen bleiben. Die Position des Substanzdualismus wird heute allg. als problematisch angesehen: Wenn G. u. Körper zwei ganz verschiedene Substanzen sind, ist schwer zu verstehen, wie beide zusammenwirken können – etwa wenn der G. mit Hilfe der Sinnesorgane etwas über die Welt erfährt od. der

Körper durch einen geistigen, willentlichen Entschluss bewegt wird.

Wenn der Substanzdualismus unhaltbar ist, heißt das aber nicht unbedingt, dass der G. zu einer rein naturwissenschaftlich erfassbaren Funktion des Physischen würde. Diese Position des „Naturalismus“ wird zwar von vielen Philosophen u. Naturwissenschaftlern vertreten, auch vor dem Hintergrund der modernen Hirnforschung, aber sie bleibt nicht unwidersprochen. U.a. in Anknüpfung an Kant, Hegel u. Wittgenstein wird argumentiert, dass Erkenntnis u. vernünftiges Handeln etwas sind, was Selbstbewusstsein, soziale Beziehungen u. Sprache voraussetzt, u. das widersetze sich seinerseits rein naturwissenschaftlichen Erklärungen.

Meixner, U./Newen, A. (Hg.), Seele, Denken, Bewusstsein. Zur Geschichte der Philosophie des Geistes, Berlin-New York 2003. – Beckermann, A., Analytische Einführung in die Philosophie des Geistes, Berlin-New York 1999 ([2]2001).

Uwe Meyer

Gemeinschaft

G. u. Individuum sind wechselseitig aufeinander verwiesen. Ohne Zugehörigkeit zu einer G. können Menschen nicht zu einer individuellen Person heranwachsen. Gleichzeitig ist die G. notwendig auf Individuen angewiesen, die mit ihren Motiven, Orientierungen u. Interessen in die Existenz u. Entwicklung von G.en zu investieren bereit sind. In modernen Gesellschaften sind es insbes. die Familien, die den Charakter von G.en erkennen lassen. Zur G. gehört, dass die Individuen nicht nur mit anonymen Rollenbezügen, sondern mit wesentlichen Teilen ihrer individuellen Existenz in die Beziehungen eingebunden sind. Wie am Familienleben leicht erkennbar ist, gehören zur G. einerseits geteilte →Werte u. Normbezüge. Andererseits bedingen die Emotionalität u. tendenzielle Ganzheitlichkeit der Beziehungen die besondere Nähe u. Anfälligkeit von G.en für Konflikt, Kampf u. Streit. →Religionen gehören zu den zentralen Quellen der G.sbildung. Der Grund dafür ist darin zu suchen, dass sie notwendig die Menschen in ihrer ganzheitlichen Existenz u. nicht nur in spezifischen Rollenbezügen ansprechen. Zur Charakteristik moderner Gesellschaften gehört, dass sie zur Polarisierung zw. anonymen gesellschaftlichen Beziehungen in Staat, Wirtschaft u. formalen Organisationen auf der einen Seite u. intimen G.sbeziehungen auf der anderen Seite tendieren. In der Soziologie gibt es seit F. Tönnies einflussreichem Werk *G. u. Gesellschaft* (1887) die typologische Gegenüberstellung beider. Danach schließen sich Menschen per Vertrag u. zur Wahrung ihrer Interessen zur Gesellschaft zusammen, während die G. durch dichte

Integration u. Gefühlswärme zusammengehalten wird. Die sich daran anschließende Abwertung alles Gesellschaftlichen in Strömungen der deutschen →Kultur hat dazu beigetragen, dass die Nationalsozialisten sich des Deckmantels der „(Volks-)G." bedienen konnten, um ihre ideologischen Feinde der Exklusion u. Vernichtung preis zu geben. Die tiefe Diskreditierung des G.sgedankens durch den Nationalsozialismus hat dazu beigetragen, dass die Ideen des US-amerikanischen Kommunitarismus in Deutschland nur zögerlich rezipiert wurden. Der kommunitaristischen Bewegung geht es darum, auf die Bedeutung der Familien u. kleinen G.en für den als gefährdet wahrgenommenen Zusammenhalt moderner Gesellschaften hinzuweisen. Im Selbstverständnis der →Kirche u. ihrer Pastoral spielt seit dem II. Vatikanischen Konzil der Gedanke der kirchlichen G. (*koinonia*) auf allen Ebenen eine wichtige Rolle. Die in der kirchlichen Sozialverkündigung fest verankerte Leitidee der Subsidiarität kann verhindern, dass der G.sgedanke zu Verzerrungen in der →Wahrnehmung der →Wirklichkeit od. zu ideologischem Missbrauch in Kirche u. Gesellschaft führt. I.S. des Subsidiaritätsprinzips sind kleine G.en für das ganzheitliche Wohl des Individuums unverzichtbar, sie bedürfen aber der subsidiären Förderung u. gesellschaftlichen Evaluation, ob sie ihre Aufgaben auch tatsächlich erfüllen.

Tönnies, F., Gemeinschaft und Gesellschaft (zuerst 1887), Darmstadt 2005. – Opielka, M., Gemeinschaft in Gesellschaft, Wiesbaden 2004. – Honneth, A. (Hg.), Kommunitarismus. Eine Debatte über die moralischen Grundlagen moderner Gesellschaften, Frankfurt-New York 1993 (2002).

Karl Gabriel

Gerechtigkeit

G. anerkennt das Recht des Einzelnen u. besagt, dass jedem das Seinige zusteht. Die griechisch-abendländische →Tradition denkt sie vorrangig material. Daher erklärt Aristoteles: „Es ist G. eine Tugend, durch die jeder das Seinige erhält u. wie es das Gesetz angibt. Ungerechtigkeit dagegen ist es, wodurch einer fremdes Gut erhält u. nicht nach dem Gesetz." Mit dieser Vorgabe sind drei Geltungsbereiche zu unterscheiden, Tausch (Wirtschaft), Besitz (Gesellschaft) u. Verfahren (Staat). Man spricht von TauschG. (*iustitia commutativa*), VerteilungsG. (*iustitia distributiva*) u. VerfahrensG. (*iustitia legalis*).

Im Machtrahmen einer Ständeordnung wird das Seinige eines jeden standesbezogen, nicht personenbezogen erfasst. Gleichheit – jedem das Seine – kann im Ständerecht Ungleichheit – durch Standesunterschiede – begründen. Aristoteles hat die Sklaverei gerechtfertigt. Über dem Eingang von Konzentrationslagern findet sich die zynische Inschrift: „Jedem das Seine.“ In der Neuzeit wird das Recht des Menschen von der Person, nicht von der Stellung her gedacht. Es entsteht eine neue Ordnung der Machtverhältnisse – unter vertragsrechtlichen Gesichtspunkten – der demokratische Staat (→Demokratie). I. Kant nannte die Bedingung der Möglichkeit, dass Menschen der Zweck von Ordnung sind, „öffentliche G.“. An ihr ist jede Ordnung zu messen – auch die Naturrechtsordnung, die bei Nichtbeachtung dieses Zwecks Quelle von Unrecht werden kann. Verteilungsmaßstäbe einer demokratischen Gesellschaft heißen – bei J. Rawls – soziale G.

Die katholische Kirche hat seit Papst Johannes XXIII. u. dem II. Vatikanischen Konzil die Menschenrechte als Prinzip der rechten Ordnung des gesellschaftlichen Lebens – seines „Gemeinwohls“ – anerkannt. Die entscheidenden Dokumente sind *Mater et Magistra* (1961), *Pacem in terris* (1963), *Gaudium et spes* (1965) sowie *De iustitia in mundo* (1971). Nach dem obersten Grundsatz der Soziallehre, heißt es in *Mater et Magistra*, „muß der Mensch der Träger, Schöpfer u. das Ziel aller gesellschaftlichen Einrichtungen sein. U. zwar der Mensch, sofern er von Natur aus auf Mit-sein angelegt u. zugleich zu einer höheren Ordnung berufen, die Natur übersteigt u. diese zugleich überwindet.“ (219) Denn „Christliche Nächstenliebe u. G. sind untrennbar“ verbunden.

Damit tritt die →Bibel in das Zentrum der Erörterung. Die G., von der sie spricht, hat Basischarakter. Ihr Prinzip ist die goldene Regel – handle so, wie du möchtest, dass ein Anderer handelt. Sie macht den ganzen Inhalt des Gesetzes u. der →Propheten aus (Mt 7, 12). In der Lehre Jesu vom Reich Gottes mit ihrem sozialen Schwerpunkt – Nächstenliebe, Feindesliebe, u. Seligpreisung der Armen – findet sie eine umfassende Gestalt. Daher sagt Jesus: „Sucht zuerst das Reich Gottes u. seine G. Alles andere wird euch dazu gegeben.“ (Mt 6, 33)

Dieser Maßstab ist nicht immer gesetzes-, immer jedoch lebenskonform. Gegensätze, die die Tradition beherrschen, wie G. u. Barmherzigkeit, Gesetz u. Gnade, Recht u. →Liebe, sind diesem Standpunkt fremd. Er meint immer beides, Verbundenheit mit →Gott u. Verbundenheit der Menschen untereinander. G. ist Bundestreue. Sie verleiht den Sieg über das Unrecht u. erschöpft sich nicht in Lohn u. Strafe. Sie ist Befreiung (→Freiheit). – Will man diesen biblischen Sachverhalt rechtsförmig interpretieren, wie es die Tradition tut, dann sollte man ihn BasisG. nennen.

Klinger, E./D'Sa, F.X. (Hg.), Gerechtigkeit im Dialog der Religionen, Würzburg 2006. – Rawls, J., Eine Theorie der Gerechtigkeit, Frankfurt a.M. 1975 (14 2005). – Höffe, O., Politische Gerechtigkeit, Hamburg 2002 (4 2003). – Ders., Demokratie im Zeitalter der Globalisierung, München 2002. – Bundesverband der KAB (Hg.), Texte zur Katholischen Soziallehre, Kevelaer 4 1977.

Elmar Klinger

Geschlechterdifferenz

Der Begriff G. wie auch die Kategorie „Geschlecht“ sind erst mit der Etablierung der Geschlechterstudien, der „Gender Studies“ in den 1990er Jahren an amerikanischen u. westeuropäischen Universitäten als theoretische Analyseinstrumente eingeführt worden. Mit ihrer Hilfe sollen die gesellschaftlichen Unterschiede der Geschlechter u. die Geschlechterverhältnisse erfasst, beschrieben u. dekonstruiert werden. Es galt u. gilt in den interdisziplinären Geschlechterstudien, die G. in ihrer Bedeutung u. praktischen Wirkmächtigkeit in →Kulturen; Wissenschaften, Alltag, →Religionen u. gesellschaftlichen Zusammenhängen herauszuarbeiten. Die den Geschlechterstudien vorausgehende feministische Frauenforschung der 1970er u. 1980er Jahre orientierte sich v.a. politisch an normativer Gleichheit u. Geschlechtergerechtigkeit (→Gerechtigkeit). Zurück ging dies auf die unterschiedlichen Frauenbewegungen u. deren (länder-, kultur- u. klassenspezifische) Kämpfe um gleiche politische u. soziale Rechte von Männern u. Frauen. Das soziale Geschlecht (*gender*) bzw. die „Geschlechterrolle“ sollte unabhängig werden vom biologischen Geschlecht (*sex*) u. damit Geschlecht gesellschaftlich u. kulturell kein Schicksal mehr sein. Dem hierarchischen Geschlechterverhältnis sollte seine deterministische Begründung in der Natur genommen werden. Das soziale Geschlecht wie auch die symbolischen Bedeutungen (→Symbol) sind, so das Fazit vieler Studien, geschichtlich u. kulturell höchst variabel. In Kunst, Religion, Philosophie u. den Naturwissenschaften etc. war die Frauenforschung vorrangig an der Sichtbarmachung des „anderen Geschlechts“ interessiert. Die Differenz an sich wurde weder historisch noch anthropologisch (→Anthropologie) grundsätzlich in Frage gestellt. Es galt, die unterschiedlichen Wertigkeiten der symbolischen Gehalte des Bedeutungspaares „Weiblichkeit“ u. „Männlichkeit“ anders zu fassen u. damit die Dualismen, die mit diesen verbunden sind, Gefühl u. Verstand, →Leben u. →Tod, Kultur u. Natur etc. zu enthierarchisieren.

Demgegenüber ist in der neueren Theorieentwicklung der Geschlechterstudien, v.a. durch Arbeiten in der Wissenschaftsgeschichte der Naturwissenschaften (Th. Laqueur, A. Fausto-Sterling) u. der Kultur- u. Geschichtswissenschaften (J. W. Scott) auch der „natürliche“ Anteil des Geschlechts (*sex*) in seiner Geschichtlichkeit herausgearbeitet worden. Auch Natur ist nicht ahistorisch. Zusammengefasst lässt sich (mit G. Fraisse) G. als ein leerer Begriff verstehen, der jeweils nur durch Analysen derjenigen diskursiven Felder (wie z.B. Sexualität, Reproduktion, Lebenswissenschaften, Tod, Arbeit, Krieg, Pflege, Familie etc.) in seiner jeweils historisch u. kulturell unterschiedlichen wirkmächtigen Bedeutung zu erschließen ist, durch Analysen also von für die Geschlechterverhältnisse konstitutiven u. (praxis)relevanten Wissensfeldern. Auf der symbolischen Ebene wird die Relevanz von Geschlecht für die Konstitutionsbedingungen von Wissen u. die in die Begründungszusammenhänge von →Wahrheit u. Wissen eingehenden historischen, kulturellen u. ethischen Prämissen (→Ethik) herausgearbeitet. Hier dient der Begriff zur Selbstaufklärung der Wissenschaften wie auch der Religionen.

Konnertz, U./Haker, H./Mieth, D. (Hg.), Ethik Geschlecht Wissenschaft. Der ethical turn in den Geschlechterstudien, Paderborn 2006. – Leicht, I./Rakel, C./Rieger-Goertz, S. (Hg.), Arbeitsbuch Feministische Theologie, Gütersloh 2003. – Kroll, R. (Hg.), Metzler-Lexikon gender studies, Geschlechterforschung. Ansätze – Personen – Grundbegriffe, Stuttgart-Weimar 2002. – Braun, Ch. v./Stephan, I. (Hg.), Gender Studien. Eine Einführung, Stuttgart-Weimar 2000. – frau und kultur. kolonisierung von differenz: Polylogues. Zeitschrift für interkulturelles Philosophieren, Nr. 4 (1999).

Ursula Konnertz

Glaube

Alltagssprachlich meint „glauben“ ein nicht hinreichend an den Fakten überprüftes od. überprüfbares Wissen, das auf die Autorität anderer hin übernommen wird. Man hält etwas für wahr, wovon man sich selbst nicht so vollständig überzeugen konnte, dass man es nun wüsste. So wäre G.n eine defizitäre Form des Wissens, allenfalls ein Notbehelf, insofern ich in meiner →Lebenswelt vieles „auf Treu u. G.n“ hin annehmen muss, da ich nicht alles selbst überprüfen kann. Diesem Wortgebrauch steht eine andere alltagsweltliche Erfahrung gegenüber: Manches kann ich nur glauben; ich dürfte nicht einmal versuchen, es in sicheres Wissen zu überführen. Ein Treueversprechen kann ich „nur“ glauben; mir selbst, wenn ich es gewagt habe – dem Mitmenschen, der sich mir versprochen hat. G.n heißt hier: darauf „setzen“, dass dieses Versprechen wahrhaftig ist u. wahr wird, dass es durchgehalten, immer wieder neu wahr gemacht wird (→Wahrheit). G.n setzt deshalb voraus, dass die das Versprechen Gebenden u. es Annehmenden sich in es „investieren“, ihr →Leben einsetzen, damit das Versprechen in heilsamer Weise wahr wird. Wenn sie es ernst meinen, identifizieren sie sich mit ihrem Versprechen. Wenn ich es glaube, so identifiziere ich mich damit, dass ich es annehme u. seiner würdig sein will.

An ein Versprechen glauben, das ist wohl die Urform religiösen G.ns: daran glauben, dass es gut ist zu leben, weil der, der mich ins Leben gerufen hat, dafür einsteht, dass mein Leben gut ist – gut werden kann; zu diesem Leben u. zu dem „Ja u. Amen“ sagen, dem ich zutraue, dass er die Güte meines Lebens wahr macht. Wenn dieses Ja u. Amen gesprochen od. versucht wird, trägt u. provoziert es auch das Nein zum Unzumutbaren, den Kampf gegen das Lebensfeindliche. Es widerspricht dem Versprechen, dem ich zu glauben versuche, u. macht es unglaubwürdig. Es soll nicht sein. →Gott aber u. die Verlässlichkeit seines Versprechens sollen so sein, wie sie sind.

Amen ist biblisch das Grundwort des G.ns: mit JHWH (→Judentum) vom Grund des Herzens her einverstanden sein, sich in ihm, in seiner Zusage festmachen (vgl. Jes 7,9), sich deshalb mit seinem guten Willen identifizieren, der geschehen soll wie im Himmel so hier u. jetzt schon auf dieser Erde, in meinem Leben. An Ihn u. Seine Zusage glauben heißt, es zu meiner Herzenssache zu machen, dass Gottes guter Wille auch durch mich geschieht u. die Welt in Gottes Herrschaft verwandelt.

Aber glauben Menschen nicht verschiedenen Versprechen? Soll nicht jeder so frei sein (→Freiheit) zu glauben, was er will? Das hoch-verbindliche Sich-Binden an ein Lebensversprechen verbietet Beliebigkeit. Ich kann nicht an alles Mögliche glauben, wenn mich der G. an ein über mein Leben entscheidendes Versprechen bindet. So muss menschliche Vernunft prüfen, welche Versprechen G.n verdienen u. welche nicht. Sie muss den G.n gegen die Verführung falscher Versprechen – gegen den *Aberglauben* – schützen. *G. u. Vernunft* gehören zusammen: Ohne Vernunft kann sich der G. nicht vom Aberglauben abgrenzen; ohne G. kennt die Vernunft nicht das Versprechen, das sie herausfordert u. verpflichtet, das Verlässliche vom Haltlosen zu unterscheiden.

Fürst, W./Werbick, W. (Hg.), Katholische Glaubensfibel, Freiburg-Rheinbach 2004. – Tillich, P., Wesen u. Wandel des Glaubens, Berlin 1966. – Buber, M., Zwei Glaubensweisen, in: ders., Werke, Bd. 1, München-Heidelberg 1962, 651–782.

Jürgen Werbick

Globalisierung

Der Ausdruck G. zielt auf die Entstehung einer „Weltgesellschaft" u. transnationaler Akteure (*global players*) durch Prozesse der Entgrenzung:

- ökonomisch von (Finanz-)Märkten, Waren, Dienstleistungen u. Produktionsketten, deren internationale Arbeitsteilung multinationale Unternehmen managen;

- politisch (→Politik) von verbindlichen Entscheidungen, die von inter- u. transnationalen Organisationen u. Abkommen hervorgebracht (z.B. Weltmacht USA, EU, Europarat, UNO, GATT, WTO) werden u. auch von global agierenden Netzwerken legal (z.B.

Attac) od. illegal (z.B. globaler Terrorismus) bekämpft werden können;

- kulturell (→Kultur) von Moden (z.B. Kleidung, Essen, Trinken), Normen, moralischen u. ästhetischen Werten (→Ethik, Ästhetik), von Wissenschaft u. →Bildung, nicht zuletzt von Kommunikationsmöglichkeiten (Internet; →Neue Medien) u. →Sprachen, aus deren Konkurrenz sich aber auch sog. Weltsprachen (englisch; spanisch) durchsetzen;
- religiös, indem nicht nur sog. Weltreligionen sich weltweit ausbreiten u. miteinander konkurrieren, sich aber auch der Verantwortung für den Weltfrieden (→Frieden) stellen;
- sowie von personalen Biographien u. →Identitäten, die zunehmend z.B. durch Auswanderungen, Immigrationen, die Schließung von Multi-Kulti-Ehen od. durch (Auslands-) Adoptionen bestimmt werden.

Die Auswirkungen der G., Chancen u. Risiken, reichen von einer wachsenden Mobilität, insbes. der →Migration im Gefolge der Verarmung solcher Länder, die nur schwach in das *do ut des* der internationalen Arbeitsteilung eingebunden sind, bis hin zu steigender Arbeitslosigkeit im lokalen Raum bei Anbietern niedrig qualifizierter Arbeit. Sie reichen von einer Verschiebung der Entscheidungsmacht auf übernationale Organisationen bis hin zur Begrenzung der Kontroll- u. Entscheidungsreichweite im nationalen u. lokalen Raum. Sie reichen von der Entstehung einer internationalen Jugend(pop)kultur bis hin zur symbolischen Neuinszenierung des lokalen Heimatraums (Folklore). Sie reichen von religiösen G.sdialogen der Weltreligionen (→interreligiöser →Dialog) u. der Suche nach einem →Weltethos bis hin zu neuartigen individuellen Religionskompositionen, z.B. christliche Auferstehung u. Reinkarnation „zusammenzuglauben". Sie reicht von Wachstum kosmopolitischer Lebensläufe bei einer G.selite bis hin zu einem Bedeutungswandel des sozialen Nahraums, in dem nun ganz neuartige „Borniertheiten" u. Differenzen – z.B. durch eine wachsende Durchmischung der lokalen Wohnbevölkerung u. eine Verallgemeinerung von Fremdheitserfahrungen – entstehen.

Während Regierungen ihre Aufmerksamkeit auf ihr eigenes nationales politisches System konzentrieren, bilden sich auf globaler Ebene u. mit globalen Bezügen sog. Nichtregierungsorganisationen (NGOs) heraus, die sich für weltweite →Gerechtigkeit, Menschwürde u. →Solidarität, für eine globale „Zivilgesellschaft" einsetzen. Im Unterschied zu Parteien agieren solche „Eine-Welt"-Gruppen u. -Bewegungen außerhalb des formellen politischen Systems, aber mit politischem Anspruch im öffentlichen Raum. Sie versuchen an einem Problemfeld das Meinungsklima in der Gesellschaft zu beeinflussen, ohne parlamentarische Vertretung od. Regierungsbeteiligung anzustreben. Häufig nehmen sie bewusst – protestierend, anwaltschaftlich u. partnerschaftlich – die Perspektive der Opfer ein, indem sie fragen, was ihnen die G. gebracht hat u. welche Hoffnungen u. Ziele uns die Armen vor Augen stellen.

Atlas der Globalisierung. Die neuen Daten und Fakten zur Lage der Welt, Berlin 2006. – Mies, M., Krieg ohne Grenzen. Die neue Kolonialisierung der Welt, Köln 2004. – Die Globalisierung und ihre Opfer: Concilium 37 (2001), H. 5. – Hengsbach, F., Die andern im Blick. Christliche Gesellschaftsethik in den Zeiten der Globalisierung, Darmstadt 2001.

Michael N. Ebertz

Gott

Im Zuge der →Globalisierung wird die Bedrohtheit unserer Erde immer offensichtlicher. Diese zerrissene Welt ist tiefster Grund für die G.esfrage. Der Mensch sucht das Absolute, um die Relativität des begrenzten u. gestörten Daseins aushalten u. bestehen zu können (Kontingenzbewältigung). – Die großen →Religionen sind schon immer auf diesen Urgrund ausgerichtet u. bekennen die letzte Einheit der →Wirklichkeit im SchöpferG., im göttlichen Brahman (→Hinduismus) od. in der Buddhanatur. Darin grundgelegt sind der →Sinn u. die Harmonie dieser Welt. →Judentum, →Christentum u. →Islam begreifen auf unterschiedliche Weise G. als absolut freien SchöpferG. einer Welt, die auf eine end-gültige (eschatologische) Vollendung am Ende der Zeiten zugeht. Er schafft sie als eine begrenzte, bedingte, von Sich Selber verschiedene Wirklichkeit u. schenkt dem Menschen als „Bild G.es" (Gen 1,26f) →Freiheit u. damit Verantwortung.

Darüber hinaus offenbart sich G. nach dem →Glauben dieser Religionen als der, der seiner →Schöpfung bleibend nahe u. ihr Ziel ist. JHWH (→Judentum) ist „Ich bin da als der ‚Ich-bin-da'" (Ex 3,14), der gemäß rabbinischem Schrifttum seinem Volk gegenwärtig (*shekina*=Einwohnung) ist u. ihm voranwandert durch die Wüste der Völker bis zur endgültigen →Offenbarung seines Daseins für Israel. Eindringlich verkündet das NT die einzigartige Nähe G.es durch seine Menschwerdung (Inkarnation). „Christus war G. gleich, hielt aber nicht daran fest, wie G. zu sein, sondern er entäußerte sich u. wurde den Menschen gleich. [...] er erniedrigte sich u. war gehorsam bis zum Tod." (Phil 2,5–8). G. zeigt sich als der, der er ist. Sein Bezug zur Welt ist die Weise, wie er die zerrissene Welt, ihre Schuld (→Sünde) u. ihr Leiden, auf sich bezieht, der selber →Liebe, „Beziehung" (Trinität) ist. Im Islam ist Allah seiner Schöpfung von Anfang der Menschheit an nah durch seine göttliche Offenbarung, die „Rechtleitung", die im →Koran endgültig bis zum Gericht u. zu der Vollendung der Welt gegeben ist. Auch in den hinduistischen Traditionen schafft der absolute G. Vishnu in spielerischer Freiheit (*lila*) die Welt, die er letztlich aus Liebe (*bhakti*) erlöst u. wieder in sich selbst zurücknimmt. Im Shivaismus ist die absolute G.heit Shiva Schöpfer der Welten u. ihr Zerstörer, damit zahllose →Seelen aus seiner Gnade die irreführende Vielfalt dieser Scheinwelt überwinden werden. Im Neo-Hinduismus (z.B. bei Vivekananda) sind die personalen G.heiten aller Religionen Manifestationen des einen eigenschaftslosen (*nirguna*) göttlichen Brahman. Der Glaube an G. in den Religionen kann in begrenzter Weise hilfreich sein, die Relativität dieser Welt zu überwinden u. zu realisieren, dass das eigene Selbst (*Atman*) Brahman ist. Die vielen (hinduistischen) G.heiten sind aber der Veränderung u. somit dem Gesetz der Wiedergeburt unterworfen (Polytheismus). Sie gehören dem Bereich der Illusion (*maya*) an. Im frühen →Buddhismus kann nur Erleuchtung (*Nirvana*) jenseits des Vergänglichen geschehen, wenn sich die Suchenden von den Bindungen an die von Grund auf begrenzte u. vorläufige Welt lösen, u. damit auch die Anklammerung an die doch raum-zeitlich bedingten Erfahrungen u. Gedanken von einem bleibenden Selbst (*anatta*) od. von G. aufhört.

Ist diese göttliche Wirklichkeit letztlich nicht darstellbar? Wohl bezeichnen alle theistischen (gr. *theos*=Gott) Traditionen G. mit Eigenschaften wie gerecht, barmherzig, frei od. allmächtig, aber es wird doch in der christlichen Tradition gewarnt, dass „zw. Schöpfer u. Geschöpf [...] keine noch so große Ähnlichkeit erkannt werden [kann], dass zw. ihnen keine noch größere Unähnlichkeit festzustellen wäre." (IV. Laterankonzil (1215) DH 806) So wird in allen, bes. in mystischen Traditionen (→Mystik) der sog. *Via Negativa* die totale Andersartigkeit u. Unvorstellbarkeit G.es betont. Diese gilt insbes. gegenüber den Versuchen in der Menschheitsgeschichte, die eigenen Vorstellungen von G. absolut zu setzen, sie für politische u. religiöse Zwecke zu missbrauchen u. so „G." zum Instrument des eigenen Willens zu machen (Götze – z.B. im religiös begründeten Terrorismus). Demgegenüber gründet im Zusammenhang mit der Globalisierung der →Dialog der Religionen in der Frage nach dem gottgewollten Sinn u. Ziel der Schöpfung. Er geschieht gemeinhin durch den gemeinsamen →interreligiösen Einsatz für den →Frieden der Welt mit bleibendem gegenseitigen Respekt für die Unterschiede im jeweiligen Frieden fördernden Glauben an G., dem unverfügbaren Geheimnis.

Gott: Erfahrung und Geheimnis: Concilium 37 (2001), H. 1. – Klinger, E. (Hg.), Gott im Spiegel der Weltreligionen, Regensburg 1997. – König, F./Waldenfels, H. (Hg.), Lexikon der Religionen. Phänomene – Geschichte – Ideen, Freiburg-Basel-Wien [2]1995, 212–234. – Denzinger, H., Kompendium der Glaubensbekenntnisse und kirchlichen Lehrentscheidungen, hg. v. P. Hünermann, Freiburg u.a. [40]2005 (=DH).

Norbert Klaes

Habitus

H. begegnet als Fremdwort im Deutschen seit dem 18. Jh. Etymologisch geht H. auf den lat. Begriff *habitus* zurück u. wird i.d.R. für Verhalten, Gehabe, Haltung ebenso wie für Erscheinungsbild, Anlage od. Aussehen verwendet. Kultur- u. philosophiegeschichtlich reicht H. allerdings bis in die griechische Philosophie zurück u. begegnet bei Aristoteles als Beschreibung einer Haltung (gr. *hexis*), die durch ein Vermögen od. Können bestimmt wird u. die der Erfahrung bedarf, um sich als Gewohnheit herauszubilden. Diese Haltung ist ein Fundament, gleichsam eine innere Instanz, die künftige (bes. ethische) Handlungen bestimmt.

Die scholastische →Theologie nimmt maßgeblich durch Thomas von Aquin ab dem 13. Jh. den *hexis*-Begriff auf u. formuliert ihn als H. innerhalb der christlichen Tugendlehre. H. bedeutet zunächst ein Vermögen, durch Übung u. Vertiefung (*Zurüstung*) zunehmend die Fähigkeit eines Menschen, nicht nur überhaupt, sondern möglichst vollkommen handeln zu können (*technischer* H.). Dieses (technische) Vermögen ist auf den Bereich des ethischen Empfindens, Denkens u. Handelns auszuweiten, um dort als Tugend (*ethischer H.*) zum Ausdruck zu kommen, z.B. als →Solidarität od. →Gerechtigkeit. Beide sind für eine christliche (→Christentum) Tugendlehre unverzichtbar, doch erst zusammen mit den *theologischen* Tugenden des →Glaubens, der Hoffnung u. der →Liebe (Geschenke göttlicher Gnade), konstituiert sich eigentliche christliche Tugend bzw. *christlicher* H.

Um die Mitte des 20. Jh.s taucht der Begriff H. nicht vorrangig in theologischen Diskursen, sondern in der Soziologie, bes. in den Arbeiten von P. Bourdieu, auf, der H. als *generatives Prinzip* auffasst. Dieses Prinzip prägt den „Geschmack" u. das Verhältnis, die Einstellungen zur Welt auf der Grundlage (1) des sozialen Orts (Klasse), (2) des Geschlechts (Körper; →Geschlechterdifferenz) u. (3) der sozialen Felder, in die das Subjekt hineingeboren wurde (kulturelle Produktionen wie Literatur, →Religion, Wissenschaft u. intellektuelles Leben, sowie Ökonomie u. →Politik; →Kultur). Auf der Grundlage des H. handelt das Subjekt u. bringt spontane u. zugleich vielfältige, unterschiedliche Praxen hervor. Der Begriff H. erscheint Bourdieu bes. geeignet zu sein, den Handelnden als *wirklich* Handelnden, als Akteur u. nicht bloß als Träger einer Struktur zu beschreiben. Insofern meint H. etwas „Erworbenes" u. zugleich ein „Haben", das in den drei soziologischen Strukturkategorien als „Kapital" aus der Sicht des handelnden Subjekts fungieren u. „funktionieren" kann (vgl. Bourdieu [3]2005).

Umgekehrt wirken diese Kategorien auf die Art u. Weise, wie sich Personen z.B. in den Bereichen Konsum, Kleidung, Geschmack u. →Sprache durch ihre unbewussten Dispositionen in u. zu einem jeweiligen sozialen Feld ausdrücken bzw. sich verhalten. H. wirkt u. entsteht zugleich in der Aktion des Subjekts im sozialen Feld. Der H. ist nicht angeboren, er entsteht vielmehr durch Interaktion mit Anderen u. in der Begegnung mit Anderem, wird also erworben u. ist somit nicht statisch.

Krais, B./Gebauer, G., Habitus, Bielefeld 2002. – Bourdieu, P., Die Regeln der Kunst, Frankfurt a.M. 2001 (³2005). – Pesch, O.H., Thomas von Aquin. Grenze und Größe mittelalterlicher Theologie, Mainz 1988.

Thomas Schreijäck

Heilige, das

Das H. wird von vielen Religionsforschern als die gemeinsame Basis aller →Religionen betrachtet. Für sie kann es keine Religion ohne die Anerkennung einer die diesseitige, „profane" Welt überschreitenden „numinosen" Wirklichkeitsdimension (→Wirklichkeit) geben. Profan ist alles, was vor der Sphäre des H.n (*pro*=vor, *fanum*=heiliger Bezirk) liegt. Nach R. Otto meint das Numinose (von lat. *numen*=göttliches Walten) das H. minus seines sittlichen u. rationalen Gehaltes. Es bezeichnet also die irrationalen Aspekte der Erfahrung des H.n, das begrifflich nicht fassbar ist u. ein Doppelgesicht, eine abstoßend-furchterregende u. eine anziehend-faszinierende Seite (*mysterium tremendum et fascinosum*) besitzt. Nach M. Eliade kann das H. an verschiedenen natürlichen (Berge, Seen, Flüsse usw.) od. vom Menschen errichteten Orten (Städten, Kirchen, Moscheen, Tempel usw.) erscheinen (*Hierophanien*). Jede Religion kennt aus der Profanität „herausgehobene" heilige Orte (z.B. Rom, Jerusalem, Mekka, Benares), heilige Zeiten (z.B. →Feste wie Weihnachten („Heiligabend"), Ramadan) u. heilige Menschen (Jesus Christus, der Papst als „Heiliger Vater", der Dalai Lama). Im →Christentum steht das H. als Chiffre für den unbegreiflichen →Gott, der die Welt erschaffen hat (→Schöpfung), durch den „heiligen Geist" in ihr wirkt u. sich den Menschen in der historischen Gestalt des Jesus von Nazareth geoffenbart hat (→Offenbarung).

Nachdem es lange so aussah, als sei der Untergang des H.n in der weitgehend „entzauberten", modernen Industriegesellschaft unaufhaltsam, werden in jüngster Zeit Spuren des H.n in der Moderne wiederentdeckt u. es ist sogar von einer „Wiederkehr des H.n" die Rede, die freilich auch gewaltförmig erfolgen kann (militanter →Fundamentalismus). Der umstrittene Begriff des H.n kann auch für innerweltliche Interessen instrumentalisiert werden. Es hängt letztlich vom Menschen ab, ob die Berufung auf das H. der Stiftung des →Friedens (Heiliger Frieden) od. der Gewaltbereitschaft (Heiliger Krieg) dient. Dieser Begriff wird also je nach

Kontext sehr unterschiedlich verwendet. Einige Religionsforscher fragen nur nach der gesellschaftlichen Funktion des H.n (E. Durkheim), andere legen den Schwerpunkt auf die individuelle Erfahrung einer außersubjektiven „Macht“ (Erlebnistheorie der Otto-Schule). Der bleibende Anspruch des H.n setzt freilich im Menschen die Bereitschaft, →Symbole des H.n wahrzunehmen, voraus.

Mit wissenschaftlichen Mitteln kann die Existenz des H.n weder bewiesen noch widerlegt werden. Die →heiligen Schriften u. die zahlreichen Zeugnisse „heiliger“ Menschen (Religionsstifter, Mystiker (→Mystik), →Propheten usw.) aus allen Religionen sprechen allerdings dafür, dass es kulturübergreifende Erfahrungen des H.n gibt, die aufgrund unterschiedlicher kultureller Empfangseinstellungen unterschiedlich benannt u. interpretiert werden. Es ist beachtenswert, dass auch viele Denker aus nicht-westlichen Kulturen diesen „westlichen“ Begriff für das von ihnen Gemeinte verwenden, sodass die Eurozentrismuskritik das kulturübergreifende Phänomen nicht trifft. Ein in die Nähe des Unverfügbaren u. Unergründlichen gerückter Begriff des H.n erlaubt es einerseits, das Phänomen der Religion von innerweltlichen Ideologien ohne Transzendenzbezug (→Transzendenz) klar abzugrenzen u. andererseits, eine transkulturelle Grundlage für den notwendigen →Dialog der Religionen (→interkulturell, interreligiös) zu gewährleisten. In Anlehnung an G. Mensching kann daher Religion als „Begegnung mit dem H.n u. antwortendes Handeln des vom H.n berührten Menschen“ definiert werden.

Otto, R., Das Heilige. Über das Irrationale in der Idee des Göttlichen, Breslau 1917 (München 2004). – Colpe, C. (Hg.), Die Diskussion um das „Heilige“. Darmstadt 1977. – Gantke, W., Der umstrittene Begriff des Heiligen. Eine problemorientierte religionswissenschaftliche Untersuchung, Marburg 1998.

Wolfgang Gantke

Heilige Schriften

In vielen Religionen haben H.Sch.n für die Bestimmung u. Bewahrung der Identität des →Glaubens eine zentrale Funktion. H.Sch.n dienen als Maßstab bei der Erörterung von Fragen, die den →Ritus, die Lehre u. die Ausdrucksformen der individuellen Frömmigkeit betreffen. H.Sch.n dienen als Quelle für die Erbauung, Ermahnung u. Ermutigung der Mitglieder einer Religionsgemeinschaft. Dabei stehen H.Sch.n stets in einem Spannungsfeld zw. Vergangenheit u. Gegenwart, zw. Autorität u. Reflexion, zw. dem Besonderen u. dem Allgemeinen. H.Sch.n sind zumeist eindeutig abgegrenzte Sammlungen von Texten, die von anderen bedeutenden Texten innerhalb derselben →Tradition unterschieden werden. Man kann hier von einer Unterscheidung zw. kanonischen u. nachkanonischen Texten od. zw. primären u. sekundären autoritativen Texten sprechen. Der besondere Rang der primären H.nSch.n wird in vielen Fällen durch spezifische Vorstellungen darüber betont, wie die Texte aufgrund einer direkten göttlichen →Offenbarung entstanden sind. Solche Vorstellungen über die Inspiration von →Propheten u. Schreibern sind Gegenstand des religiösen Bekenntnisses u. nicht der wissenschaftlichen Analyse.

Im Hinblick auf die drei in Europa bekanntesten →Religionen sind die folgenden Beispiele für H.Sch.n zu nennen: Im →Judentum gilt die Hebräische Bibel, der *Tanakh*, als H.Sch.; er besteht aus drei Teilen: *Torah* (=das Gesetz in den fünf Büchern Mose), *Nebi'im* (=die Propheten, unterteilt in prophetische Geschichtsschreibung u. prophetische Wortüberlieferung) u. *Ketubim* (=Schriften, darunter die Psalmen u. das Buch Hiob). Im →Christentum gilt die →Bibel als H.Sch.; sie besteht aus den zwei Teilen Altes Testament (AT) u. Neues Testament (NT). Das AT entspricht im Umfang der Hebräischen Bibel (wobei manchmal weitere Texte aus der griechischsprachigen jüdischen Tradition anerkannt werden), das NT enthält vier Evangelien, d.h. Darstellungen von Jesus Christus in seinen Worten u. Werken, ein Erzählwerk über die frühen Gemeinden sowie zahlreiche Briefe über das rechte Verständnis des christlichen Glaubens u. ein Buch von Visionen über Himmel u. Erde. Im →Islam gilt der →Koran als H.Sch.; er besteht aus Offenbarungsreden durch den Propheten Muhammad, die in 114 längeren u. kürzeren Suren angeordnet sind. Als sekundäre autoritative Texte lassen sich beispielhaft für das Judentum der *Talmud* als eine Sammlung von Auslegungen zur Torah (abgeschlossen um 600) od. die Schriften von Ibn Esra (gest. 1167) od. Maimonides (gest. 1204) nennen, für das Christentum die Bestimmungen früher Konzile od. Bibelauslegungen von Theologen wie Augustin (gest. 430) od. Hieronymus (gest. 420) od. Chrysostomos (gest. 407), für den Islam die *Hadîth*-Sammlungen zu vielfältigen Rechtsfragen od. die Korankommentare von aṭ-Ṭabarī (gest. 923) od. az-Zamaḫšarī (gest. 1144) od. al-Baiḍāwī (gest. nach 1286). Das Bild wäre im Hinblick auf weitere Religionen noch wesentlich zu verbreitern, so kennt z.B. der →Hinduismus H. Sch.n in der Form komplexer Kompositionen aus Hymnen, Mythen u. Lehrreden in den sog. *Veden*, der →Buddhismus in der Form der Überlieferung von Lehrreden Buddhas.

H.Sch.n haben ihre Bedeutung, soweit sie in den jeweiligen Religionsgemeinschaften durch öffentliches Vortragen od. privates Lesen, durch Kommentar od. Auslegung rezipiert werden. Dabei sind drei Kompetenzen zu unterscheiden: Die rituelle Kompetenz bezieht sich auf die Vergegenwärtigung des Textes in gottesdienstlichen Versammlungen durch Vorlesen od. Rezitieren u. rahmende Bekenntnissätze u. zeichenhafte Gesten. Die hermeneutische Kompetenz bezieht sich auf das Verständnis u. die Auslegung des Textes im kritischen →Dialog mit Auslegungstraditionen, philosophischen Einsichten, wissenschaftlichen Erkenntnissen u. individueller Lebenserfahrung. Die historische Kompetenz bezieht sich auf die Erforschung des Ursprungs u. der Überlieferung der Texte in der →Kultur ihrer jeweiligen Schreiber u. Redaktoren. Zw. ritueller u. hermeneutischer Kompetenz besteht ein Zusammenhang, denn der gottesdienstlich vergegenwärtigte Text zielt auf sein Verständnis durch die Hörer u. Hörerinnen, zw. historischer u. hermeneutischer Kompetenz besteht ein Zusammenhang, denn der kanonische Text hatte seine ersten Hörer u. Hörerinnen in einer mehr od. weniger weit zurückliegenden Epoche. Für die Hermeneutik (=Auslegungslehre) H.rSch.n steht an erster Stelle das Problem der Übersetzung, weil jede →Sprache ihre besonderen Ausdrucksmöglichkeiten hat. An zweiter Stelle steht das Problem des Geltungsanspruchs H.rSch.n, weil in bestimmten Textgattungen wichtige Glaubensaussagen mit Naturvorstellungen, Geschichtsvorstellungen od. Rechtsvorstellungen verbunden sind, die für die Kultur einer anderen Zeit charakteristisch waren. An dritter Stelle steht das Problem der Systematisierung der Botschaft H.rSch.n, weil in den Texten vielfältige Aspekte des Gottesbildes miteinander verbunden sind. Das Bemühen um ein überzeugendes Verständnis einzelner Texte in H.nSch.n ist immer wieder eine neue Herausforderung. Für die Ausbildung hermeneutischer Kompetenz ist dabei die interdisziplinäre Beschäftigung mit anderen text- u. interpretationsorientierten Disziplinen wie der Literaturwissenschaft, der Geschichtswissenschaft od. der Rechtswissenschaft fruchtbar. Während die Gewichtung u. Verbindung der drei Kompetenzen einem fortgehenden Diskussionsprozess unterliegt, sind alle drei Kompetenzen unverzichtbar, um den Missbrauch H.rSch.n zu verhindern (→Fundamentalismus) u. ihren bleibend gültigen Sinn für ein verantwortliches Leben im Glauben zu entdecken u. zu vermitteln.

Bultmann, Ch./März, C.-P./Makrides V.N. (Hg.), Heilige Schriften. Ursprung, Geltung und Gebrauch, Münster 2005. – Tworuschka, U. (Hg.), Heilige Schriften. Eine Einführung, Darmstadt 2000.

Christoph Bultmann

Heimat

(1) *Haus u. Hof*: „H." ist ein vieldeutiger, unscharfer, historisch u. ideologisch hoch befrachteter Begriff, kaum übersetzbar in seiner deutschen Fülle u. Schwere. Was ist gemeint: H.land, Volk, Vaterland, Nation? H. ist zunächst – i.S. der Wortbedeutung – *Herkunft*: H. meinte Haus u. Hof, Besitz u. Herkunft. Im Mittelalter heißt *heimoti* Stammsitz, Gut, Anwesen; im Grimmschen Deut-

schen Wörterbuch 1877 „das elterliche Haus u. Besitztum". H. war damit Herkunft u. „Erbe" u. bedeutete auch Aufenthalts- u. Bleiberecht: Das sog. „H.recht" („Bürgerrecht") war daran gebunden. Das H.recht bot auch Schutz vor Armut u. Elend, denn die H.- od. Bürgergemeinde musste in Not, Alter u. Krankheit Unterhalt gewähren. U. das H.recht war zugleich Grenze u. Schutzwall – gegen Fremde, die man sich wegen möglicher Armenlasten vom Leibe zu halten suchte; aber auch gegen Eigene, die gegen die genossenschaftlichen Regeln von Rechten u. Pflichten verstießen: Sie konnten ihr H.recht verlieren. Wollte man den H.ort auf Zeit verlassen, wurde ein „H.schein" ausgestellt. Fremde konnten das H.recht käuflich erwerben (wenn sie erwünscht waren!), Auswanderer (→Migration) hingegen mussten es zurückgeben. In Deutschland wurde mit der Einführung der Gewerbe-, Verehelichungs- u. Niederlassungsfreiheit u. dem „Gesetz über den Unterstützungswohnsitz", das die Armenfürsorge aus der Hand der Gemeinden nahm, eine jahrhundertealte Praxis beendet. H. war ihrer Enge, ihrer Einbindung in die kleinen, lokalen u. regionalen →Lebenswelten entledigt. „Herkunft" war nicht länger gleichzusetzen mit „H.".

(2) *Heimweh*: „H." gab es auch auf andere, abstrakte Weise. Neben der realen, durch Geburt u. Herkunft definierten H. konnten →Glaube, →Kirche, Konfession u. religiöse Gruppen zur spirituellen →Spiritualität), „geistlichen H." werden. Gleiches gilt für weltliche Glaubenssysteme u. Ideologien. Im 20. Jh., in Zeiten von H.verlust u. Vertreibung, ist H. da, wo es mir gut geht; wo meine Freunde, meine Familie, „erfülltes Leben" ist, „wo ich keine Angst habe". Freilich ist H. mehr als nur ein Ort, ein Besitz, eine historische Zuordnung. H. ist, bes. in Deutschland als dem Land von Idealismus u. Romantik, auch Seelen-Ort, Traum u. Sehnsucht. „Heimweh", lat. *nostalgia*, galt seit alter Zeit als Krankheit, die nur durch die Rückkehr in die H. zu kurieren sei. Die H.sehnsucht wird zur „Massenkrankheit" im 19. Jh. Menschen werden „heimatlos", verlassen ihre angestammte H., um in Städten, Fabriken u. in Übersee ihren Unterhalt zu verdienen. H. wird zum Gegenstand der Sehnsucht in H.liedern, -gedichten, -romanen, -museen. „H.vereine" entstehen in der Fremde. Sie pflegen u. erhalten die Erinnerung (→Gedächtnis) an die verlorene H. – verklärt u. „nostalgisch". Die Gründung des „Deutschen Bund H.schutz" (1904) erinnert an ähnliche Bewegungen dieser Zeit: Denkmal-, Natur-, Vogelschutz. Erst das vermeintlich Bedrohte u. verloren Geglaubte wird der Pflege u. des Schutzes für würdig befunden.

(3) *Vertrautheit u. Fremdheit*: H.schutz kann – das zeigt sich in Geschichte wie Gegenwart – Pflege u. Erinnerung sein, aber auch Drohung u. Kampfansage. Völkisch-rassistische H.pflege im Dritten Reich u. (wieder, in der „Nostalgie"!) ewiggestrige Erneuerungsbewegungen in der Gegenwart sind dafür ebenso Beleg wie ein in den USA gegen die „Islamische Bedrohung" neu eingerichte-

tes „H.schutzministerium“. H. wurde u. wird, je mehr sie sich in realem Sinne auflöste, zu Sehnsucht u. Traum, zur Waffe, zum ideologischen Konstrukt. Allen Visionen gemeinsam ist die falsche Grundannahme einer ehemals ethnisch „reinen“ (→Ethnie), homogenen, auch idealer Weise schönen u. friedlichen H. War H., mehr noch H.sehnsucht, bis in die 1970er Jahre ein „Unwort“ in Deutschland, so beginnen erst seither sachte Neubesinnungen auf das, was H. war – u. sein könnte. Denn H. – als Herkunft, Realität, Verlust – lebt in den Köpfen u. in den Herzen. Sie ist Vision u. Utopie – u. damit Teil menschlichen Seins, unabdingbar u. notwendig. H., so der Philosoph E. Bloch, sei „etwas, das allen in die Kindheit scheint u. worin noch niemand war“. U. zugleich, so B. Waldenfels weiter, das, „wo auch niemand sein wird; denn eine heimische Welt, die alle Fremdheit abstreifen würde, wäre keine Lebenswelt mehr, sondern ein Mausoleum.“

Waldenfels, B., In den Netzen der Lebenswelt, Frankfurt a.M. 1994 (2005). – Walser, M., Heimatkunde. Aufsätze und Reden (1968), Frankfurt a.M. 1996. – Krockow, Ch. Graf v., Heimat. Erfahrungen mit einem deutschen Thema, Stuttgart 1989. – Bausinger, H., Heimat heute, Stuttgart 1984.

Christel Köhle-Hezinger

Hinduismus

Der Ausdruck H. gehört nicht zum Selbstverständnis der sich Hindu nennenden →Traditionen. Ursprünglich bezog sich die Bezeichnung Hindu auf die Gegend um den Indus-Fluss. Heute findet sie Verwendung bei diversen religiösen Strömungen wie *Vishnuismus, Shivaismus, Shaktismus*, die für ihre Anhänger eine gewisse Verwandtschaft mit anderen evozieren u. gleichzeitig eine eigene Identität genießen. So versammeln sich heute unter dem Schirm „H.“ divergierende Traditionen, die sowohl vedisierend als auch nicht-vedisierend sind. Die Vedisierenden nehmen den ewigen u. urheberlosen *Veda* (=die Veden) als Wurzel ihrer Traditionen an, während die Nicht-Vedisierenden den höchsten *Vishnu* als Urheber ihrer Überlieferungen u. Anweisungen bekennen.

Die Vorstellungen bezüglich des „Höchsten“ sind in beiden Zweigen unterschiedlich, da der eine apophatischer u. der andere eher „persönlicher“ Prägung zu sein scheint; doch beide beseelt der Geist der Einheit. In groben Zügen dargestellt suchen beide Glaubensrichtungen im Grunde immer nach der Einheit in der Vielfalt. Dementsprechend ist ihr Gottesbekenntnis eher *kosmotheistisch* (→Kosmologie) als *anthropotheistisch* (→Anthropologie). „Vergöttlichung“ von kosmischen Phänomenen (wie Sonne, Mond, Blitz, Regen, Bergen, Flüssen, Tieren, usw.) ist symbolsprachlicher Ausdruck für ihre kosmotheistische Eigenart, die alles andere als

Polytheismus ist. Das Widerfahrnis von Welt ist daher ambivalent: als transparentes →Symbol kann es das Heil offenbaren, als verdinglichtes Sammelsurium aber verblendet es die Menschen u. verunmöglicht den Zugang zum Heil (→Erlösung). Verblendung (*Maya*), nicht →Sünde (*Papam*) versperrt den Weg zum Heil.

Von vornherein wird Geschichte in den hinduistischen Glaubensgemeinschaften als eine Unheilsgeschichte verstanden. Sie betonen das Unheile, das dem In-der-Welt-sein zukommt. Denn der Mensch-in-der-Welt befindet sich im Kreis der Wiedergeburten (*Samsara*). Das rührt daher, dass er sich von seinen Neigungen u. Abneigungen (*Raga-Dvesha*) hin u. her treiben lässt. Das Unheile daran ist das verblendete Bewusstsein. Die Verblendung verführt ihn auf eine Art u. Weise, dass er die →Wirklichkeit durch die Brille seiner Neigungen u. Abneigungen erlebt, u. nicht wie sie in der Tat ist. Damit bleibt er im Kreis dieser Anziehungs- u. Abstoßkräfte verstrickt. Es ist ihm unmöglich, ihn durchzubrechen. Seine Sensibilisierung gilt nur für die Welt des Werdens (*Prakriti*) u. seine Grund-Werte gehen über Neigung u. Abneigung nicht hinaus. Es fehlt ihm eine Antenne für die Seinsebene (*Purusha/Atma*). Daher ist er unfähig, die Seinsebene von der Ebene des Werdens zu unterscheiden. Im Gegenteil verfällt er der Versuchung, die Ebene des Seins mit der des Werdens zu verwechseln. Daher kommt es, dass der Mensch unfähig bleibt, aus eigener Kraft aus der Welt des Samsara auszubrechen.

Letzten Endes helfen diesbezüglich weder das Beten (→Gebet) noch das Fasten noch das Denken, weil dies keine „Wurzelbehandlung" ist. Das Ziel der vielfältigen Heilswege des H. ist konsequenterweise die befreiende Erkenntnis bzw. Erleuchtung (nicht aber →Liebe), die die Dunkelheit der Verblendung verscheucht u. das Heil eröffnet.

Diesbezüglich besteht die Hauptaufgabe der →heiligen Schrift (*Shruti*) nur darin, dass sie die jeweiligen Gläubigen auf den Unheilszustand (*Samsara*) des Menschen hinweist, ihm die Ursache dieses Zustands erklärt u. so ihm den Heilsweg offenbart. Dieser Weg ist nicht ein diskursiver Weg. Vielmehr ist er der Weg der meditativen Aneignung (→Meditation). Ziel dieser Einübung in die Achtsamkeit ist es, zunächst u. v.a. mit der wahren (→Wahrheit) Welt des Seins vertraut zu werden. Das ist der Anfang der Heil bringenden Erkenntnis.

Auch wenn diese Glaubenswelt mehreren Integrationswegen (*Yoga*) Raum gewährt, sind die meisten, wenn nicht alle, lediglich Etappen der Vorbereitung auf den Yoga der befreienden Erkenntnis (*Jnana-Yoga*). Allerdings spielt in den personalistisch gefärbten Traditionen (*Bhakti*) die Liebe eine bedeutende Rolle, dennoch ist sie nicht das Ziel, sondern nur der Weg zur Erkenntnis der endgültigen Befreiung. Die überaus beliebten u. überall bekannten Dichter-Heiligen der verschiedenen Versionen der volkstümlichen

Religion heben den Weg der Liebe hervor. In diesem Fall ist Liebe der Weg zur Erkenntnis. Denn nur die Einsicht in die wahre Beschaffenheit der Wirklichkeit befreit aus dem Kreis der Wiedergeburten. Auch selbstloses Handeln zum Wohl aller Wesen ist ein Weg, der zu wahrer Erkenntnis führt.

Die diversen hinduistischen Traditionen haben eine Vielfalt von Riten u. Ritualen (→Ritus) hervorgebracht, die je nach Region immer neue Versionen aufweisen. Das Leben eines gläubigen Hindus von der Befruchtung im Mutterschoß über verschiedene Lebensetappen bis zur Verbrennung nach dem Tod wird von mannigfaltigen „sakramentalen" (=*Samskara*)-Handlungen (→Sakrament) begleitet. Dieser symbolhafte Zugang der Hindus zum Leben in der Welt stellt einen einzigen Reichtum dar, der eine ganzheitliche Einstellung zu Mensch, Welt u. dem letzten Lebenssinn (*Paramartha*; →Sinn) offenbart. Das wird bes. deutlich in der Art ihrer →Feste u. Feiern. Die Feste werden öffentlich auf der Straße u. selten im Tempel gefeiert. Die Hindu-Tempel haben keine Türen u. symbolisieren den offenen kosmischen Charakter ihres Glaubens. Ihre Betonung auf Praktiken u. Praxis sticht in die Augen.

Die Hindu-Traditionen mit ihrem pluralistischen Offenbarungs-Verständnis (→Offenbarung) haben wenig „Konfessions-Streitigkeiten" unter sich, da sie wenig Wert auf präzise formulierte Glaubensbekenntnisse legen. Die Grenzen zw. ihnen sind fließend u. es ist nicht leicht festzustellen, wo die eine beginnt u. die andere endet. Sie teilen viele Mythologien (→Mythos) miteinander.

Die Vielfalt der hinduistischen Traditionen versteht man besser nicht als wuchernden Wald, sondern als ein Hologramm, bei dem jede Perspektive ein ganzheitliches Bild zeigt. Dennoch hinkt der Vergleich. Das Bild im Hologramm ist immer dasselbe; den Reichtum der hinduistischen Überlieferungen aber offenbart das Ganze in immer neuen Variationen.

Zimmer, H., Indische Mythen und Symbole. Vishnu, Shiva und das Rad der Wiedergeburten, München [6]2000. – D'Sa, F. X., Gott in den hinduistischen Traditionen, in: R. Koltermann (Hg.), Universum, Mensch, Gott. Der Mensch vor den Fragen der Zeit, Graz-Wien-Köln 1997, 330–337. – Oberhammer, G., Die Überlieferungsautorität im Hinduismus, in: ders. (Hg.), Offenbarung, geistige Realität des Menschen, Wien 1974, 41–92.

Francis X. D'Sa

Identität

I. meint sowohl die Selbigkeit (mit sich selbst identisch) als auch die Selbstheit („Ich"). *Personale* I. steht für die Übereinstimmung od. das Einssein mit sich selbst durch die →Zeit u. weist auf die Einzigartigkeit der Person mit ihren unverwechselbaren Kennzeichen hin. Der Mensch fragt nach sich selbst u. versucht, sein Selbst selbst-gerecht („authentisch“) zu gestalten, um für sich u. für andere stets als ein u. die-/derselbe erkennbar zu bleiben u. anerkannt zu werden.

Dass das Gebot der Selbstfindung mitunter zu übertriebenem Selbstbezug u. Selbstästhetisierungen (→Ästhetik) führt, widerlegt nicht, dass im Zeichen des →Pluralismus u. der →Postmoderne die bewegliche I. (im Wortsinn gerade das Nicht-Identische) ein Erfordernis u. eine Herausforderung darstellt, die die „alltägliche I.arbeit“ (H. Keupp) notwendig macht. Ich-I. erscheint nicht mehr zwangsläufig als „eine erfolgreiche Variante der Gruppenidentität“ (E. Erikson) u. auf der individuellen Ebene wird I. nicht mehr als einmal gebildete u. fortan gleich bleibende Größe vorgestellt. Stattdessen spricht die neuere I.sforschung von *Patchwork-I.* (H. Keupp) od. *Bricolage* (C. Lévi-Strauss) u. einer wandelbaren I., die es dem Subjekt überlässt, Identifikationen vorzunehmen u. wieder zu verändern, dabei aber ein „*Gefühl* der Kohärenz“ i.S. von Stimmigkeit herzustellen. Dies geschieht v.a. auf dem Weg der Selbst-Erzählung, die Veränderungen für sich selbst u. andere plausibel macht (narrative Selbstkonstruktion; J. Bruner). Allerdings wird die I.skonstruktion nicht rein subjektiv „gemacht“; sie findet innerhalb einer sozialen Realität in der Beziehung zu anderen statt, sodass das Subjekt sozusagen auf *I.sfäden* seines →Kontextes zurückgreift, um aus Passendem ebenso wie aus Verschiedenem, sogar Widersprüchlichem, das eigene *I.sgewebe* zu erstellen, zu erproben u. wieder zu verändern. Trotz nachlassender Bindungen an kulturelle u. religiöse Instanzen, trotz vielfältiger Orientierungsangebote u. trotz des Drangs aber auch des *Zwangs* zur I. ist gelingende I. als eine Art Balance zw. personaler u. sozialer I. zu verstehen – ein bleibendes, nie ganz zu erreichendes Ziel der Selbstbildung (→Bildung).

Als soziales Wesen fragt der Mensch nicht nur nach seiner I., sondern auch nach seiner kulturellen Zugehörigkeit (→Heimat, Kultur). Seine *kulturelle* I. entwickelt sich durch unbewusstes Hineinwachsen in eine →Gemeinschaft u. bewusstes Einüben von Kulturmustern. Im Prozess der *Enkulturation* erwirbt er allmählich die Handlungskompetenzen, die →Werte u. Verhaltensweisen, die nötig sind, um in der Kulturgemeinschaft leben u. bestehen zu können. Insbes. für Menschen mit Migrationshintergrund (→Migration) ist I.s-arbeit aufgrund unterschiedlicher Erwartungen an sie häufig unter erschwerten Bedingungen zu leisten; allerdings ist auch kulturelle I. im Zuge der →Globalisierung in größeren Veränderungsprozessen begriffen, sodass von Hybridbildungen u. *Transkulturalität* (W. Welsch) gesprochen wird.

Auch auf der religiösen Ebene sind v.a. im westlich-europäisch-christlichen Kontext Veränderungen im Gang, die immer weniger von einer bestimmten *religiösen* I. od. gar konfessionellen I. u. einer klaren stufenförmigen Entwicklung (J. Fowler, F. Oser/P. Gmünder) ausgehen lassen. →Religion erscheint eher als individuell gestaltete Religiosität bzw. →Spiritualität (→Sinn).

Hämel, B.-I., Textur-Bildung. Religionspädagogische Überlegungen zur Identitätsentwicklung im Kulturwandel, Ostfildern 2007. – Oertel, Holger, „Gesucht wird: Gott?". Jugend, Identität und Religion in der Spätmoderne, Gütersloh 2004. – Keupp, H./Höfer, R. (Hg.), Identitätsarbeit heute. Klassische und aktuelle Perspektiven der Identitätsforschung, Frankfurt a.M. [2]1998. – Erikson, E. H., Identität und Lebenszyklus, Frankfurt a.M. [16]1973 (2003).

Beate-Irene Hämel

Indigene Theologie

Die insbes. aus Lateinamerika, aber auch auf dem afrikanischen u. asiatischen Kontinent bekannte, sog. I.Th. ist eine noch junge, selbst-/kulturbewusste Art, →Theologie *kontextuell* sowohl auf gesamtkontinentaler Ebene als auch in nationalen u. regionalen kulturellen →Kontexten zu treiben. Sie steht in der Kontinuität der sog. „Theologie der Befreiung", die mit der vorrangigen Option für die Armen u. aus deren Perspektive theologisch denkt u. handelt. Mit der I.nTh. bzw. der „indianischen" Theologie gelangt der Aspekt der →Kultur stärker ins Bewusstsein u. so die Vielfalt indigener Kulturen, d.h. die verschiedenen, (noch) existierenden traditionellen →Gemeinschaften mit ihrer je eigene Geschichte u. →Sprache, ihren je eigenen →Traditionen, Kosmovisionen u. →Religionen.

I.Th. gestaltet Theologie u. →Kirche aus der Perspektive der armen (kulturell) Anderen u. muss aufgrund der angesprochenen Vielfalt als Theologie im Plural verstanden werden. Die Perspektive der *Indígenas* (=Ureinwohner) ist die der *Utopie des Lebens*, denn auch ihr Leben, das von Ausbeutung, Unterdrückung u. Marginalisierung (→Diskriminierung) aufgrund ethnischer (→Ethnie) →Herkunft u. Geschlecht (→Geschlechterdifferenz) ebenso wie von desaströsen sozialen, wirtschaftlichen u. ökologischen Zuständen im Zuge neoliberaler Marktgesetze bedroht ist, war immer schon als Leben in Fülle (Joh 10,10) gedacht. Daher ist I.Th. optional u. zugleich prophetisch (→Prophet) u. voll Hoffnung.

Christliche Theologie u. Kirche ist immer *inkulturiert*, d.h. gebunden an einen kulturellen Kontext, in dem allein sie lebendig sein u. bleiben kann (→Mission), in dem sich aber auch uralte indigene Traditionen bewahren konnten, deren Weisheit u. Gültigkeit nun – mehr als 500 Jahre nach der Eroberung u. Evangelisierung Lateinamerikas (1492–1992) – wiederentdeckt u. zum authentischen Ausgangspunkt von Theologie gemacht werden. Dazu gehören zentral die Prinzipien (1) der Relationalität, d.h. der gegenseitigen Verwiesenheit von Erde u. Mensch, der Menschen untereinander u. sogar von →Gott u. Mensch, (2) der Intersubjektivität u. Komplementarität, d.h. dass Menschen einander auf Augenhöhe begegnen, im Bewusstsein, dass sie sich entsprechen u. ergänzen, u. (3) der →Reziprozität, das Prinzip der Gegenseitigkeit.

I.Th. sieht ihre Aufgaben in der Reflexion des Evangeliums nach den Prinzipien ihrer eigenen Logik. Wenn also die Erde nach dem Maßstab größtmöglichen Profits ausgebeutet, Umwelt u. Lebensraum zerstört u. Ureinwohner vertrieben werden, wird dies nicht nur als politisches Unrecht (→Politik)und ökologisches Problem erkannt, sondern auch theologisch als Entweihung der Erde u. menschenunwürdiges System, das dem göttlichen Heilsplan zuwiderläuft, interpretiert. I.Th. geht es zudem um die authentische Artikulation von Kirchesein (autochthone Kirchen) in eigenen →Symbolen, Riten (→Ritus) u. Liturgien (→Fest) u. um die Mitteilung indigen-christlicher Glaubenserfahrung (→Glaube) an die →Weltkirche sowie das Lernen von u. in der Kooperation mit nicht indigenen Gemeinschaften u. deren Theologien (→Konvivenz).

Die Kongresse von *Teología India* bemühen sich um den →Dialog zw. Kulturen u. Religionen (→interkulturell, interreligiös), zw. I.rTh. u. →Christentum u. um die Formulierung eines eigenen Beitrags dazu, der die aus ihren jeweiligen Traditionen abgeleiteten politischen, sozialen, kulturellen u. religiösen Ordnungsstrukturen u. Lebensprojekte enthält u. sich als Beitrag zur Humanisierung in einer globalisierten Welt (→Globalisierung) versteht. Doch bislang sind die Indígenas, ihre indigenen Projekte u. I.Th. weltweit u. weltkirchlich kaum wahrgenommen u. anerkannt worden.

Schreijäck, Th., Weisheit und Prophetie aus Amerindia, in: M. Witte (Hg.), Der eine Gott und die Welt der Religionen, Würzburg 2003, 365–384. – Fornet-Betancourt, R. (Hg.), Mystik der Erde. Elemente einer indianischen Theologie, Freiburg-Basel-Wien 1997. – Schreijäck, Th. (Hg.), Die indianischen Gesichter Gottes, Frankfurt a.M. 1992.

Thomas Schreijäck

Initiation

(1) Unter „I." *im engeren, „klassischen" Sinn* versteht man das Ritual (→Ritus), das in traditionellen Gesellschaften den Übergang des Individuums (IndividualI.) od. einer ganzen Altersgruppe (KollektivI.) aus dem Stadium der Kindheit in das des zeugungs- u. empfängnisfähigen Erwachsenen begleitet, besser: vollzieht. Im Prinzip unterliegen Individual- wie Kollektiv-, Knaben- wie MädchenI. demselben rituellen Schema: Separationsritual – Transformationsritual – Redintegrationsritual. Der kindliche Initiand/die

kindliche Initiandin wird von der übrigen →Gemeinschaft für eine bestimmte Zeit isoliert (legt den Kindheitsstatus ab), erfährt in strenger Abgeschlossenheit (Seklusion in der Wildnis od. im I.scamp) →Tod u. Neugeburt (durch Kontakt mit der jenseitigen Welt; Mut- u. Entbehrungsproben, die einen „kleinen Tod“ simulieren; Geschlechtsdifferenzierung, d.h. die Beschneidung von Vorhaut/Klitoris; Einweihung in die „Geheimnisse“ des Erwachsenenlebens), worauf die Gemeinschaft ihn/sie in festlich-orgiastischem Rahmen (u.U. erster Geschlechtsverkehr) als vollwertige/n Erwachsene/n mit allen Rechten u. Pflichten seines/ihres neuen Status (Mann/Frau) anerkennt. Das I.sritual gewährleistet den rituell kontrollierten Umgang mit der Umbruchssituation der „Adoleszenzkrise“, wobei nicht die Biologie den Seinswandel vom neutralen Kind zum erwachsenen Geschlechtswesen u. damit die neue gesellschaftliche →Identität markiert, sondern das traditionelle Ritual.

(2) Ritualisierte Übergänge ins Erwachsenendasein finden sich *heute* noch: etwa bei Konfirmation, Jugendweihe, Schul- u. Ausbildungsabschluss, Jungbürgerfeier, wobei mindestens Teile des alten Ritualschemas erkennbar sind: Absonderung u. Einweisung in die „Geheimnisse“ des Erwachsenenlebens (Konfirmandenunterricht, wozu noch im vergangenen Jahrhundert die sexuelle Aufklärung gehörte), „kleiner Tod“ u. Neugeburt (Übergießen mit Wasser als Element von Auflösung u. Regeneration: das sog. „Gautschen“ beim Lehrabschluss der Buchdrucker), Aufnahme in den Kreis der Erwachsenen (orgiastische Besäufnisse bei Schulabschluss, das „Siezen“ der Neukonfirmierten). Auch verwegene Mutproben (oft mit schlimmem Ausgang) bei solchen Anlässen sind immer wieder Gegenstand medialer Aufmerksamkeit.

(3) I. *in einem weiteren Sinn* meint jeden rituellen Aufwand bei (biologischen, sozialen, lokalen) Übergangssituationen: Geburt, Tod, Heirat, erste Schwangerschaft, Entwöhnung des ersten Kindes, Promotion zum Ältesten bei der Beschneidung des erstgeborenen Sohnes; Adoption, Aufnahme in den Männerbund, Gilde, Zunft; Ortswechsel; Eintritt in die Königswürde, Berufung zum Schamanen, Einweihung in einen Mysterienkult, Erlangung eines bestimmen Grades auf der esoterischen (→Esoterik) Stufenleiter. Auch hier wieder begegnet man allen Elementen des klassischen I.srituals: Separation von der Gemeinschaft (durch Inzest mit seiner Mutter im afrikanischen Thronbesteigungsritual sagt sich der werdende König von seiner eigenen Familie los), Transformation (der Täufling stirbt in der Wassertaufe, wird gleichzeitig durch sie wiedergeboren zu einer „neuen Kreatur“: Röm 6,3f; 2Kor 5,17), Redintegration (der Verstorbene erlangt durch rituell korrekte Bestattung u. Beopferung den Status des Ahnen u. wird damit wieder Teil der heiligen Gemeinschaft der Lebenden u. der Toten). U. wiederum schafft nicht die Biologie die neue Identität, sondern das

I.sritual: Neugeborene (obwohl oft als wiedergeborene Ahnen vorgestellt) gelten als „tot“, bis sie durch einen initiatorischen Adoptionsakt (etwa: Schoß-Setzung) in die Gemeinschaft aufgenommen, also „geboren“ worden sind; wo nicht, können sie ausgesetzt od. formlos verscharrt werden – sie zählen (noch nicht) als „Menschen“.

Hasenfratz, H.-P., Die antike Welt u. das Christentum, Darmstadt 2004, 77–96 (antike Mysterienkulte). – Müller, K.E., Initiationen, in: ders./A.K. Treml (Hg.), Ethnopädagogik, Berlin [2]1996, 69–91 (traditionelle Gesellschaften). – Henking, K.H., Was ist Esoterik? In: Wissende, Eingeweihte und Verschwiegene. Katalog zur Ausstellung (Zentralbibliothek Zürich, 23.9.–22.11.86), Zürich [2]1986, 8–13 (abendländische Esoterik).

Hans-Peter Hasenfratz

interkulturell

Die Bezeichnung „ik.“ setzt zunächst voraus, dass es verschiedene →Kulturen u. kulturelle Differenz gibt. In der Unterscheidung zu *multi*kulturell, wodurch die Existenz vieler Kulturgruppen in einem gesellschaftlichen →Kontext neutral beschrieben werden soll, drückt ik. aus, dass sie in einer Beziehung (*inter*=zwischen), einem →Dialog zueinander stehen bzw. stehen sollten. Der ik.e (u. →interreligiöse) Dialog ist heute weltweit in allen Zusammenhängen menschlichen Zusammenlebens unausweichlich (→Weltethos) u. findet auch in den v.a. geistes- u. humanwissenschaftlichen Fächern große Beachtung (z.B. in der →Theologie). Während auf der Ebene der →Politik von Multikulturalität gesprochen wird, um das Zusammen- bzw. Nebeneinanderleben von „Einheimischen“ u. Migranten (→Migration) zu beschreiben, entwerfen v.a. die pädagogischen Disziplinen Konzepte der ik.en Pädagogik bzw. der ik.en →Bildung od. des ik.en Lernens, um die gelingende Interaktion von Menschen mit u. ohne Migrationshintergrund zu fördern. Die verschiedenen Bezeichnungen beziehen sich zum Teil auf den Prozess (Lernen), zum Teil auf das Ergebnis (Kompetenz).

Die Bemühungen um Interkulturalität zielen darauf ab, Kommunikation u. den Umgang miteinander einzuüben – gerade auch in Konfliktsituationen – u. Begegnungen unter Gleichwertigen zu ermöglichen, anstatt bei einem schwachen Begriff von →Toleranz, bei Ignoranz u. Überheblichkeit, bei Verachtung (→Rassismus) od. gar Hass stehen zu bleiben. Von- u. miteinander zu lernen soll zu gegenseitigem Verstehen, zu Verständnis u. Wertschätzung füreinander u. zu einem gedeihlichen Zusammenleben (→Konvivenz) führen, ohne dabei kritische Anfragen zu unterdrücken u. ohne zu übergehen, dass es Verstehensgrenzen gibt.

Ik.es Lernen setzt heute bei einem Kulturbegriff an, der Kultur als dynamische Größe ansieht, zumal nicht nur zw., sondern auch innerhalb von Kulturen Heterogenität (=Uneinheitlichkeit) besteht; auch mehrfache Zugehörigkeiten u. Differenzen sowie die Entstehung von etwas Drittem werden veranschlagt. In der Kulturdiskussion (→Kulturwissenschaft) ist die Rede von *Hybridisierung* (Zusammensetzung, Mischung), von *Transkulturalität* (Kulturwandel), od. auch von *Differenz u. Transdifferenz* (Überschreitung von Differenz). Entscheidend ist, dass Verschiedenheit zwar wahrgenommen, nicht aber gesetzt u. stilisiert wird. Ik.es Lernen ist gemeinsames Lernen; der Defizitansatz bei den „Integrationsproblemen von Ausländern" muss sich im →Pluralismus u. der „Allgegenwart von Fremdheit" den Vorwurf der →Diskriminierung gefallen lassen u. einer „Pädagogik der Vielfalt", die auf die intersubjektive Anerkennung gleichberechtigter Verschiedener (A. Prengel) abzielt, weichen.

Gogolin, I./Krüger-Potratz, M., Einführung in die Interkulturelle Pädagogik, Opladen 2006. – Prengel, A., Pädagogik der Vielfalt. Verschiedenheit und Gleichberechtigung in Interkultureller, Feministischer und Integrativer Pädagogik, Wiesbaden [3]2006. – Auernheimer, G., Einführung in die Interkulturelle Pädagogik, Darmstadt [4]2005. – www.theologie-interkulturell.de

Beate-Irene Hämel/Thomas Schreijäck

interreligiös

Ir. ist keine anzustrebende Eigenschaft menschlicher Religiosität od. einer →Religion i.S. einer Verschmelzung von Unterschiedlichem, sondern kennzeichnet die Begegnung zwischen (*inter*) Religionen auf praktisch-persönlicher u./od. theoretisch-wissenschaftlicher Ebene. Der ir.e →Dialog ist ebenso wie der →interkulturelle Dialog angesichts der →Globalisierung, die Menschen unterschiedlicher Religionszugehörigkeit (bzw. ohne ein solches Bekenntnis) u. – oft untrennbar damit verbunden – kultureller Ein- od. Mehrfachprägung (→Migration) aufeinander treffen lässt, unausweichlich. In Deutschland ist v.a. der christlich-muslimische Dialog (→Christentum, Islam) von großer Bedeutung. Dass es religiösen →Fundamentalismus gibt, der zu Gewalteskalationen, Kriegen u. terroristischen Anschlägen (traurig berühmt: der 11. September 2001) führt, macht die Aufklärung über unterschiedlichen religiösen →Glauben u. jeweilige Lehre u. über kulturelle Ausformungen der Religionen notwendig. Sowohl auf der Ebene der (religiösen u. staatlichen) Leitung (→Amt) als auch auf der Ebene der Mitglieder einer jeden Glaubensgemeinschaft ist auf Auskunfts- u. Gesprächsbereitschaft u. auf den „Abschied vom Mythos der eigenen Höherwertigkeit" hinzuwirken (vgl. z.B. das Projekt →Weltethos).

Das Gemeinsame zw. den Religionen zu erkennen ohne dabei das Trennende zu verschweigen, ist nicht nur Sache der wissenschaftlichen Beschäftigung (→Theologie, Religionswissenschaft, auch Kulturwissenschaft), sondern auch ein Anliegen der (religions-)pädagogischen Praxis. Der →Religionsunterricht u. →Ethik--Unterricht in der Schule sowie andere Bereiche der →Bildung in der Arbeit mit Kindern, Jugendlichen u. Erwachsenen, gerade auch im Kontext der →Kirchen, geben dem ir.en Lernen weiten Raum. Konzeptionen ir.en Lernens gehen über den „Unterricht in Weltreligionen", der separierend u. fremd-bleibend bzw. – machend ansetzt, hinaus u. berücksichtigen heute alle Ebenen des Lernens. Das bedeutet, dass über die kognitive u. sprachliche Ebene (vorrangig über den Religionsvergleich, der auch die Dimension von →Kultur einbezieht) hinaus auch die Ebene der →Ästhetik (also die →Wahrnehmung der anderen Religionen, ihrer Angehörigen u. deren →Lebenswelt sowie der religiösen Phänomene) u. die emotional-affektive Ebene angesprochen wird. Die am Lehr-Lernprozess Beteiligten sollen sich darin üben, Empfindungen des *anderen* →Heiligen zulassen u. artikulieren zu lernen, ohne es zu vereinnahmen. Auf sozialer Ebene wird gemeinschaftliches u. solidarisches Handeln (→Gemeinschaft, Solidarität) eingeübt u. nicht zu vergessen ist – soweit möglich – die gegenseitige Partizipation am spirituellen Leben (→Spiritualität) in gemeinsamem →Gebet u. gemeinsamer →Meditation, in →Fest u. Feier.

Ohne die Schwierigkeiten zu unterschätzen, leistet ir.es Lernen einen wichtigen Beitrag zur Allgemeinbildung, u. zwar nicht nur um miteinander konfliktfähig zu werden, sondern auch um anschaulich zu machen, weshalb Menschen überhaupt religiös sind – u. ganz bestimmt auch, um einen Reflexions- u. Lernprozess in Bezug auf die *eigene* Religion u. Religiosität zu befördern u. zu begleiten.

Sajak, C. P., Das Fremde als Gabe begreifen. Auf dem Weg zu einer Didaktik der Religionen aus katholischer Perspektive, Münster 2005. – Schreiner, P./Sieg, U./Elsenbast, V. (Hg.), Handbuch Interreligiöses Lernen, Gütersloh 2005. – Renz, A./Leimgruber, S., Christen und Muslime. Was sie verbindet – was sie unterscheidet, München 2004.

Beate-Irene Hämel/Thomas Schreijäck

Islam

I. bedeutet aus dem Arabischen übersetzt: Ergebung, vollständige Unterwerfung bzw. Hingabe an →Gott. So lautet der erste Satz des islamischen Glaubensbekenntnisses: „Ich bekenne: Es gibt keinen Gott außer Gott". Religionswissenschaftlich (→Religionswissenschaft) wird der I. daher als monotheistische →Religion bezeichnet. Zu diesen zählen auch das →Judentum u. das →Christentum, die der I. als seine Vorgängerreligionen in der Verwirklichung der natürlichen Religion des Menschen hin zur Vollendung im I. versteht. Im Laufe der Geschichte seien durch die →Propheten seit Adam (prophetische Religion) diesen beiden Religionen ebenfalls →Offenbarungen aus dem ewigen Wort Gottes (Offenbarungsreligion) übermittelt worden. Von Gott auserkorene Propheten mahnten nicht nur die Befolgung früherer Offenbarungen an, sondern führten die Offenbarungsgeschichte durch schriftliche Zitate aus dem ewigen Wort Gottes fort. Zu diesen Schriftpropheten zählt der I. Moses, dem die Torah (→Judentum) übergeben worden war, Jesus, den Sohn der Maria, der das Evangelium verkündete u. als abschließenden Propheten Muhammad, der das gesamte Wort Gottes, den →Koran als besten Bericht (vgl. Koran 12,1–4), wiedergab. Entsprechend lautet der zweite Satz des Bekenntnisses: „Ich bekenne: Muhammad ist sein Prophet." Muhammad ist nach islamischem →Glauben der historisch letzte Prophet u. deshalb „Siegel der Propheten". An seiner Offenbarung haben sich auch die anderen Prophetenworte zu messen u. finden darin das Kriterium zur Unterscheidung von Gut u. →Böse, von Richtig u. Falsch (→Wahrheit).

Muhammad (geb. 570 n.Chr. in Mekka) wuchs als Waise auf u. erlernte bei seinem Onkel Karawanen bis nach Syrien zu begleiten. Mit 25 Jahren heiratete er die Kaufmannswitwe Chadidscha u. stieg damit in die angesehene Schicht auf. In der Handelsstadt u. auf seinen Reisen begegnete er sowohl dem Polytheismus als auch dem Judentum u. den verschiedenen Denominationen des Christentums. Mit vierzig Jahren, während seiner Gewohnheit geistliche Einkehr zu halten, erschien ihm der Engel Gabriel u. erteilte ihm den Auftrag, das Urwort Gottes zu lesen u. zu verkünden. Die Botschaft vom Glauben an den einen Gott, verbunden mit der Gerichtsdrohung, stieß in Mekka auf Ablehnung. 622 n.Chr. emigrierte Muhammad mit seiner bedrohten Anhängerschaft nach dem später sog. Medina. Die *Hidschra* (=Auswanderung) gilt als Beginn der islamischen Zeitrechnung, weil sie die grundlegende Wende zum I. als einer Religionsgemeinschaft im Leben des Propheten des I. markiert. Muhammad organisierte das Zusammenleben in Medina zw. Juden, Muslimen u. den arabischen Stämmen, unterstützt durch die Rezitation der göttlichen Offenbarung „aus dem Herzen", nach den Worten seines Biographen Ibn Ishaq. Bis zu seinem Tod 632 sollte es ihm gelingen, den kultischen Vollzug des Glaubens in eine verbindliche Form zu bringen u. das „Haus des I." auf der arabischen Halbinsel zu sichern. Diese Verknüpfung von →Politik, Religion u. Alltagsleben ist für den I. prägend geblieben. Muhammad hatte keine Nachfolgeregelung getroffen. So eskalierte der Streit um die Würde des Kalifen in der Ermordung des dritten u. vierten sog. rechtgeleiteten Kalifen. Gegen den vierten Kalifen, Ali,

Schwiegersohn Muhammads, hatte sich Muawija, der Begründer der Umayyadendynastie, erfolgreich erhoben. Seither sehen sich die *Schiiten* in der Nachfolge Alis, u. erkannten anstelle eines Kalifen nach Ali Imame als religiöse Führer (→Amt) an. Nach dem Verschwinden des 12. Imams jedoch, ersetzt seither das Gremium der Ayatollahs diese Funktion. Die *Sunniten*, die rund 90%-Mehrheit, folgte bis zu dessen Abschaffung im Jahr 1924 überwiegend den Kalifen in Damaskus, Bagdad (Abbasiden) u. Konstantinopel/Istanbul (Osmanen), die die Einheit der islamischen →Gemeinschaft (*umma*) garantierten.

Als die die Offenbarung Gottes historisch abschließende Religion weiß sich der I. theologisch als die „Religion der Mitte" zw. Judentum u. Christentum, zw. der „Untertreibung" des Judentums, Jesus nicht als Propheten anzuerkennen u. der „Übertreibung" des Christentums, Jesus als Gottes Sohn zu verehren. Religionspolitisch betrachtet, nehmen Juden u. Christen im islamischen Staat die Position von tolerierten (→Toleranz) „Schutzbefohlenen" (*dhimmi*) ein, die ihre Religion ausüben dürfen, aber nur mit Einschränkungen an den Bürgerrechten teilhaben. Hierin wird die Bedrohung des I.ismus, des islamischen →Fundamentalismus, erkannt, der die Einheit von Politik u. Religion auf der Grundlage der Scharia teils auch mit Gewalt gegen die anerkannten Menschenrechte durchzusetzen versucht.

„Gesetzesreligion" ist ein religionswissenschaftlicher Begriff, der auf den I. angewandt wird mit Bezug auf die Bedeutung das islamische Rechts, der sog. *Scharia*. Die Scharia basiert auf dem Koran u. den Spruchweisheiten Muhammads (*Hadithe*). Die Rechtsgelehrten wendeten im Laufe der islamischen Geschichte Methoden an, den gemeinschaftlichen Beschluss, den Analogieschluss u. die eigenständige Rechtsfindung, zur Erweiterung der Scharia. Sie deckt die individuellen u. kollektiven Lebensbereiche des Menschen weitgehend ab. Zu den unaufgebbaren rituellen Pflichten (→Ritus) gehören das Bekenntnis zu Gott, das fünfmalige tägliche →Gebet, die Fastenzeit im Monat Ramadan, die Religionsabgabe u. die Pilgerfahrt nach Mekka. An die Erfüllung der Pflicht des Fastens schließt das →Fest des Fastenbrechens an, auch Zuckerfest, an die Pilgerfahrt das sog. Opferfest. Die Scharia regelt das Personenstandsrecht, dabei Ehe- u. Erbrecht, sie enthält Bestimmungen zum Völkerrecht, zur Staatsführung u. zur Wirtschaftsethik (→Ethik). Mit dem Glauben an die Überwindung des Todesschlafes u. ein Weiterleben danach verbinden Muslime konkrete Jenseitsvorstellungen (→Tod, Erlösung). Die Freuden des Paradieses belohnen die Befolgung der Vorschriften, die Qualen der Hölle bestrafen Ungehorsam. Geistliche Deutungen der plastischen Bilder von Gottesferne u. -nähe geben die Mystiker, die sog. Sufis u. deren Theoretiker.

VolksI. u. Brauchtum kennen Praktiken, sich der Segensgabe Verstorbener zu bedienen u. scheinbar Gottes Wirken den Wünschen der Menschen zu unterwerfen. Solcherlei im orthodoxen I. verpöntes Verhalten macht es bes. für Außenstehende schwer, die Grenze zw. Magie u. →Mystik zu ziehen, ebenso wie zw. unbedingter Verpflichtung u. empfohlenem Wohlverhalten. In dieser Grauzone spielen sich die Konflikte ab, die die Inkulturationsleistung der Muslime in Europa auf die Probe stellt; das sind der Kopftuchstreit, der Karikaturenstreit, aber auch die Debatten um außerhäusliche Erwerbstätigkeit von Frauen, Schwimmunterricht für Mädchen, geschächtetes Fleisch u. islamische Bestattungsriten.

Von den ca. 1,3 Milliarden Muslimen weltweit leben schätzungsweise 3,2 Millionen überwiegend zugewanderte Muslime (→Migration) in Deutschland. Der Mangel an hierarchischen Strukturen des vereinsrechtlich organisierten I.s in Europa im Vergleich zum theoretischen Ideal, vom Kalifen über die Rechtsgelehrten (*Mufti*) bis zu den Vorbetern (*Imam*), erschwert nicht nur den →interreligiösen →Dialog, der seinen Ansprechpartner sucht, sondern führt auch zu langwierigen innerislamischen Diskursen. Die sich dabei erweisende Beharrlichkeit ist dem Bemühen der Muslime geschuldet, in der Einheit der Gemeinschaft den einen Gott zu bekennen, dem Absolutheitsanspruch von dessen Wort u. Gesetz gerecht zu werden u. den Universalitätsanspruch der Religionsgemeinschaft zu demonstrieren.

Ende, W./Steinbach, U. (Hg.), Der Islam in der Gegenwart. Entwicklung und Ausbreitung – Kultur und Religion – Staat, Politik und Recht, München [5]2005. – Nagel, T., Das islamische Recht. Eine Einführung, Westhofen 2001. – Reidegeld, A., Handbuch Islam. Die Glaubens- und Rechtslehre der Muslime, Kandern 2005.

Barbara Huber-Rudolf

Judentum

Das frühe J. ist aus der „JHWH-allein-Bewegung“ hervorgegangen, die sich seit der zweiten Hälfte des 8. Jh.s v.Chr. in Israel u. Juda nachweisen lässt (JHWH: Die 4 Konsonanten bezeichnen den Eigennamen von Israels →Gott). Sie hat sich gegen Ende des 5. Jh.s v.Chr. definitiv durchgesetzt, sodass man von diesem Zeitpunkt an, der mit der Gestalt des Schriftgelehrten Esra verbunden ist, vom J. sprechen kann. Dieses vertritt einen strikten Monotheismus (Dtn 5,7) u. grenzt sich entschieden von heidnischen Kulten u. ihren Anhängern ab. Die sich in u. um Jerusalem konzentrierende Gemeinde steht zunächst unter persischer Herrschaft, dann seit dem ausgehenden 4. Jh. v.Chr. unter der Hegemonie hellenistischer Könige, zunächst der ägyptischen Ptolemäer, dann der syrischen Seleukiden. In dieser Periode entsteht der biblische Kanon (→Bibel) als normative Grundlage des J.s bis heute. In Reaktion auf die Fremdherrschaft proklamiert die Apokalyptik, eine Offenbarungsliteratur hinsichtlich des Eschaton, der „letzten Dinge“, die sich letztendlich durchsetzende universale Herrschaft Gottes (Dan 7,27). Hellenistische →Kultur wirkt sowohl auf das palästinische J. als auch – in bei weitem stärkeren Ausmaß – auf das der Diaspora (=zerstreute Gemeinden) ein. So entsteht im ägyptischen Alexandria die erste Übersetzung der Hebräischen Bibel ins Griechische, die Septuaginta. In die geistige Auseinandersetzung mit der fremden Kultur gehören das Buch Jesus Sirach u. die Weisheit Salomos, auf mehr philosophischem Terrain Philo von Alexandria (ca. 25v.–50 n.Chr.). Das J. dieser Epoche ist eine äußerst plurale, in Parteien (Pharisäer, Sadduzäer, Essener) gespaltene Größe. Das Ende des letzten, erfolglosen Aufstandes gegen die Römer 135 n.Chr. markiert das Ende des frühen J.s.

Auf diese Epoche folgt das rabbinische J. Als sein Begründer gilt Jochanan ben Zakkai, der nach der Zerstörung Jerusalems u. des Tempels 70 n.Chr. durch die Römer das Lehrhaus von Jabne nahe dem heutigen Tel Aviv errichtete. Es ist die große Leistung der Schriftgelehrten, nach dem Ende des Tempelkults dem J. eine Zukunft auf der Basis der schriftlichen u. mündlichen *Torah* (=Weisung, Lehre) ermöglicht zu haben. Die schriftliche Torah entspricht den 5 Büchern Mose, die mündliche wird erstmals um 200 in der *Mischna* zusammengefasst, der Grundlage des *Talmud*, der in seiner babylonischen Gestalt seit dem 6. Jh. zur verbindlichen Grundlage des J.s wird. Als das →Christentum seit dem 4. Jh. Reichsreligion wird, äußert sich der seit seiner Frühzeit bestehende Antijudaismus in einer zunehmend feindseligen Gesetzgebung (→Diskriminierung), die zu Auswanderungswellen aus Palästina nach Babylonien führt, das ab 750 wichtigstes Zentrum des J.s wird. Palästina wurde 638 von den Arabern erobert.

Bereits zu Beginn des Mittelalters lebten Juden im gesamten Bereich des früheren römischen Reiches. Wichtigstes europäisches Zentrum war anfänglich Spanien. Hier wurde der bedeutendste jüdische Philosoph u. Theologe der Epoche, Moses Maimonides (1135–1204) geboren. Hier entfaltet sich das sefardische J., das nach der Vertreibung aus Spanien u. Portugal (1492/1497) im osmanischen Reich eine neue Heimstatt fand. Im deutschen Reich entstand im 9./10. Jh. das ashkenasische J., mit Schwerpunkten zunächst im Rheinland u. in Nordostfrankreich, sodann zunehmend im ganzen Reich u. seinen Randgebieten. Der wachsende Antijudaismus entlädt sich z.Zt.eit der Kreuzzüge (seit 1096) in häufigen Pogromen, die zur Vernichtung ganzer Gemeinden führten. Folge war die Auswanderung vieler Juden nach Osteuropa. Es entfaltet sich eine jüdische →Mystik in *Kabbala*, messianischen Bewegungen, *Chassidismus*.

Im ausgehenden 18. Jh. entsteht in Westeuropa eine jüdische Aufklärung (*Haskala*). Einer ihrer Wortführer ist Moses Mendelssohn in Berlin. In ihrem Gefolge ist im 19. Jh. eine wachsende Emanzipation u. Assimilation des west- u. mitteleuropäischen J.s zu beobachten. Neben der Orthodoxie bilden sich andere Richtungen, wie das sich auf A. Geiger berufende liberale J., das sich bis heute behauptet. Führende Vertreter waren L. Baeck, H. Cohen, F. Rosenzweig u. M. Buber.

Als Reaktion auf den seit dem Ende des 19. Jh.s wachsenden, immer mehr auch rassisch (→Rassismus) begründeten Antisemitismus entstand der säkulare Zionismus, begründet von Th. Herzl, der zu einer vermehrten Einwanderung von Juden v.a. aus Osteuropa nach Palästina u. schließlich 1947 zur Gründung des Staates Israel durch die UN führte. Auslösender Faktor dieser Staatsgründung war die Katastrophe (Shoah/Holocaust), die zw. 1933 u. 1945 durch den Nationalsozialismus über das europäische J. hereinbrach, der zwei Drittel der jüdischen Bevölkerung zum Opfer fielen. Eine weitere Folge war, dass heute der Großteil des J.s in den USA lebt. Die christlichen →Kirchen haben auf den Massenmord durch das Eingeständnis eigener Schuld durch ihren traditionellen Antijudaismus reagiert, sodass es seit der Mitte des 20. Jh.s verstärkte Bemühungen um einen jüdisch-christlichen →Dialog gibt. Entscheidende Impulse gaben die Erklärung *Nostra aetate* des II. Vatikanischen Konzils von 1965 u. ein Beschluss der Landessynode der Evangelischen Kirche im Rheinland von 1980. Wenn der Glaube als unmittelbare, von Vertrauen getragene Beziehung zu Gott das Charakteristische der jüdischen Religion ist (M. Heinzmann), so ist das zweifellos eine tragfähige Basis für diesen Dialog, über die gemeinsamen →hl. Schriften (jüdische Bibel/AT) hinaus.

Maier, J., Das Judentum von der biblischen Zeit bis zur Moderne, München [3]1988. – Mußner, F., Traktat über die Juden, München [2]1988. – Ben-Chorin, Sch., Theologia Judaica, Tübingen 1982.

Franz Josef Stendebach

Kirche

K. ist die →Gemeinschaft der Gläubigen, in der das Evangelium verkündet, die →Sakramente gefeiert u. die christliche Nächstenliebe praktiziert wird. Der Begriff „K.“ (*church, kerk*), leitet sich her vom gr. *kyriakón*: Herrenhaus, Haus Gottes. Hier steht im Zentrum die Berufung durch →Gott; K. erscheint als göttliche Stiftung. In den romanischen Sprachen leiten sich die Begriffe *chiesa*, (*élgise, iglesia*) vom gr. *ekklesia* her. Dieser Begriff besagt die Versammlung der Bürger einer Gemeinde. Beide Aspekte, göttliche

Vorgegebenheit u. menschliche Gemeinschaft, bestimmen das Verständnis von K.

Die K. gründet nach biblischem Zeugnis (→Bibel) in der Verkündigung Jesu von Reiche Gottes, ohne mit diesem identisch zu sein. Sie erscheint als Volk Gottes, d.h. sie ist aufgenommen in die Geschichte des Volkes Gottes, als das Israel (auch weiterhin) existiert, als Leib Christi, d.h. als die Realpräsenz des Auferstandenen in der Welt, u. als Tempel des Heiligen Geistes, d.h. als der Ort des Zugangs zu Gott. K. ist demnach primär nicht Zusammenschluss von Menschen gleichen →Glaubens, sondern Stiftung des Geistes. Darum ist sie, wie es im Glaubensbekenntnis heißt, einig, heilig, katholisch u. apostolisch. Die Aufnahme in sie erfolgt nicht durch menschlichen Entschluss, sondern als Geschenk im Zeichen der Taufe u. des Herrenmahls (→Ritus). Daraus erwachsen ihren Gliedern die Aufgaben, einander im Glauben zu stärken, die Vielfalt der Gnadengaben (Charismen) in den Dienst des Ganzen zu stellen u. in der Lebensführung ihrer Berufung als Heilige zu entsprechen.

Die konkrete Gestalt der K. ist in den neutestamentlichen Gemeinden vielgestaltig. Mit dem Schwinden der eschatologischen Spannung gewannen Strukturen der Einheit u. der Überlieferung zunehmend an Bedeutung. Schon in den ersten Jahrhunderten entwickelten sich Ämter, bes. das Bischofsamt, zusammen mit dem →Amt des Priesters u. des Diakons. Als „Laien“ wurden dann jene verstanden, die keine besonderen Ämter (u. Charismen) innehatten. In der Folgezeit wurde das Papsttum als Garant universalkirchlicher Einheit immer bedeutsamer, die Dogmen des I. Vatikanischen Konzils (1869/70) über Primat u. Unfehlbarkeit des Papstes waren der Höhepunkt einer mehr als tausendjährigen Geschichte mit vielfältigen Spannungen zw. Papst u. Kaiser. Auseinandersetzungen um das Papsttum waren Hauptursache auch für die großen Spaltungen der Christenheit: im 11. u. 13. Jh. zw. Ost- u. WestK., im 16. Jh. zw. der römischen K. u. den K.n der Reformation. So begegnet heute K. in der Gestalt von getrennten K.n, die im Rahmen der Ökumenischen Bewegung (→Ökumene) um ihre Versöhnung ringen.

Das II. Vatikanische Konzil (1962–65) hat K. in Rückbesinnung auf die Alte K. wieder als sakramentale →Wirklichkeit verstanden, sie als Volk Gottes bestimmt, die Würde der „Laien“ wiederentdeckt, das Amt vom Bischofsamt her entfaltet u. die OrtsK.n in ihrer Vielgestaltigkeit als K.n gewürdigt. Kontroversen zw. diesen Neuansätzen u. überkommenen universalistisch-hierarchiezentrierten Konzeptionen prägen die (katholische) K. in den Jahren nach dem Konzil.

Neuner, P., Die heilige Kirche der sündigen Christen, Regensburg 2002. – Werbick, J., Kirche. Ein ekklesiologischer Entwurf für Studium und Praxis, Freiburg-Basel-Wien 1994. – Huber, W., Kirche, München ²1988. – Küng, H., Die Kirche, Freiburg-Basel-Wien 1967 (München-Zürich ³1992).

Peter Neuner

Konfuzianismus

Mit dem Begriff „K." wird der bedeutendste, auf die Meistergestalt des Konfuzius, chinesisch *K'ung Fu-tzu* (Meister Kung, ca. 551–497 v.Chr.) zurückführbare u. hochkomplexe chinesische Traditionszusammenhang bezeichnet. Während der auch in vielen ostasiatischen Ländern (v.a. Korea, Japan, Singapur) einflussreiche K. von einigen Religionswissenschaftlern (→Religionswissenschaft) den Weltreligionen zugerechnet wird, interpretieren ihn andere aufgrund seiner antimetaphysischen Grundorientierung nicht als →Religion, sondern eher als eine stark ethisch ausgerichtete Lebensphilosophie bzw. politische Lehre (→Politik). Legt man ein christliches Vorverständnis von Religion zugrunde, dann fällt der K. als eine Religion ohne Schöpfergott (→Schöpfung) u. ohne →Offenbarung sicherlich aus dem Rahmen, aber auf der Grundlage eines erweiterten Religionsverständnisses kann er durchaus als Religion interpretiert werden, weil er trotz seiner Diesseitsorientierung einen Transzendenzbezug (→Transzendenz) bewahrt. So betont er die Rückgebundenheit der menschlichen Ordnung an eine vorgegebene „kosmische Ordnung" (*Tao/Dao*=Weg, *T'ien*=Himmel; →Kosmologie), weshalb im Unterschied zum die →Autonomie des Individuums betonenden „anthropozentrischen Humanismus" (→Anthropologie) der säkularisierten Moderne von einem transzendenzoffenen „kosmischen Humanismus" gesprochen werden kann. Als eine tendenziell vernünftige Religion ist der K. von vielen Aufklärern als vorbildhafte, kulturübergreifende (→Kultur) „natürliche Religion" gewürdigt worden, doch konnte sich in ihm ein alle Lebensbereiche durchdringender Entzauberungsprozess i.S. des alles berechnen wollenden „okzidentalen Rationalismus" (M. Weber) nie durchsetzen.

Der aus dem niederen Adel stammende historische Konfuzius lebte in bescheidenen Verhältnissen u. hatte nur kurze Zeit ein →Amt inne. Obwohl er sich lediglich als Lehrer u. Wegweiser verstand, wurde er v.a. in den magisch- volksreligiösen, am schamanistischen Ahnenkult festhaltenden Strömungen zu einer Heilsgestalt erhöht, durchaus vergleichbar mit dem ebenfalls sakralisierten Lao-Tse, (→Daoismus). Im Unterschied zu dieser zweiten bedeutenden chinesischen Traditionslinie, für die das Heil in einem einfachen Leben im Einklang mit der Natur liegt, setzt der philosophische K. kultur- u. erziehungsoptimistisch die Lernbereitschaft des von Natur aus guten u. zum Guten verpflichteten Menschen voraus, dessen sittliches Handeln als ein Mittel zur Bewahrung der kosmischen Harmonie begriffen wird. Ziel ist es, auf Erden dem moralischen Willen des Himmels zu folgen. Dem Kaiser ist die rechte Moral vom Himmel gegeben (Mandat des Himmels) u. der für Führungspositionen geeigneten Idealgestalt des „Edlen", die Konfuzius vom „Gemeinen" abgrenzt, ist sie angeboren. Im Zentrum des K. steht daher der ideale, sich an der kosmischen Harmonie, an „Maß u. Mitte" orientierende Mensch, ohne den eine ideale →Gemeinschaft nicht funktionieren kann, sodass von einer elitär- aristokratischen Tendenz (Verdienstadel) gesprochen werden kann. Der Himmelskult diente zur Legitimierung der politischen Macht. Wenn die Herrschenden, was oft genug geschah, dem Ideal des konfuzianischen Edlen nicht entsprachen, zerbröckelte die Legitimationsgrundlage eines Staates, der auf der Übereinstimmung von himmlischer u. irdischer Moral beruhte. Volk u. Staat brauchen ethisch hoch stehende Führungspersönlichkeiten u. der historische Konfuzius wurde im späteren staatsreligiösen K. als *der* vorbildhafte Ahnherr verehrt. Er bestritt nicht die Existenz von Göttern u. Geistern, befürwortete den Himmels- u. Ahnenkult, glaubte wohl auch an eine weltferne, höchste Gottheit, vertrat aber die pragmatische Ansicht, dass die Beschäftigung mit Jenseitigem die Menschen von ihren diesseitigen Pflichten gegenüber Familie, Gemeinschaft u. Staat u. von der Verbesserung der diesseitigen Lebensverhältnisse ablenke.

Der ethische K. kann als eine an konkreter Humanität orientierte Religion der allg. Menschenliebe interpretiert werden, in deren Mittelpunkt die Tugend der Menschlichkeit (*ren*) steht. Den Kern bildet die sog. „Goldene Regel", die sich problemlos →interkulturell verallgemeinern lässt: „Was du selbst nicht wünschest, das tue auch nicht anderen" (Gespräche 15,13). Es geht um die harmonische Gestaltung der menschlichen Beziehungen, um den Ausgleich zw. dem Gehorsam gegenüber dem eigenen Herzen u. dem Respekt gegenüber den anderen Menschen u. gegenüber den Sitten u. Riten (*li*) (→Ritus), die sich wiederum an der vorgegebenen kosmischen Harmonie orientieren. Die ideale Ordnung glaubt Konfuzius in der Vergangenheit zu finden, im „Goldenen Zeitalter", in dem das Verhältnis zw. Himmel u. Erde noch harmonisch war. Grundlegend für ein harmonisches gesellschaftliches Zusammenleben sind daher stabile Beziehungssysteme mit eindeutigen Vorrangstellungen, wie z.B. dem Vorrang des Herrschers vor den Ministern, des Vaters vor dem Sohn, des Mannes vor der Frau, des Älteren vor dem Jüngeren, des Edlen vor dem Gemeinen. Ohne den Rückbezug auf die noch bei Konfuzius zentrale ethische Innenorientierung drohte einem veräußerlichten K. stets die Gefahr der Erstarrung zu einem restaurativ-hierarchischen Obrigkeitssystem, doch gab es auch immer wieder Erneuerungsbewegungen, die an die hohen Ideale des ursprünglichen ethischen Humanismus anknüpften, u. im Neo- K. gab es sogar spekulativ-metaphysische Neuentwicklungen, sodass eine eindeutige Bestimmung dieses komplexen Systems aus →Ethik, Staatslehre, Philosophie u. Religion kaum möglich ist. Als ein für die Beamtenschaft verbindliches staatsreligiöses Orientierungssystem war der K. im vorkommunistischen China ein bedeutender politischer Machtfaktor.

Einerseits befand sich der zur Staatsdoktrin erhobene K. in ständigen Auseinandersetzungen mit dem machtkritischen Daoismus u. dem weltkritischen →Buddhismus, andererseits beeinflussten sich diese drei in China beheimateten Religionen auch wechselseitig, weshalb religiöse Mehrfachidentifikationen bis heute durchaus üblich sind. Das Interesse an einem die scharfen Gegensätze überwindenden harmonischen Ausgleich verbindet die chinesischen Religionen, sodass in China trotz einiger Religionskriege eine gleichzeitige Hochschätzung der Religionsstifter Konfuzius, Lao-Tse u. Buddha möglich wurde. Es ist der eindeutige Vorrang des Willens des Himmels vor dem menschlichen Eigenwillen, der den K. als Religion von innerweltlichen Weltanschauungen wie dem heute in China herrschenden Kommunismus unterscheidet, auch wenn für Christen eine Religion, in der →Gott nur eine marginale Rolle spielt, eher befremdlich wirken mag. Angesichts des Niedergangs der kommunistischen Ideologie u. der durch die ungebremste Modernisierung hervorgerufenen Besinnung auf die eigene →Tradition erlebt der K. als Quelle kultureller →Identität gegenwärtig in China eine gewisse Renaissance.

Paul, G., Konfuzius, Freiburg i.B. 2001. – Zotz, V., Konfuzius, Reinbek 2000. – Wilhelm, R., Konfuzius/Kungfutse. Gespräche. Lun Yü, Düsseldorf 1989 (Wiesbaden 2005).

Wolfgang Gantke

Kontext

K. bezieht sich auf den Zusammenhang, der für das Verstehen eines Textes wichtig ist. Zunächst geht es, *intratextuell* betrachtet, um den literarisch formulierten Zusammenhang eines Textes u. dessen gesellschaftliche Verankerung („Sitz im Leben“) einschließlich der prägenden Kraft, die dieser auf die Form des Textes gehabt haben dürfte. Sodann – u. damit ist ein Interesse bezeichnet, das in der ökumenischen Diskussion (→Ökumene) der vergangenen Jahrzehnte in den Vordergrund gerückt wurde – auf die Situation, in der ein Text gegenwärtig dechiffriert wird.

Seit Anfang der 1970er Jahre macht das Wort K. – getragen von Impulsen aus der Arbeit des Theological Education Fund (TEF) beim Ökumenischen Rat der Kirchen (ÖRK) – Karriere u. avanciert zu einem Leitmotiv damals sog. Dritt-Welt-Theologien, wie sie bes. in der Ökumenischen Vereinigung von Dritt-Welt-Theologen (EATWOT) diskutiert wurden. Heute spricht man allg. von K.uellen →Theologien.

Das Bedürfnis, sich von einem Universalitätsanspruch westlicher Theologie(n) abzusetzen, ging einher mit der Forderung, den Ort theologischer Reflexion an den Ort der Praxis zu verlagern u. der Praxis einen Vorrang vor der Theorie einzuräumen (Theologie der Befreiung). Der Praxisbezug wurde nicht nur als Ausgangspunkt, sondern v.a. als Relevanzkriterium ökumenisch-missionarischer Theologie (→Mission) eingeklagt. Die Spannung zw. lokalen Ausformungen des Christlichen (→Christentum, Weltkirche) u. einem prinzipiell nicht eingrenzbaren Wahrheitsanspruch des Evangeliums war zuvor schon in der älteren Akkommodations- u. der jüngeren Inkulturations- (kath.) bzw. Indigenisierungsdebatte (prot.) (→Indigene Theologie) reflektiert worden. Derartige Ansätze gehen aus von der Übersetzbarkeit des Evangeliums in alle →Sprachen u. →Kulturen u. damit von der Vereinbarkeit des christlichen →Glaubens mit jedem wie auch immer geprägten Sinn menschlicher Selbstachtung. Zugleich setzen sie voraus, dass die Texte des Evangeliums nicht nur in bestimmte Situationen hinein ausgelegt werden, sondern eben die jeweiligen Situationen, in denen sie zur Sprache kommen, ihrerseits auslegen u. potentiell ins Licht ihrer →Wahrheit stellen. Schwierig bleibt in dieser Perspektive die Vorstellung, dass der Anschluss an die Heilsgeschichte erst durch die Auslegung eines überlieferten Textes in eine gegebene Situation hinein erfolgt. In der K.ualisierungsdebatte hingegen zielt das Interesse nicht so sehr auf Fragen der sprachlichen Vermittlung „von – nach“. Es geht vielmehr um eine theologische Reflexion auf die Frage, was in einer gegebenen Situation christlich gesehen fällig u. notwendig wäre. Auch die Situation ist textuell. Was sagen die „Zeichen der Zeit“? Die Frage, was den K. bedeutsam macht, wird von den scharfen soziopolitischen Umbrüchen her beantwortet. Heil wird unter Beteiligung der Akteure vor Ort durch einen interpretativen Prozess in der Situation ans Licht gebracht. So gesehen geht es vorrangig nicht so sehr um Erschließung eines neuen Sinnes, sondern – in der Interaktion von Text u. K. – um die Reflexion einer neuen Praxis.

Mit dem Schlagwort K. verbunden sind vier ökumenisch nach wie vor strittige Fragen. Wo liegt der Berührungspunkt, den christlicher Glaube mit der →Wirklichkeit hat? Wie ist das Verhältnis von Theologie u. →Kirche, von Theorie u. Praxis zu bestimmen? Wie steht es mit der Reichweite von religiösen u. theologischen Geltungsansprüchen? U. schließlich: Nicht nur →interkulturell, sondern auch innerökumenisch, zw. den Dialekten, in die das Christliche im Verlauf seiner interkulturellen Auffächerung zerfallen ist, ist der Begriff des Heils strittig.

Ahrens, Th., Der Text in den Kontextualitäten, in: ders. (Hg.), Gegebenheiten. Missionswissenschaftliche Studien, Frankfurt a.M. 2005, 81–110. – Küster, V., Die vielen Gesichter Jesu Christi, Neukirchen-Vluyn 1999. – Collet, G., Theologien der Dritten Welt. EATWOT als Herausforderung westlicher Theologie u. Kirche, Immensee 1990. – Hauschildt, F. (Hg.), Text und Kontext in Theologie und Kirche, Hannover 1989. – Stackhouse, M.L. (Hg.), Apologia. Contextualization, Globalization, and Mission in Theological Education, Grand Rapids (Michigan) 1988.

Theodor Ahrens

Konvivenz

Der Begriff K. (spanisch *convivencia*) ist der Diskussion lateinamerikanischer Befreiungstheologen u. -pädagogen entnommen u. bringt das Lebensgefühl von Basisgemeinden zum Ausdruck, das von gemeinsamem Lernen, gegenseitiger Nachbarschaftshilfe u. gemeinsamem Feiern bestimmt ist. Th. Sundermeier hat den Begriff weiterentwickelt u. K. als „Grundstruktur ökumenischer Existenz“ (→Ökumene) bezeichnet (Sundermeier 1995, 43–75). Er hat auf die Urgemeinde hingewiesen: Die Christen lernten zusammen mit den Aposteln, sie teilten ihre Güter, sie feierten das Herrenmahl (Apg 2,42ff). In der ökumenischen Diskussion spielen Hilfe u. Entwicklungshilfe eine wichtige Rolle, ebenso die →Kirche als Lerngemeinschaft, auch die gegenseitige Teilnahme an den →Festen. K. ist mehr als Koexistenz, sie bedeutet ein Miteinander, nicht nur ein Nebeneinander. Es geht auch darum, die Grenzen der abendländischen →Theologie zu sprengen: Der Begriff „K.“ betont die Praxis u. ist darum geeignet, „aus der Sackgasse der theoretischen Interpretation der Welt herauszukommen“ (Sundermeier, 40). Dem →interreligiösen →Dialog geht die Praxis der K. voraus. Dialog ist immer *„dialogue in community“*.

Im Verhältnis der →Religionen zueinander kann K. neben →Mission u. Dialog zu einem dritten bestimmenden Begriff werden. Er verdeutlicht, dass die Religionen für Christen Zeugnisse göttlichen Handelns sind u. keine „Missionsobjekte“. Sie stehen im Verhältnis der Wechselseitigkeit zueinander (Religionen ..., 125ff). Daraus folgt die Aufforderung, das Leben der Christen solle deutlicher missionarische, dialogische u. konviviale Züge annehmen (132).

Ein praktisches Beispiel (neben anderen) von K. (i.S. gemeinsamen Lernens, Helfens u. Feierns) in einer friedlosen Umwelt ist eine christliche Schule in Jordanien, in der Moslem-Kinder Advent mitfeiern u. christliche Kinder den Ramadan (ems-Jahrbuch (14),

13). In einer von religiösen Konflikten zerrissenen Umwelt können solche K.bestrebungen den Boden bereiten für den Dialog u. für Mission i.S. einer friedlichen Begegnung von Glaubenszeugnissen.

Gegen inhumane Lehren u. Verhaltensweisen kann freilich Protest notwendig werden. K. schließt offene Kritik nicht aus. Sie erfordert eine Haltung des interreligiösen Realismus, die die →Identität des Partners respektiert.

Sundermeier, Th., Konvivenz und Differenz, Erlangen 1995 (bes. die beiden ersten Aufsätze, 15–42, 43–75). – Religionen, Religiosität und christlicher Glaube. Eine Studie, hg. im Auftrag der Akf und VELKD, Gütersloh 1991.

Reinhart Hummel

Koran

Nach muslimischer, aber auch vorherrschender islamwissenschaftlicher Überzeugung wurde der K. während etwa zweier Jahrzehnte (610–632 n.Chr.) durch Mohammed, den →Propheten des →Islam, verkündet u. bald nach dessen Tod redaktionell zusammengestellt. Schon darin unterscheidet er sich wesentlich von der →Bibel, die mannigfaltige Schriften aus vielen Jahrhunderten enthält, von verschiedenen, oft unbekannten Autoren, mit unabsehbar weit zurückreichenden →Traditionen.

Der K. umfasst 114 Hauptstücke – „Suren" –, teils aus Mohammeds Wirkungszeit in Mekka (bis 622), teils aus der folgenden in Medina. In der Anordnung stehen die früheren, kürzeren u. bes. sprachgewaltigen Suren mehrheitlich nach den späteren. Deshalb beginnt man, wenn man sich in den K. einlesen will, am besten vom Ende des Buches her.

„K." bedeutet „Vortrag", „Rezitation", „Lesung". Das verweist darauf, dass die Texte in erster Linie zu gottesdienstlicher Verkündigung bestimmt waren. In ihnen spricht nach muslimischem →Glauben, aber auch der literarischen Form nach nicht Mohammed, sondern (unter „ich" u. „wir") →Gott, etwa zum Propheten: „Wir haben dir die Schrift mit der Wahrheit hinabgesandt." (4,105) – „Tu meinen Dienern kund, dass ich der Vergebende u. Barmherzige bin!" (15,49). Doch kommen in szenischer Vergegenwärtigung noch viele andere zu Wort, vor allem Abraham (→Abrahamitische Religionen), Mose, Jesus, Mohammed u. deren Zeitgenossen. Einen eigenen Charakter trägt die erste Sure, die *Fatiha* (die „Eröffnung"); sie ist das wichtigste muslimische →Gebet. Insges. versteht sich der K. als „frohe Botschaft" u. „erinnernde Mahnung". Er will den Menschen ins Bewusstsein rufen, was sie eigentlich von sich her u. durch frühere Propheten schon wissen müssten: dass Gott, außer dem es keinen anderen Herrn gibt, sie erschaffen hat (→Schöpfung), sich ihnen barmherzig zuwendet, sie aber auch dereinst zur Rechenschaft ziehen wird.

In Medina übernahm Mohammed als Prophet auch die Leitung des Gemeinwesens. Von nun an gehen die Suren häufig auf politische Verhältnisse, gesetzliche Regelungen u. kriegerische Maßnahmen ein. Wieweit die dabei gegebenen Weisungen für alle Zeit verbindlich sein sollen od. nach ihren geschichtlich begrenzten Bedingungen beurteilt werden müssen, ist unter Muslimen kontrovers. Auf jeden Fall ist der K. für die Gläubigen, begleitet von vielfältig konkretisierenden Überlieferungen, die grundlegende Orientierung ihres Lebens, zugleich ein unübertreffliches Kunstwerk, „die schönste Botschaft" (39,23). Diese Erfahrung ist freilich gebunden an seine arabische Sprachgestalt, seine liturgische Rezitation u. die Vertrautheit seiner Hörer. Übersetzungen u. private Lektüre können nur Annäherungen sein.

Häufig richtet sich der K. auch an Juden (→Judentum) u. Christen (→Christentum) als „Leute der Schrift". Ihnen will er im Grund nichts Neues verkünden, sondern ihre Glaubenszeugnisse, vor allem die Torah u. das Evangelium, bestätigen. Dabei wirft er ihnen aber auch Verfälschungen u. Verirrungen vor. Dies führte zum Widerstreit. Dennoch können auch Juden u. Christen, wenn sie ihren Blick nicht von den Unterschieden u. Gegensätzen gefangen nehmen lassen, die große religiöse u. kulturelle Bedeutung des K. würdigen u. sich von seiner prophetischen Kritik betroffen sehen.

Bobzin, H., Der Koran. Eine Einführung, München [5]2004. – Zirker, H., Der Koran. Zugänge und Lesarten, Darmstadt 1999.

Hans Zirker

Kosmologie

Alle Lebewesen müssen sich in ihrer jeweiligen Welt orientieren, um sich entfalten zu können. Der Mensch tut das mit Hilfe seiner geistigen Fähigkeiten bewusst. Er findet sich in „seiner" Welt vor. Sie will u. muss er erkunden, um sein →Leben zu gestalten. Ein Blick in die Religionsgeschichte zeigt: Mächte u. Gewalten bedrängen ihn. In religiöser Praxis versucht er, eine Beziehung zu ihnen zu gewinnen. Im →Mythos stellt sich dieses Bemühen dar. Rational fragt schon die antike Philosophie weiter nach den Strukturen, die die Welt ausmachen. Die je eigene Welt ist eingebettet in einen größeren Zusammenhang. Auf der Erde ist es die Mit- u. Umwelt, über ihr wölbt sich der Himmel mit den Gestirnen. Ihr Lauf folgt einer Ordnung, die sich berechnen lässt. Aus Erfahrung, Anschauung u. Berechnung lässt sich ein Weltbild gewinnen. Es geht von der Erde aus u. beschreibt eine umfassende Weltordnung. In ihr hat auch jeder irdische Mensch seinen Platz. Die →Religionen verstehen ihn als Geschöpf inmitten des von einer Gottheit geschaffenen Kosmos.

Griechisch-römische Philosophie u. biblische (→Bibel) →Tradition verdichteten sich zu einem Weltbild, das im Mittelalter wissenschaftliche Gestalt gewann: Die Erde umkreisen Mond u. Planeten hierarchisch geordnet auf sieben kristallinen Sphären, die der Fixsternhimmel kugelförmig umfasst. Ihn umgibt wiederum ein „Kristallhimmel" u. ein *primum mobile*, dem dann der „Feuerhimmel" (*coelum empyreum*) folgt, der „Thronsaal" Gottes u. seines Hofstaates, der Engel u. der Seligen. Von hier aus sind die Bewegungen im Kosmos bestimmt. Vergänglich ist nur die irdische Welt unter der Mondbahn. Ihre Hierarchien in der Welt der Organismen, der menschlichen Gesellschaft so wie der →Kirche bilden gleichwohl die kosmische Ordnung ab.

Die Bewegungen der Himmelskörper erklären sich freilich besser, wenn die Sonne in der Mitte steht (Copernicus, Galilei, Kepler), u. G. Bruno postulierte die Öffnung des Universums ins Unendliche. Damit war die kosmologische Basis der Weltordnung in Frage gestellt. Im Kampf um ein neues Weltbild im Zeitalter des Barock emanzipierte sich die Naturwissenschaft von der →Theologie. K. wurde zu einer physikalischen Disziplin. Sie geht heute von einem „Urknall" vor 13,7 Milliarden Jahren, fortwährender Ausdehnung des Universums mit einer Evolution zu einer Fülle von Galaxien aus, innerhalb derer auch organisches u. menschliches Leben auf der Erde möglich wurde. Die Zukunft ist offen. Die Forschung geht weiter. Oft religiös gespeiste Spekulationen unterschiedlichster Art knüpfen an gegenwärtige Erkenntnisse an.

Theologische K. warnt vor dem Versuch einer Rationalisierung des Gottesglaubens (→Glaube) u. bezieht sich auf die durch die Beziehung zu Jesus Christus vermittelte Erfahrung weltlicher Gegenwart →Gottes. Der →Geist der →Liebe will die Welt durchdringen. Das eröffnet Zukunft auch über den →Tod hinaus. Ereignet sich in diesem Sinne →Schöpfung auf unserer Erde inmitten des Universums u. seiner Evolution u. ist mit ihr verwoben, so kann Gott auch als Schöpfer alles kosmisch Seienden geglaubt werden. Das Bild eines bloßen Kausalfaktors od. auch Architekten ist dem nicht angemessen.

Hübner, J./Stamatescu, I.-O./Weber, D. (Hg.), Theologie und Kosmologie. Geschichte und Erwartungen für das gegenwärtige Gespräch (Religion und Aufklärung 11), Tübingen 2004. – Müller, H.A. (Hg.), Kosmologie. Fragen nach Evolution und Eschatologie der Welt (Religion, Theologie u. Naturwissenschaft 2), Göttingen 2004. – Benz, A., Die Zukunft des Universums. Zufall, Chaos, Gott?, Düsseldorf ²1998.

Jürgen Hübner

„K. ist das, was dich u. mich zum Menschen macht. Jede K., in der wir leben u. die wir untersuchen, ist ein Text, ein Gewebe aus Gefundenem (→Tradition) u. Erfundenem (Innovation); u. jeder Text, den wir schreiben, ist K.: Gefundenes u. Erfundenes" (Greverus 1994). C. Geertz spricht von einem Bedeutungsgewebe u. betont damit die symbolischen Dimensionen (→Symbol) sozialen Handelns. Das reicht von →Sprache über →Religion, Moral, →Werte u. →Ästhetik bis zu Alltagswelt.

Die gestalterische Seite von K. wird von der Autorin auch bezüglich der materialen Seite betont: K. ist die Fähigkeit der Menschen, ihr gesellschaftliches Dasein in materialer, sozialer u. ideationaler Hinsicht sinnvoll (→Sinn), u. d.h. lebenserhaltend, zu gestalten. Diese Fähigkeit aber muss entfaltet werden, bedarf der Gegenseitigkeit (→Reziprozität) u. der Verantwortung (→Solidarität) in einem Haushalt des →Lebens (→Lebenswelt), bedarf jener ökologischen Vernunft, die auf das Ganze zielt u. den Einzelnen beteiligt. K. ist die Teilhabe an der Gestaltung von sozialem Leben in Bedeutungsfülle (Greverus 1995, 6). In dieser Definition wird die soziale Leistung des K.wesens Mensch als Lebenswelt-Gestalter gegen seinen sozialen u. kulturellen →Tod durch Enteignung seiner kulturellen Fähigkeiten gesehen. Dem steht S. Freuds *Unbehagen in der K.* (1930) gegenüber, das v.a. dem Triebverzicht des Einzelnen durch das K.diktat der sozialen Beziehungen gilt. Die Ersetzung der Macht des [männlichen?] Einzelnen (→Geschlechterdifferenz) durch die der →Gemeinschaft ist der entscheidende kulturelle Schritt. Die nächste kulturelle Anforderung ist die der →Gerechtigkeit.

K.wandel als liebstes Kind vieler →K.wissenschaften, die sich der postmodernen (→Postmoderne) Flexibilität verschrieben haben, wirkt trotz aller theoretischen Bemühungen in der Praxis erschreckend unflexibel, wenn es sich um die Gerechtigkeit für das andere Geschlecht dreht. Die geschlechterbezogene Natur (Weib) – K. (Mann) -Kontroverse ist nicht nur männliche Revierverteidigung, sondern findet/fand im intellektuellen u. gelebten Gynozentrismus eine weibliche Ergänzung, die kontrovers zu der Gerechtigkeitssuche eines humanistischen Feminismus argumentierte.

Im K.wandeldiskurs der „Writing Culture"-Debatte, die auch eine Repräsentationskrise für die schreibenden Feldforscher darstellte, wurde das Fehlen der weiblichen Stimme unter der Perspektive „Does Anthropology have a Sex?" (→Anthropologie) eingeklagt. Humane u. soziale Gerechtigkeit als K.anspruch wurde hier (erst 1995!) zweifach gefordert: für die beschriebenen „Wilden“ (Natur) u. für die schreibend nicht zugelassenen Frauen (Natur).

K. ist ein Schlüsselbegriff für alle Wissenschaften, die sich mit dem Menschen als Gestalter seiner Lebenswelt, aber auch als einem Leidenden an dieser Lebenswelt, befassen. Seit P. Bourdieus *La misère du monde* (1993) ist es durchaus wieder legitim, über das Unbehagen in der K. zu schreiben, wenn das erfahrene „ganz alltägliche Elend“ (Katschnig-Fasch 2003) sich heute auch eher auf die versagten kulturellen Perspektiven in einer neoliberalen Gesellschaft als auf kulturell induzierte Triebunterdrückung beziehen.

Das Wort K. bezeichnet im weiten Sinn seit Freud die Summe der Leistungen u. Einrichtungen, in denen sich unser Leben von dem unserer tierischen Vorfahren entfernt u. die zwei Zwecken dienen: dem Schutz des Menschen gegen die Natur u. der Regelung der Beziehungen der Menschen untereinander. Damit befindet sich Freud durchaus auf der Höhe jener K.definitionen seiner Zeit, des beginnenden 20. Jh.s, die aus der empirischen Erfahrung von K.en u. der reflexiven Rekonstruktion einer Menschheitsgeschichte das Schlüsselwort K. für die Besonderheit des Menschseins besetzt. Die K.definition des britischen Anthropologen E.B. Tylor in seinem Buch *Primitive Culture* (1871) steht dafür: Cultur od. Civilisation im weitesten ethnographischen Sinne ist jener Inbegriff von Wissen, →Glauben, Kunst, Moral, Gesetz, Sitte u. allen übrigen Fähigkeiten u. Gewohnheiten, welche der Mensch als Mitglied seiner Gesellschaft sich angeeignet hat. Um diesen Schlüsselsatz kommen wir nicht herum, selbst wenn wir die Vielzahl von variierenden K.definitionen der Folgezeit lesen u. zitieren.

V.a. die K.anthropologie hat ihre Definitionsmacht am K.begriff zu erproben versucht. Wie schon bei Tylor wird in der ethnologischen Anthropologie die v.a. deutsche K.philosophische u. -soziologische Unterscheidung von K. (als Reich der →Freiheit) u. Zivilisation (als Reich der Notwendigkeit) nicht vorgenommen, da Menschsein sich durch K. u. kulturellen Wandel auf allen Gebieten der Lebenstätigkeit auszeichnet (vgl. Greverus 1978, 53 ff). Auch der unglückselige Dualismus der zwei Ethnologien – Erforschung des (kolonialen) Fremden u. des (nationalen) Eigenen, der sich in Deutschland in den ebenso unglückseligen Namen Völkerkunde u. Volkskunde ausdrückte, scheint langsam der internationalen Erkenntnis einer *One World* zu weichen. Eine transnationale K.anthropologie kann damit vielleicht doch noch dem alten aufklärerischen Anspruch nach einer Wissenschaft vom Menschen u. seiner K./seinen K.en als Ausdruck ihrer sich wandelnden Lebenswelten gerecht werden. Trotz der Vielzahl von K.definitionen lassen sich drei fundamentale Aspekte für K.analysen herausarbeiten:

- der allg. anthropologische Aspekt, nach dem K. als Fähigkeit des Menschen gesehen wird, kulturell zu handeln, d.h. Umwelt, Sozialwelt, Eigenwelt u. Sinnwelt gestaltend für sein Überleben zu verändern u. diesen Wandel den künftigen Generationen in einem Lehr- u. Lernvorgang weiterzureichen.

- der historisch-anthropologische Makroaspekt, nach dem K. als Entwicklungsprozess des Fortschreitens der Menschheit zu immer neuen Höhen der kulturellen/zivilisatorischen Entwicklung der Naturüberwindung (bis zu ihren in Klimakonferenzen konferierten Zusammenbrüchen) thematisiert wird.

- der historisch-anthropologische, der sozial- u. K.anthropologische Mikroaspekt, nach dem K. als „eine K." od. ein je eigenes konfiguratives Handlungsmuster, als eine Lebens- od. Alltagswelt definiert wird, die einer sozialen Gruppe in →Zeiten u. Räumen, od. Räume u. Zeiten überschreitend, gemeinsam ist. Die →Globalisierung u. gleichzeitige Differenzierung kultureller Praxen u. die Mobilität menschlicher Erfahrungsmöglichkeiten erweitert diesen Mikroaspekt in der Gegenwarts- u. Zukunftsforschung auf eine Zunahme von kulturellen Figurationen, in die der Mensch im Laufe seines Lebens, od. auch gleichzeitig, als soziales Wesen eingebunden ist, genießend u. leidend.

Dieser Mikroblick auf K.en wurde bisher v.a. von den auf dialogische Forschung (→Dialog) „im Feld" der fremden Nähe u. der nahen Fremde konzentrierten empirisch-ethnographisch arbeitenden anthropologischen Wissenschaften favorisiert. So sollte es auch bleiben, denn eine K.anthropologie der *One World*, die jene „feinen Unterschiede" (Bourdieu) der Glücksmöglichkeiten u. des Leidens über die dialogische Teilnahme an lebensweltlichen Erzählungen entdeckt, dürfte dem Makroaspekt „K." die gelebten Glücks- u. Leidenserfahrungen des Sozialwesens Mensch hinzufügen.

Greverus, I.-M., Ästhetische Orte u. Zeichen. Wege zu einer ästhetischen Anthropologie, Münster 2006. – Welz, G./Lenz, R. (Hg.), Von Alltagswelt bis Zwischenraum. Eine kleine kulturanthropologische Enzyklopädie, Münster 2005. – Highmore, B., Everyday Life and Cultural Theory. An Introduction, London-New York 2002. – Reflecting Cultural Practice. The Challenge of Fiedwork I, II (ed. Ch. Giordano, I.-M. Greverus, R. Römhild, C. Rohe), in: Anthropological Journal on European Cultures 6 (1997) 2; 7 (1998). – Culture on the Make (ed. Ch. Giordano, I.-M. Greverus), in: Anthropological Journal on European Cultures 5 (1996) 1. – Berg, E./Fuchs, M. (Hg.), Kultur, soziale Praxis, Text. Die Krise der ethnographischen Repräsentation, Frankfurt a.M. 1993. – Clifford, J./Marcus, G.E., Writing Culture. The Poetics and Politics of Ethnography, Berkeley-Los Angeles-London 1986. – Greverus, I.-M., Kultur und Alltagswelt. Eine Einführung in Fragen der Kulturanthropologie, München 1978 (Frankfurt a.M. 1987).

Ina-Maria Greverus

Kulturwissenschaft

Der Terminus K. lässt sich bislang trotz vielfältiger Bemühungen deshalb nicht eindeutig definieren, weil darunter eine Vielfalt von unterschiedlichen Forschungsrichtungen in den Geisteswissenschaften subsumiert wird u. er als Sammelbegriff für einen interdisziplinären Diskussionszusammenhang, dessen Reichweite umstritten ist, fungiert. Der Begriff K. wird in mindestens vier verschiedenen Bedeutungen verwendet: (1) In einem sehr weiten Sinne steht K. für einen fächerübergreifenden Bezugsrahmen, der das Spektrum der traditionellen geisteswissenschaftlichen Disziplinen integrieren soll. (2) K. fungiert zweitens als Schlagwort für die von verschiedenen Seiten erhobene Forderung nach einem Wandel u. einer Erweiterung der traditionellen Philologien u. Literaturwissenschaften. (3) In einem noch engeren u. spezielleren Sinne bezeichnet K. einen Teilbereich bzw. eine bestimmte Richtung innerhalb der einzelnen Philologien. (4) Der begrifflichen Klarheit wenig förderlich ist es, auch die Volkskunde od. Ethnologie (→Ethnie) als K. zu bezeichnen. Trotz einiger Parallelen ist K. zu unterscheiden von den sog. *Cultural Studies*, zu deren Merkmalen eine marxistische Gesellschaftstheorie u. eine Konzentration auf die Populärkultur der Gegenwart zählen. Je nach den jeweils zugrunde gelegten Gegenstands- u. Methodenbestimmungen der K. ergeben sich Berührungspunkte mit der →Anthropologie, der Kultur- u. Mentalitätsgeschichte sowie der →Religionswissenschaft. – Je nach verwendetem Begriff von →Kultur variieren auch die jeweils vorgeschlagenen theoretischen Leitbegriffe u. Verfahrensweisen. Insges. wird ein bedeutungsorientierter Kulturbegriff favorisiert, der Kultur als einen symbolischen, durch Zeichen u. Medien vermittelten Prozess der Selbstauslegung u. Wirklichkeitskonstruktion (→Wirklichkeit) bestimmt, als der von Menschen erzeugte Gesamtkomplex von kollektiven Sinnkonstruktionen (→Sinn), Denk- u. Empfindungsweisen sowie →Werten. K. versteht sich als ein Verfahren der Interpretation der Bedeutungen, die Erfahrungen, Handlungen, Institutionen u. Glaubenssysteme (→Glauben) in der →Lebenswelt einer Gesellschaft haben.

Zu den Arbeitsfeldern kulturwissenschaftlicher Forschung zählen die Kulturgeschichte der Natur u. der Technik, die Historische Anthropologie, Erinnerung u. →Gedächtnis, mediale Praktiken sowie Wissenschaftskulturen (vgl. Böhme u.a. 2000). Obgleich die Frage, ob K. als eigenständige Disziplin institutionalisiert werden soll (vgl. ebd.) od. ob K.en interdisziplinär in der Pluralität kulturwissenschaftlicher Fächer betrieben werden sollten, weiterhin umstritten ist, gewinnen die K.en im Zeitalter von →Globalisierung u. →interkulturellen u. →interreligiösen Tendenzen in der heutigen Medienkulturgesellschaft (→Neue Medien) zunehmend Gewicht für die Prozesse der kulturellen Deutung u. Orientierung gegenwärtiger Gesellschaften (Jaeger u.a. 2004, VII). Trotz der Vielfalt der Ansätze, Disziplinen u. Konzepte (vgl. Nünning/Nünning 2003) zeichnen sich das Profil, die Aufgabenfelder u. die Funktionsbestimmungen der K.en durch die systematische Reflexion u. Verständigung über disziplinäre Strukturen, theoretische Grundlagen, methodische Konzepte u. Schlüsselbegriffe (vgl. Jaeger/Liebsch 2004) sowie durch die Vernetzung ihrer trans- u. interdisziplinären Fragestellungen inzwischen deutlicher ab. Dabei kristallisieren sich theoretische Leitkategorien (z.B. Erfahrung, Handlung, Körper, →Sprache, →Identität u. Geschichte; vgl. ebd.), grundlegende Problemstellungen, Ansätze u. Methoden sowie bestimmte Themen u. Tendenzen heraus, die gegenwärtig in den Interpretationsmodellen von Kultur, Wirtschaft, Gesellschaft, →Politik, Recht u. →Religion favorisiert werden (vgl. Jaeger/Rüsen 2004).

Bachmann-Medick, D., Cultural Turns. Neuorientierungen in den Kulturwissenschaften, Reinbek 2006. – Jaeger, F. u.a. (Hg.), Handbuch der Kulturwissenschaften, Bd. 1-3, Stuttgart-Weimar 2004. – Nünning, A./Nünning, V. (Hg.), Konzepte der Kulturwissenschaften. Theoretische Grundlagen – Ansätze – Perspektiven, Stuttgart-Weimar 2003. – Böhme, H./Matussek, P./Müller, L., Orientierung Kulturwissenschaft: Was sie kann, was sie will, Reinbek 2000.

Ansgar F. Nünning

Lebenswelt

Der heute auch in Religionspädagogik u. Praktischer →Theologie oft gebrauchte Begriff der L. ist mehrdeutig u. komplex. Der Begriff geht auf die Phänomenologie E. Husserls zurück u. ist in der phänomenologischen Soziologie von A. Schütz weiterentwickelt worden. Jeder Mensch hat seine persönlichkeitsspezifische L., nämlich die Welt des mir Selbstverständlichen u. unbefragt Vorgegebenen, die Welt meiner alltäglichen Routine des Erlebens u. Vorvertrautheiten. Lebensweltlich kommen Menschen als leib-haftige Subjekte nicht nur mit ihrem Intellekt, sondern auch mit Sinnen, Gefühlen u. Bedürfnissen, als Menschen „aus Fleisch u. Blut“ mit der →Wirklichkeit in Kontakt. Sie handeln auch nicht nur zielstrebig, sondern werden in einer konkreten Situation gleichzeitig von gefühlsmäßigen Atmosphären betroffen, von einer Stimmung gefangen genommen, von einem Anblick eines Kunstwerkes fasziniert usw. In der „natürlichen Einstellung“ vorreflexiver Näherung macht diese jeweilige L. das je vertraute Feld von Vorgegebenheiten aus, in dem man sich auskennt, den nicht in Frage gestellten Horizont meiner jeweiligen →Wahrnehmung. Auf diese L. sind Menschen aber nicht biologistisch starr fixiert wie Tiere auf ihre jeweilige „Umwelt“, sondern in geschichtlich-kulturellen (→Kultur) Werdeprozessen eingewöhnt, u. sie können ihr auch reflektierend gegenübertreten, sie aber nie ganz abstreifen.

Der Begriff zielt auf vorprädikative Begegnung mit der Welt, auf die Art u. Weise, wie uns die Realität zunächst ohne sprachlich-begriffliche (→Sprache) Differenzierungsleistungen als eine „Gestalt“ gegeben erscheint, ehe wir vermittels der Reflexion differenzierende Unterscheidungen vornehmen. Denken wir L. in bewusster Anstrengung od. gar wissenschaftlich, so sind wir immer schon aus ihr herausgetreten. U. doch werden wir sie nie los. Sie bleibt Basis u. Ziel unseres →Lebens u. auch aller Erkenntnisbildung. Der Begriff kombiniert die Universalhorizonte „Welt“ u. „Leben“ miteinander. Er setzt einerseits den Zusammenhang sinnlicher Anschauung mit kognitiver Sinnerschließung (→Sinn) voraus, andererseits einen spezifischen Subjekt-Begriff i.S. einer (nicht cartesianisch gedachten) Leib-Seele-Einheit voraus.

Lebensweltliche Betrachtung von →Religion führt entsprechend dieser Begriffsbestimmung nicht auf einen gesonderten, als religiös klassifizierten Objektbereich. Vielmehr geht es auch jetzt um spezifische Erfahrungsqualitäten im vorvertrauten, alltäglichen Umgang mit der je konkret erlebten Situation. Menschen begegnen dem jeweils Gesehenen u. Gehörten auch in vorsprachlichen Erschließungen, weil sie gleichzeitig leibhaftig eingebunden sind in eine konkrete Situation. In solchen gestalthaften Seh- u. Hörprozessen sprachlicher u. nicht-sprachlicher Wirklichkeit beginnt für Menschen u.U. auch spezifisch religiöse Sinnerschließung, z.B. der Eindruck, etwas Fremdem, „Ganz anderen“ zu begegnen, das Gefühl vom Erhabenen überwältigt zu werden od. das, was Schleiermacher das „Gefühl schlechthinniger Abhängigkeit“ nannte. Diese Qualität der Sinnerschließung ist nicht daran gebunden, dass der agierende Mensch die Erfahrung mit der Vokabel „religiös“ belegt. U. solche Wahrnehmungsqualitäten sind innerhalb wie außerhalb kirchlich geprägter christlicher Glaubenspraxis erlebbar. Sie können während der Beteiligung an einer kirchlichen Feier (→Fest) ausgelöst werden, jedoch u.U. mit gleicher Intensität im Betrachten eines Kunstwerkes od. im Ergriffensein von ekstatischem Rausch eines Sportereignisses.

Waldenfels, B., In den Netzen der Lebenswelt, Frankfurt a.M. 1994 (2005). – Failing, W.-E./Heimbrock, H.-G., Gelebte Religion wahrnehmen. Lebenswelt – Alltagskultur – Religionspraxis, Stuttgart 1998. – Schütz, A., Strukturen der Lebenswelt, Neuwied 1975 (Stuttgart [12]2003).

Hans-Günter Heimbrock

Man unterscheidet L. in zwei konzeptionell verschiedenen Kontexten: (a) eine (natur)wissenschaftliche, (b) eine lebensweltliche Fragestellung. Naturwissenschaften verfahren objektiv in dem Sinne, dass Experimente z.B. von jedem an verschiedenen Orten wiederholbar sein müssen. In der sog. →Lebenswelt ist die Teilnehmerperspektive relevant: Wie Personen etwas erleben, gehört mit zur Wissenschaft (vgl. die Verhaltensforschung in der Psychologie). Angst ist objektiv betrachtet eine Aktivierung von bestimmten Neuronen; aus der Teilnehmerperspektive subjektiv begründete Flugangst. (a) In den Naturwissenschaften fragt man (1) nach dem Wesen u. der Definition des L.s od. (2) nach der Ursache des L.s. Eine Antwort auf (1) führt empirisch erfahrbare Eigenschaften von Dingen od. Prozessen an, die Lebendingem zukommen. Eine Antwort auf (2) nennt Ursachen dafür, dass es Lebendiges in der Welt gibt. Das Lebendige als Untersuchungsgegenstand ist nicht einheitlich:

(i) Materielle Dinge werden als lebendig bezeichnet (Organe, Gewebe, Stoffe; Ggs. unbelebter Stoff), (ii) individuelle Dinge leben (Organismen; Ggs. Leichnam), (iii) interindividuelle L.szyklen (artimmanente Fortpflanzung; Ggs. Kausalkette), (iv) Naturgeschichte des L.s (Evolution; Ggs. Naturgeschichte des Unbelebten). Es gibt jedoch erhebliche Probleme: Ein Leichnam (Hirntoter) ist tot, kann aber in sich belebten Stoff haben (spendefähige Organe). Ein lebender Organismus muss nicht an L.szyklen teilhaben (vgl. die Sterilität von Arbeiterinnen bei Ameisen). Aufgrund der Probleme gilt der Begriff des L. auch als undefinierbar. In den Naturwissenschaften gibt es drei Strategien der Definition von L.:

(A) *Mechanismus*: Lebendigkeit wird methodisch, ontologisch u. konzeptionell auf den Kanon der Gesetze der Physik u. der Chemie zurückgeführt (Reduktionismus). Man will jedes L.sphänomen auf der Basis der Gesetze der Physik erklären. Problem: Es wird von vielen Biologen bestritten, dass eine solche Reduktion vollständig durchführbar bzw. sinnvoll ist. (B) *Vitalismus*: Das Lebendige unterscheidet sich vom Nicht-Lebendigem durch das einheitliche Prinzip einer L.skraft (*vis vitalis*), die Unbelebtem L. verleiht. Problem: Eine solche Kraft ist (bisher) methodisch nicht nachweisbar u. daher ontologisch fragwürdig. L. ist etwas Besonderes, weil es das Wirken eines einzigen Prinzips in der unbelebten Materie darstellt. (C) *Emergentismus*: Der Bereich des Lebendigem unterscheidet sich kategorisch von dem des Nicht-Lebendigem, sodass es zwei Typen von Naturwissenschaften mit unterschiedlichen Arten von Gesetzen geben muss. Die Eigenschaften des Lebendigen sind zwar ontologisch nicht zurückführbar auf die des Nicht-Lebendigen, aber die Gesetze des Lebendigen dürfen auch nicht konzeptionell u. methodisch in Widerspruch zu denen des Nicht-Lebendigen u. der Naturwissenschaft insges. stehen. Betrachtet man von einem physiko-chemischen Standpunkt aus L.sphänomene, tauchen sie überraschend auf: Sie emergieren u. lassen sich physiko-chemisch nicht erklären. In der Fortpflanzung vererben sich bspw. bestimmte Eigenschaften zw. Lebewesen. „Vererbung“ gibt es in der Physik nicht. Andererseits stehen die Gesetze der Biologie (im Gegensatz zu denen des Vitalismus) nicht in Widerspruch zur Physik: Sie sind empirisch belegbar, es gibt wiederholbare Experimente, sie beruhen auf beobachtbaren Phänomenen. Der Vitalismus hängt davon ab, dass man an ihn glaubt. (C) ist heute in der Biologie weit verbreitet, (B) gilt als unwissenschaftlich u. (A) als bloße Hypothese u. methodisch unbegründet. Beispiele für emergente Eigenschaften des L.s im Sinne von (C) sind: Fortpflanzung, Wachstum, Ernährung, Sterben, Abgrenzung von der Umgebung, Energieaustausch mit der Umgebung, Reaktion (Bewegung, Wahrnehmung, Anpassung) auf die Umgebung, Entwicklung der Arten (Evolution). Die Prinzipien dieser Einzelphänomene in den Biowissenschaften kann man beobachten, experimentell untersuchen, sie sind von Wissenschaftlern überall überprüfbar u. sie beruhen in bestimmten einzelnen Aspekten auf physikalischen u. chemischen Gesetzmäßigkeiten. Für den Energieaustausch ist z.B. die Verdauung relevant, in der Stoffe in chemischen u. anderen Reaktionen zerlegt u. umgewandelt werden, od. die Atmung, bei der bestimmte Bestandteile des Blutes in der Lunge mit Sauerstoffmolekülen „beladen“ werden. Das große Problem von (C) ist: Die genannten Eigenschaften (u. darüber hinaus viele andere) lassen sich bisher nicht in einer einheitlichen Wissenschaft beschreiben u. es bleibt offen, wie sich die Arten von Gesetzen zueinander verhalten. (Im Gegensatz zu (B) vertreten (C) u. (A) eine Pluralität von Prinzipien u. Gesetzen des L., aber im Gegensatz zu (A) vertreten (C) u. (B) einen Typunterschied der Prinzipien des Lebendigen u. des Nicht-Lebendigen).

(b) L.sweltlich ist der Begriff L. vielschichtig. Im Gegensatz zum objektiven (beobachterunabhängigen) L.begriff in (a) hängt das Konzept L. hier vom subjektiven Erleben der Lebewesen ab: (i) Stufenleiter: Bereits Aristoteles unterschied Belebtes von Unbelebtem u. im Bereich des Belebten, bloß vegetatives L. von wahrnehmendem u. denkendem L. Biologen sprechen zwar auch von höheren u. niederen L.sformen, aber nicht davon, dass niedere Tiere dazu da sind, als Nahrung für z.B. Menschen zu fungieren. (ii) Ein gelingendes L. ist einerseits deskriptiv ein lustvolles, andererseits normativ ein moralisches L. (→Ethik, Sinn). Lust ist eine angenehme Erlebnisqualität vieler wahrnehmender u. denkender L.sformen, aber die subjektive Lust eines Kinderschänders ist nur ein Indiz für ein normativ gesehen unmoralisches L. (iii) Unantastbares menschliches L. (Menschenwürde). (iv) Das Ewige L. transzendiert den L.sbegriff der Biologie u. des Alltags (→Tod, Transzendenz). Die beiden Kontexte (a) u. (b) sind schwer miteinander zu harmonisieren: Eine Hirntote ist i.S. von (a) tot, wird aber i.S. von (b) als lebendig erlebt (warme, rosige Haut u. Reflexe) u. kann durch ihre Organe ohne Fortpflanzung anderen L. spenden. Andererseits lebt die Hirntote vielleicht im Jenseits ewig fort u. verdient nach ihrem Tod Respekt vor ihrer Würde (Bestattung, Testament).

Krohs, U. (Hg.), Philosophie der Biologie, Frankfurt a.M. 2005 ([2]2006). – Schrödinger, E., Was ist Leben?, München 2004 ([8]2006). – Ritter, J. u.a. (Hg.), Historisches Wörterbuch der Philosophie, Darmstadt 1971ff (insbes. Bd. 5 (1980) →Leben).

Andreas Vieth

Liebe

L. ist eines der großen Themen nicht nur der christlichen (→Christentum), sondern der westlichen →Kultur insges. Das liegt daran, dass mit dem Sachverhalt der L. der Mensch in seiner wesentlichen Verfassung, seiner Aufgabe u. seiner Zielbestimmung u. damit seinem Verlangen, seiner Sehnsucht in den Blick genommen wird. Dabei wird das christliche Verständnis der L. darauf zu achten haben, dass auch die sexuelle Dimension der L. nicht vernachlässigt wird. Die tiefenpsychologische Einsicht, dass ein Mensch nur lieben kann, wenn er zuvor geliebt worden ist, nimmt einen Gedanken auf, der sich bereits bei Thomas von Aquin findet, dass alle L. zur SelbstL. in Beziehung steht. Diese Einsicht darf jedoch nicht in eine Reduktion des Altruismus in Egoismus münden. Denn auch die SelbstL. ist als L. nicht durch sich selbst begründet, sondern gründet in einem Anerkennungsgeschehen, dem sich alle L.sfähigkeit allererst verdankt. L. selbst ist Ausdruck dessen, dass der/die/das Geliebte mit „reinem Gefallen“ (R. Musil) bzw. mit „Wohlgefallen“ (M. Luther) betrachtet wird. Das Wohlgefallen ist dabei Ausdruck für die vorbehaltlose, bedingungslose Anerkennung des Anderen u. darüber hinaus des Bedürfnisses nach intimem Zusammensein mit dem Anderen. Dabei ist es Kennzeichen dieser aus dem Wohlgefallen erwachsenden Intimität, dass nach unverstellter Erkenntnis des Anderen gestrebt wird, sodass gilt: Solange wir lieben, werden wir nicht „fertig“ mit dem Anderen (M. Frisch). Das Wachsen der L. u. das Wachsen in der L. trägt diesem fortlaufenden Erkenntnisprozess Rechnung. Insofern ist Treue ein wesentlicher Aspekt der L. Darin haben auch Institutionen wie etwa die Ehe, die die L. auf Dauer stellen wollen, neben allen rechtlichen u. sozialen Begründungen ihr ethisches Recht (→Ethik). In der L. zw. zwei Partnern gilt es, dieses Streben, diese Lust, Neues am Anderen kennen zu lernen, wach zu halten u. zu bewahren.

Es ist die L., die das Geheimnis des →Lebens u. das Geheimnis des Anderen bewahrt, dadurch, dass sie mit seiner →Freiheit rechnet. Diese Möglichkeit wird eröffnet durch die Treue →Gottes, die an der L. zu uns festhält, auch gegen unsere Lieblosigkeit u. unseren Hass. Das treue Festhalten an der L. ist der materiale Sinn des →Glaubens. Im Glauben werden wir in die Lage versetzt, das Geliebtwerden, das uns frei macht, anzunehmen. So dient die L. als Zeichen der Ganzerfüllung des Daseins, die alle materialen Gegenstände vom Reichtum bis zur körperlichen Erhaltung des eigenen Lebens ins zweite Glied rücken lässt (Joh 15,13). In dieser Wertfolge bewährt sich die christliche Einsicht, dass nur die L. den Menschen wahrhaft frei macht.

Das kennzeichnet den Glauben als Vertrauen. In ihm ruht die Bewältigung des Lebens. Die L. macht frei. Das ist nicht unsere eigene Leistung. Insofern kann die L. in protestantischer Sicht auch nicht unter die menschlichen, wohl aber mit Thomas von Aquin unter die *göttlichen* Tugenden verrechnet werden (1Kor 13,7–8.13). So geht es in der L. letztlich immer um den Mitvollzug der L. Gottes, die nicht nur den Nächsten, sondern auch den Feind einschließt (Mat 5,44). Gott ist die L. schlechthin (Joh 4,8.16). Am Tun der L. erweist sich die Tragfähigkeit des Glaubens. Sie ist sein Leben.

Herms, E., Liebe, Sexualität, Ehe, in: Zeitschrift für Theologie und Kirche 96 (1999), 94–135. – Beck, U./Beck-Gernsheim, E., Das ganz normale Chaos der Liebe, Frankfurt a.M. 1990 (2005). – Luhmann, N., Liebe als Passion, Frankfurt a.M. 1982 (^{8}2004).

Elisabeth Gräb-Schmidt

Meditation

Es gibt einen Weg, der aus dem Getriebe des Alltages in die Stille der Sammlung führt. In der Einübung der Achtsamkeit tritt alles in den Hintergrund, was die Aufmerksamkeit vom →Sinn des →Lebens ablenkt. Dabei entfaltet sich eine Haltung der Gelassenheit, welche die Bereitschaft vertieft, sich dem Geheimnis der eigenen Existenz zu öffnen. Dieses Erleben finden wir in allen Religionen u. ihren spirituellen Wegen (→Spiritualität). Es wird in den verschiedenen Formen der M. sichtbar. Das Wort „M." lässt sich vom lat. Wort *meditatio* od. *meditari* herleiten. Es bedeutet: „nach-sinnen", „über-denken", „ein-üben". Es geht um ein Tun, das dem Lebens*sinn* näher kommen will, das *„über"* jegliches Denken hinausstrebt u. bereit ist, sich einem *Übung*sweg zu stellen. Die treibende Kraft im Hintergrund ist eine Erfahrung, die den Menschen ohne Bedingungen in seiner ureigensten Mitte berührt hat. Wer also einen meditativen Weg geht, rechnet mit einer →Wirklichkeit, die über

Raum u. →Zeit hinausreicht u. gleichzeitig unfassbar in die Existenz des suchenden Menschen hineinwirkt. So wird die M. ein ständiges Sich-Einüben, die Ganzheit der →Schöpfung wahrzunehmen (→Wahrnehmung) u. dennoch jegliches Anhaften an Gedanken, Gefühle, Empfindungen u. Bewertungen freizugeben. Das Erstreben dieser Gelassenheit in einer offenen Grundhaltung ermöglicht Schritt um Schritt, auf jegliches Festhalten des kleinen Egos zu verzichten, um dem allumfassenden Mysterium des Lebens das Tor des Herzens zu öffnen. Das führt nicht in eine Abkapselung, sondern in eine neue Auseinandersetzung im Alltag, die aus der inneren Dynamik der Stille heranwächst.

Die Grundübung jeder Form der M. ist die Schulung der inneren u. äußeren Aufmerksamkeit. Die Kräfte des Bewusstseins werden auf allen Wahrnehmungsebenen gesammelt, um in letzter Konsequenz dem Ursprung des Lebens, der allumfassenden Wirklichkeit des Seins zu begegnen u. sich mit ihr in einem Raum zu einen (vgl. Kontemplation: *Con-templum*=Zusammeneinssein im gleichen Raum). Die religiöse →Tradition aller Völker bezeichnet dieses absolut Unfassbare mit →„Gott“, unabhängig davon, welchen Namen die Menschen im Laufe der Geschichte diesem Mysterium jeweils geben od. gegeben haben. Das Einheitserleben wird als allumfassende, liebevolle Geborgenheit erfahren, von der Wohlwollen, Mitgefühl u. →Frieden in den Alltag ausstrahlt. Die persönliche Berührung, die auf diesem Weg der Sammlung geschieht, wird als Begnadung erfahren. Um in einen meditativen Zustand hineinzufinden, helfen unterschiedliche „Techniken“, die verschiedene Bewusstseinsstufen beinhalten u. allmählich in einen Versunkenheitszustand führen. In der Tradition des →Christentums werden sie in den einzelnen Formen der Gebetshaltungen sichtbar: Mündliches →Gebet (*oratio*), betrachtendes Gebet (*consideratio*), sammelndes Gebet (*meditatio*), einendes Gebet (*contemplatio*). Diesen Gebetshaltungen entsprechen bestimmte Vollzüge, die innerhalb der →Mystik aufleuchten als: Reinigungs- u. Klärungsweg (*via purgativa*), als Erleuchtungs- u. Einsichtsweg (*via illuminativa*), als Einheitsweg (*via unitiva*). Meister Eckhart hat das ganze Geschehen so ausgedrückt: „Gott u. ich sind eins; Gott wirkt u. ich werde“. In dieser Offenheit auf das göttliche Geheimnis hin wird der Vollzug einer meditativen Grundhaltung immer deutlicher zu einem Weg der Umkehr. Sie entfaltet den Menschen zu seinem eigentlichen Wesen hin, das er/sie von Anfang an ist, nämlich ein Ebenbild des göttlichen Geheimnisses als „Urbild der Schönheit“ (vgl. Gregor von Nyssa um 350 n.Chr.).

Maschwitz, R., Das Herzensgebet. Ein Meditationsweg, München 2005. – Köster, P., Beten lernen, Leipzig 2003. – Steindl-Rast, D., Fülle und Nichts, Freiburg i.B. 2005. – Lipsett, P.R., Wege zur Transzendenzerfahrung, Münsterschwarzach 1992.

Franz-Xaver Jans-Scheidegger

Migration

Im Begriff „M." sind sehr unterschiedliche soziale Phänomene zusammengefasst, die sowohl intentionale, als auch konditionell gesteuerte räumliche Veränderungen für Individuen u. Gruppen bezeichnen können. Wir unterscheiden ArbeitsM., Flucht, Deportation u. Displacement (vor allem staatenlos gewordener Personen). ArbeitsM. erscheint wie kaum ein anderer Bereich sozialen Handelns von Individuen intentional gesteuert u. auf lange Zeiträume hin oft über Generationen hinweg geplant. Flucht, Deportation u. Displacement dagegen sind aufgezwungene Schicksale aufgrund von politischen od. Naturkatastrophen. Häufig aber überschneiden sich beide Formen, so in Fällen von Umweltzerstörung u./od. extremer Armut bzw. extremem Entwicklungsgefälle zw. unterschiedlichen Regionen der Welt, insbes. in postkolonialen Kontexten. Selbst wenn Arbeitswanderung im Einzelfall als Konsequenz höchst individueller Entscheidung erscheinen mag, stellt sie sich doch typischerweise im Leben von Migranten u. Migrantinnen als Phase des Einbruchs sozialer Unordnung u. als mehr od. weniger extremer Erleidensprozess dar. Das soziale Konstrukt der M.sbiographie entsteht gerade in der Verknüpfung beider Handlungstypen. Die dabei entstehende „Konstruktionslogik" ist zugleich geschlechtsspezifisch verschieden (→Geschlechterdifferenz). Wir beobachten heute weltweit eine Verweiblichung von M.sprozessen, die nicht nur mit den Schubkräften von M. in den Herkunftsländern, sondern auch mit den Anziehungskräften in den Zielländern erklärt werden müssen. Hochentwickelte Industrieländer benötigen zunehmend billige weibliche Arbeitskräfte, um den Bedarf an Pflege- u. Reproduktionsleistungen zu decken. Zudem macht sich in den Billigproduktionen (insbes. außereuropäischer Länder) die Tendenz bemerkbar, die schwache soziale Lage von (zumeist vom Lande zugewanderten) Frauen zu nutzen, um Produktivität, Managementkontrolle u. Profite zu steigern.

Die Forschung zu M. (beginnend mit den berühmten Studien der *Chicago School of Sociology* vom Beginn des 20. Jh.s) ist interdisziplinär geprägt. Ein thematisch verbindender Fokus dieser Studien ist die Frage des Verhältnisses von M. u. →Tradition bzw. Traditionsbildung. Die fordistisch (Fordismus, Gesellschaftsmodell, benannt nach H. Ford) geprägte Vorstellung, dass aus vielen einzelnen Migrantengruppen unterschiedlicher Herkunft in der

Einwanderungsgesellschaft gleichsam wie in einem *Melting pot* eine neue →Kultur (→Heimat) entstehe, hat sich weder in den deklarierten Einwanderungsländern Nord- u. Südamerikas, noch in den nord- u. westeuropäischen Einwanderungsgesellschaften wider Willen erfüllt. Aus der nationalstaatlichen Perspektive der Zielländer wurde lange Zeit nur die die Integrations- bzw. Assimilationsperspektive betont, während aus der Sicht einzelner Migrantengruppen Ethnizitätsaspekte (→Ethnie) entwickelt wurden. Ein relativ neuer Trend in der M.sforschung ist die Entdeckung der transnationalen M., in deren Fokus transnationale Lebensweisen (z.B. transnationale Mutterschaft) u. nicht mehr ausschließlich die Interessen der Abgabe- od. Aufnahmeländer stehen.

Apitzsch, U. (Hg.), Migration, Biographie und Geschlechterverhältnisse, Münster 2003. – Dies. (Hg.), Migration und Traditionsbildung, Opladen 1999. – Faist, Th. u.a. (Hg.), Migration, Immobility and Development. Multidisciplinary Perspectives, Oxford 1997. – Sassen, S., Migranten, Siedler, Flüchtlinge. Von der Massenauswanderung zur Festung Europa, Frankfurt a.M. 1996. – Castles, S., The Age of Migration. International Population Movements in the Modern World, London 1993.

Ursula Apitzsch

Mission

In der anthropologischen Forschung (→Anthropologie) umschreibt der Begriff *Exogamie* etwas ganz Ähnliches wie im theologischen Feld (→Theologie) der Begriff „M.“: eine Bewegung die über interne „Stammesbeziehungen“ hinausgeht, damit das →Leben der eigenen Gruppe gewährleistet ist. M. bedeutet also nicht nur eine Bringschuld (Gabe des Heils) an Andere, sondern sie ist v.a. ein Leben stiftendes innerkirchliches Moment des gesamten Christ-Seins, das zum Wesen der →Kirche gehört.

Dieses missionarische Wesen hat seinen Ursprung in der M./Sendung des Dreifaltigen →Gottes. Sie bedeutet Öffnung u. Kompassion im Hinblick auf die konkrete Situation der Menschen. Durch die Sendung Jesu Christi erhält diese „M. Gottes“ historische Verlässlichkeit. Jesus von Nazareth offenbart uns Gott in einem väterlich-mütterlichen Antlitz, das auf uns blickt in →Liebe, Barmherzigkeit u. →Gerechtigkeit. Am Kreuz offenbart er sich als Messias, der alle menschliche Logik auf den Kopf stellt. Er ruft eine missionarische Gemeinde zusammen u. gibt ihr den Auftrag, das Reich Gottes zu verkünden u. Auferstehung als die endgültige Gerechtigkeit Gottes zu bezeugen: „Wie mich der Vater gesandt hat, so sende ich euch“ (Joh 20,21). Diese Sendung ist eingebunden in die Kirche als missionarische →Gemeinschaft des neuen Volkes Gottes.

In den ersten Jh.en der Glaubensausbreitung (→Glaube) stand v.a. der an Juden u. Heiden gerichtete Bekehrungsaspekt mit seinen polemischen Inhalten u. territorialen Horizonten im Vordergrund. Im Kontext Lateinamerikas erinnert das M.sparadigma an die kolonialen Bedingungen der Erstevangelisierung. Seit dem II. Vatikanischen Konzil kann M. nicht mehr als eine rein territoriale Aufgabe der Glaubensausbreitung durch dafür bes. ausgewählte Sendboten verstanden werden, die oft nicht zw. der Partikularität ihrer →Kultur u. der Universalität des Evangeliums unterschieden haben. M. ist nicht ein Spezialgebiet innerhalb der pastoralen Praxis, sondern ist ihr plurikulturelles Vorzeichen. Es gehört zum Wesensverständnis der Kirche, dass sie ihrem universalen Heilsauftrag, auch für die schon Gläubigen, nur dadurch nachkommen kann, dass sie an jene Menschen denkt, die nicht zur ihr gehören u. dass sie sich stets durch Inkulturation um eine je kulturspezifische Sprachkompetenz bemüht (→Dialog, Sprache, Indigene Theologie).

Aus dem Gehorsam diesem missionarischen Wesen u. Ruf gegenüber darf aber nicht auf eine heilsmäßige Verwerfung jener geschlossen werden, die der Heilsauftrag der Kirche nicht erreicht od. die ihn, aus welchen Gründen auch immer, ablehnen. Das II. Vatikanum hat auch die subjektive Heilsvermittlung nicht-christlicher Religionen objektiv anerkannt. Daher ist es notwendig, die Relevanz des missionarischen Wesens der Kirche weit über das strikt religiöse Feld hinaus aufzuzeigen als hoffendes Einstehen für Menschen, die hungern nach →Sinn, Brot u. Gerechtigkeit.

Missionarische Verkündigung, wenn sie verantwortlich von Gott u. der Zukunft der Menschheit spricht, bedient sich stets einer analogen Sprechweise, so wie auch missionarische Präsenz oft kaum über Zeichen der Gerechtigkeit u. Bilder der Hoffnung hinauskommt. Aber gerade heilige Bilder u. Zeichen haben im →Ritus des Wortes u. der Zeichen (Taufe, Eucharistie) (→Sakrament, Symbol) eine verwandelnde Kraft. Der unsichtbarer Grund, der die Welt trägt, kann nicht ausgepinselt werden, aber im Bild des Reiches Gottes haben Menschen immer wieder erfahren, dass der trennende Vorhang von Angst, Hass u. Ungerechtigkeit brüchig ist, dass sie in keiner gottvergessenen Welt leben u. dass Auferstehung als endgültige Gerechtigkeit Gottes (→Erlösung) glaubwürdig ist.

Suess, P., Mystisch, missionarisch, militant. Politische Spiritualität im Kontext Brasiliens, in: K. Baier (Hg.), Handbuch Spiritualität. Zugänge, Traditionen, interreligiöse Prozesse, Darmstadt 2006, 146–156. – Ders., Inkulturation und Dialog. Nachlese und Horizont eines unbequemen Paradigmas, in: Th. Schreijäck (Hg.), Werkstatt Zukunft. Bildung und Theologie im Horizont eschatologisch bestimmter Wirklichkeit, Freiburg i.B. u.a. 2004, 375–391. – Collet, G., „... bis an die Grenzen der Erde". Grundfragen heutiger Missionswissenschaft, Freiburg i.B. u.a. 2002.

Paulo Suess

Mystik

Das *Wort M.* leitet sich von gr. *myein* (=Augen u. Lippen schließen) ab. M. bezeichnet den existentiell-erfahrungshaften Zugang eines Glaubenden (→Glaube) zu einer absoluten →Wirklichkeit, welche die Tiefe seines Daseins ausmacht. Diese erfüllende Wirklichkeit entzieht sich der gewöhnlichen Erkenntnis durch die Sinne, die sich auf endliche Einzeldinge richtet. Daher ist der mystische Weg zunächst ein Weg ins Innere der eigenen Person, in der die unmittelbare Gegenwart dieser absoluten Wirklichkeit sowie die Einheit von →Gott, Selbst u. Welt erfahren werden. Diese Erfahrung bringt den Menschen in ein neues, innigeres Verhältnis zu sich selbst u. zu anderen, das dann den gesamten Lebensvollzug in Erkenntnis u. Praxis bestimmt.

Als *Mystiker* werden Menschen aller Religionen bezeichnet, die diese Erfahrung gemacht u. zumeist auch verschriftlicht haben (ErfahrungsM.) od. die Möglichkeit dieser Erfahrung mit rationalen Argumenten reflektiert haben (philosophische bzw. theologische M.). Die Hinführung zu dieser Erfahrung bezeichnet man (v.a. im pastoralen Kontext) auch als *Mystagogie*.

Mystische Weltsichten nehmen die Endlichkeit aller Einzelperspektiven auf die Wirklichkeit bes. ernst, da sie von einem Einenden u. Verlässlichen überzeugt sind, das diese Perspektiven, die stets an Subjekte in ihrer begrenzten Raum-→Zeit-Situation gebunden sind, übersteigt, entgrenzt u. für einander öffnet. Sie standen in der Geschichte, zumal der monotheistischen →Religionen (→Judentum, Christentum Islam), als kritische Gegenbewegungen zu einer zuweilen geschichtlich erstarrten Dogmatik oft eher am Rand als in der Mitte der eigenen →Tradition u. spielen daher eine bedeutende Rolle für den →Dialog der Religionen (→interreligiös). Jenseits dieser Gemeinsamkeiten unterscheiden sich die M.en der Weltreligionen durchaus erheblich; dies hat vornehmlich zu tun mit den verschiedenen, durch die jeweilige Glaubenstradition geprägten Auffassungen jener absoluten Wirklichkeit hinter allem.

Indische u. asiatische M.en etwa gehen von der Nicht-Dualität (→Hinduismus) od. All-Einheit (→Daoismus, Buddhismus) der Wirklichkeit hinter aller Vielheit aus. Die mystische Erfahrung geschieht in den Traditionen, die von einem nicht-personalen kosmischen Wirklichkeitsprinzip ausgehen, in einer befreienden Erkenntnis dieser *Einheit des Seins*. Durch diese Erkenntnis löst sich das Ich (als dessen Illusion sich Vielheit u. Leid erweisen) entweder in der Einheit auf (Buddhismus), od. es identifiziert sich mit ihr (Hinduismus). In den theistischen (von einem persönlichen Gott ausgehenden) Traditionen wird diese Seinseinheit in der liebende Hingabe (ind. *Bhakti*) des Selbst an Gott erlebt. Im Zentrum der *M. monotheistischer Religionen* steht eine *Einheit der Beziehung* zu dem einen Gott, die die Trennung zw. Gott, Menschen u. Welt überwindet. *Christliche M.* orientiert sich dabei an Jesus Christus, in dem Gott selbst sich den Menschen in unbedingter →Liebe verbunden u. diese Liebe als →Sinn der Welt offenbart hat. Einheit mit Gott ist Einheit mit Gott u. der Welt in Christus, die man an ihren Früchten (selbstlose →Solidarität mit den Mitgeschöpfen in der Nachfolge Jesu) erkennt.

Mieth, D., Meister Eckhart. Mystik und Lebenskunst, Düsseldorf 2003. – Delgado, M./Kustermann, A.P. (Hg.), Gottes-Krise und Gott-Trunkenheit. Was die Mystik der Weltreligionen der Gegenwart zu sagen hat, Würzburg 2000. – Schmid, G., Die Mystik der Weltreligionen. Eine Einführung, Zürich [2]1990 (Stuttgart [4]2000).

Christine Büchner

Mythos

Der griechische Philosoph Protagoras wurde von Sokrates in einer Gesprächsrunde mit jungen Leuten gebeten, darzulegen, dass „sittliche Tüchtigkeit ein lehrbarer Gegenstand“ sei. „Soll ich es euch“, fragte Protagoras, „als M. od. im üblichen Logos klarmachen?“ Zu dieser Zeit waren beide Arten des Wortes schon auseinandergerückt. Protagoras entschied sich für den *M. als erzählendes Wort,* „weil es mich ansprechender dünkt“.

Wenn es heißt, M. sei Erzählung ohne Beweisführung, dem Logos hingegen entspreche Argumentation u. Begründung, so deutet dies der normale Zeitgenosse als einen Entwicklungsschritt, der zu Aufklärung u. Fortschritt geführt hat. Diese Wertung wird dem M. nicht gerecht. Das Wort M. umgreift in den frühen →Kulturen, v.a. bei den Naturvölkern, den vollen Lebensrahmen (→Lebenswelt, Indigene Theologie). So etwa ist der M. bei den Osage-Indianern ein Lebensprinzip, das im Kleinsten wie im Größten wirkt, im Anziehen der Mokassins wie im Lagerring. „Jeder Handschlag u. jeder Gedanke erhält eine verklärende Würde im Rahmen dieser allgegenwärtigen Weltsicht.“ (W. Müller) Die erzählte Geschichte deutet das gelebte →Leben.

Aber worin besteht die mythisch-symbolische Haltung (→Symbol, Habitus), welche die alten Völker bestimmte u. von der das heutige Bewusstsein trennt? Der britische Völkerkundler E. B. Tylor meinte, der Naturmensch sei durch eine niemals endende Kette von Traumbildern geprägt, u. wahrscheinlich trifft er darin ein konstitutives Element des Mythischen, nämlich das Visuelle, Figurative u. Anschaubare. Die originäre Mythentradition lebt im Bereich des Auges, des „gesehenen Wortes“. Nachdem aber der isolierte Logos seinen Siegeszug durch die Welt angetreten hat, verhalten sich M. u. Logos zueinander wie Bild u. Begriff. Die mythische Weltsicht erlaubt keine andere Fassung als die erlebnishafte, erzählende, brauchtumsbestimmte Lebensform. Die Kultur eines Naturvolkes lässt sich nicht auf den Asphalt, in die Büros u. Fabriken unserer Zivilisation übertragen. Sie müsste notwendiger Weise u. unmittelbar sterben. Naturvölker existieren mythisch od. sie existieren gar nicht.

Die Ausbildungswege aber, über die in unserer Zeit die Menschen ihre Weltorientierung gewinnen, stehen in der Tradition des Logos, die sich heute als eine Eskalation des digitalen Wissens entfaltet. Dem Erstarken des rationalen Denkens entsprach die sich abschwächende Kraft, in der sinnenhaften Gestalthaftigkeit des M. die Welt wahrnehmen (→Wahrnehmung) zu können.

Inzwischen haben die →Religionen insges. das Misstrauen des Logos gefunden. Doch bleibt weiterhin gültig, dass allein die Dimension des M., verstanden als Sprache des Traumes, der Kunst, der Literatur u. jeder weiteren kreativen Phantasie- u. Gestaltungskraft, neue Zugänge zu einem schöpferischen Leben schafft, die dem deduktiven Denken, dem Definieren u. Repetieren fremd bleiben. Wenn der Logos seines ergänzenden Horizonts nicht beraubt wird, als den wir den M. sehen, eröffnet sich eine weitere Bewusstseinsfassung des Lebens.

Armstrong, K., Eine kurze Geschichte des Mythos, Berlin 2005. – Campbell, J., Die Masken Gottes, Bd. 1–4, Basel 1991/92. – Eliade, M., Kosmos und Geschichte. Der Mythos der ewigen Wiederkehr, Frankfurt a.M. 1984 ([2]2000).

Hubertus Halbfas

Neue Medien

Unter dem Sammelbegriff der N.M. werden jene M. zusammengefasst, die unter Verwendung der Computertechnologie in digitalen Formaten produziert u. gespeichert, verbreitet u. verändert werden können. Das können Texte u. Bilder, Musikstücke u. Wortbeiträge u. nicht zuletzt Filme u. Spiele sein. Die schnelle u. oft unkomplizierte Verfügbarkeit digitaler M. verdankt sich v.a. dem Internet. Wichtig für die Verbreitung N.M. ist zunehmend das durch Standortunabhängigkeit charakterisierte Mobiltelefon, die elektronische Post (E-Mail) u. das World Wide Web als über das Internet abrufbares Hypertext-System. Die N.n M. sind von erheblicher wirtschaftlicher Bedeutung u. prägen zunehmend den Berufsalltag. Sie bestimmen immer mehr das Freizeitverhalten von Menschen (Downloads von Musik od. Filmen, Computerspielen usw.), prägen die alltägliche Kommunikation breiter Bevölkerungsschichten (E-Mails, Nachrichten- u. Bildtransfer per Mobiltelefon), u. sie haben schließlich auch Eingang in Lehr- u. Lernzusammenhänge gefunden (computergestützte Projektionen im Unterricht, unterrichtsbezogene Verwendung von Lernsoftware u. webgestützter Einsatz von Lernportalen od. -plattformen).

Im theologischen (→Theologie) u. religionspädagogischen Kontext gewinnen die N.n M. allein schon durch ihr faktisches Vorkommen u. ihr zunehmendes Gewicht im Alltag von Kindern, Jugendlichen u. Erwachsenen an Bedeutung, schließlich kann sich die (praktisch-)theologische Reflexion gegenüber durchgreifenden Veränderungen in den →Lebenswelten der Menschen nicht gleichgültig verhalten. Zudem tangiert der Übergang von der Industrie- in die Informations- u. Kommunikationsgesellschaft u. die „digitale Revolution", die diesem Übergang zugrunde liegt, auch die religiöse Kommunikation u. die Prozesse religiöser →Bildung u. Erziehung. Die jüdisch-christliche →Tradition hat sich stets der M. bedient – v.a. im Schriftformat alt- u. neutestamentlicher Offenbarungstexte (→Bibel, Offenbarung), aber nicht unwesentlich auch in Bildern u. in der Musik –, u. Bestandteil dieser Tradition ist deshalb ebenso eine unabgeschlossene kritische Auseinandersetzung mit M., die teils affirmative (etwa bilderfreundliche) teils ablehnende Positionen kennt (bis hin zu radikalen Formen wie etwa dem „Bildersturm"). Wenn die N.n M. heute sowohl latente als auch manifeste religiöse Inhalte transportieren u. auch das kommunikative u. bildende Verhalten von immer mehr Menschen bestimmen, bedarf es einer auch theologischen Auseinandersetzung. Eine kritische Würdigung wird dabei sowohl die produktiven als auch die potentiell destruktiven Möglichkeiten in den Blick nehmen, u. zwar nicht nur wie sie sich im „beschädigten Leben", sondern auch vom „Standpunkt der →Erlösung" aus darstellen (Th. W. Adorno): Primärmedium u. „Weg" →Gottes ist der Mensch. Den Gefahren medialer Selbstreferenzialität u. bloßer Selbstinszenierung (vgl. M. McLuhan: „Das Medium ist die Botschaft") wird dort gewehrt, wo immer wieder die Rückbindung der M. an die sie nutzenden Menschen (*user*) zur Geltung gebracht wird. Dann werden sich Menschen aller Altersgruppen auch mittels N.r M. sowohl bilden als auch mitteilen können. Freilich bleiben sie immer Supplement. In Lehr- u. Lernprozessen ist deshalb *Blended-Learning*-Arrangements, in denen sich Phasen der Kommunikation u. Mitteilung von „Angesicht zu Angesicht" u. Phasen der Nutzung virtueller Lernumgebungen abwechseln u. gegenseitig befördern, stets der Vorzug zu geben.

Niegemann, H.M., Kompendium Multimediales Lernen, Berlin 2007. – Schulmeister, R., Lernplattformen für das virtuelle Lernen. Evaluation und Didaktik, München [2]2005. – Jakobi, R. (Hg.), Medien Markt Moral. Vom ganz wirklichen, fiktiven und virtuellen Leben, Freiburg i.B. 2001. – Vogel, M., Medien der Vernunft. Eine Theorie des Geistes und der Rationalität auf Grundlage einer Theorie der Medien, Frankfurt a.M. 2001.

Bernd Trocholepczy

N.r.B. stehen im Kontext der Moderne (→Postmoderne). Modernität bedeutet u.a. Individualisierung, d.h. das Herausgerissenwerden aus traditionalen Zusammenhängen u. die damit verbundene Zunahme von Entscheidungsprozessen über das eigene Leben. Aus dem Schicksal wird der Zwang zur Wahl des eigenen Lebens. Mit dem Verlust einer vergleichende Maßstäbe bietenden Einbettung in →Tradition bzw. in Traditionen muss ein neuer Orientierungsmaßstab gesucht werden. Nicht mehr die lineare Geschichtszeit, die bei einer Einbettung in Tradition(en) vorausgesetzt wird, prägt das Erleben, sondern eine Art Punktualisierung des Weltprozesses. Wenn vergleichende Maßstäbe schwinden, dann muss alles jetzt u. hier immer wieder individuell neu im Blick auf eine Selbstgestaltung erlebt werden, die ihrer geschichtlichen Maßstäbe obsolet geworden ist. Das Erlebnis u. nicht mehr die in Tradition eingebettete (reflektierte) Erfahrung bestimmen das „Projekt des schönen Lebens" (G. Schulze). Im Erlebnis konstituiert sich das Subjekt als seine eigenen Maßstäbe schaffende Individualität (→Identität). Eine gleichartige Verschiebung der Maßstäbe bezieht sich auch auf die sozialen Bindungen. Nicht mehr verwandtschaftliche Beziehungen od. standesmäßige u. religiöse Bezüge bilden den Orientierungspunkt für Sozialbeziehungen, sondern diese konzipieren sich als Erlebnisgemeinschaften.

Eine der typischen Tendenzen dieser Bewegung der Moderne ist eine Verlagerung der Gemeinschaftsseite des Religiösen aus klassischen kirchlichen Institutionen in kirchliche od. nichtkirchliche Szenen. Szenen entstehen nicht aus haben einen „signifikant geringen Verbindlichkeitsgrad u. Verpflichtungscharakter", sie sind „prinzipiell selektiv u. exkludierend strukturiert" u. auch nicht auf „exklusive Teilhabe hin" angelegt, dienen aber als „symbolisch markierte, vergemeinschaftende Erlebnis- u. Selbststilisierungsräume" (R. Hitzler). →Sekten od. →Kirchen als verbindlichere Formen neureligiöser Vergesellschaftung sind eher Ausnahmephänomene gegenüber spontan entstehenden – evtl. nur ein Workshop-Wochenende bestehenden – selbsterfahrungsorientierten religiösen Szenen. Die Form der Sinnsuche (→Sinn) in diesen Szenen, aber auch in den meisten verbindlicher orientierten neuen, nicht klassische Muster kopierenden Vergesellschaftungen kann man im freien Ausgang von C. Lévi-Strauss' Theorie des →Mythos als mythische *Bricolage* (=Bastelei) bezeichnen u. mit dem Tun des Ingenieurs u. des Krauterers in Verbindung bringen. Der Bastler kann, genauso wie der Ingenieur, vielfältige Dinge auf schöpferische Weise entwerfen u. herstellen u. bedient sich dazu unterschiedlichster, zufällig ihm verfügbarer Materialien u. Werkzeuge. Er sichtet den ihm vorliegenden Bestand u. befragt alle diese zusammengewürfelten Gegenstände danach, was er daraus machen könnte. Der Ingenieur setzt bei seinen Plänen hingegen bestimmte Materialien u. Werkzeuge als für ihn notwendige Mittel voraus – ohne sie kann er das Ziel seines Plans nicht erreichen. Den Krauterer verbindet mit dem Bastler der Wille, etwas mittels Sachen herzustellen, die er gesammelt hat, weil man sie vielleicht einmal gebrauchen könnte. Der Krauterer verharrt aber in der Rolle des Sammlers u. Sichters seiner Materialien. Er plant immer nur die Realisation seiner Projekte. Dabei sammelt er unermüdlich u. sichtet seine Bestände, ohne jemals etwas herzustellen. Der neureligiöse Bastler pflegt seine individualisierte Sinnsuche durch Selbstexperimente in verbindlichen →Gemeinschaften od. in unverbindlichen Szenen, der Ingenieur arbeitet an seiner persönlichen esoterischen (→Esoterik) Weltformel u. der Krauterer ist, stets neugierig, auf der ewigen Suche nach dem, was ihm einst als Wegweiser dienen soll.

Baer, H. u.a. (Hg.), Lexikon neuer religiöser Gruppen, Szenen und Weltanschauungen, Freiburg i.B. 2005. – Hempelmann, R. u.a. (Hg.), Panorama der neuen Religiosität. Sinnsuche und Heilsversprechen zu Beginn des 21. Jahrhunderts, Gütersloh [2]2005. – Hitzler, R., Communio (post traditionalis). Religiosität in Szenen – Religiöse Szenen, in: Materialdienst 68(2005), 139–143.

Linus Hauser

Offenbarung

Während →„Gott" den entscheidenden Inhalt jeder →Theologie ausmacht, sind O. u. Erfahrung in formaler Hinsicht die theologischen Grundbegriffe schlechthin, denn sie bezeichnen den Grund des →Glaubens u. der diesen reflektierenden Theologie: Ohne O. u. Erfahrung gäbe es keine Theologie (die Möglichkeit einer philosophischen Theologie steht hier nicht zur Debatte). Wenn Gott sich offenbart, dann offenbart er sich jemandem. O. machte keinen Sinn, wenn da niemand ist, dem etwas offenbart wird. U. umgekehrt: Menschen können eine Gottes- od. Glaubenserfahrung nur machen, wenn Gott sich offenbart. O. u. (Glaubens-) Erfahrung sind also wie zwei Seiten einer Medaille. Dabei bildet freilich O. die Vorderseite, denn sie ermöglicht die Erfahrung im Glauben, die Initiative in diesem Begegnungsgeschehen geht also von Gott aus (der theologische Fachausdruck dafür ist Gnade!). Umgekehrt kann der Mensch nie eine O. Gottes erzwingen. Damit ist zugleich ein Kriterium für die Echtheit von O. gegeben: wenn das, was als offenbar erfahren u. behauptet wird, als etwas erfahren wird, das den O.sempfänger „von außen" trifft. Dieses „Außen" kann auch das zutiefst Innere (Herz, →Seele, Gemüt) des Menschen sein, in dem er/sie sich angerührt, herausgefordert erfährt. Entscheidend ist, dass der so zum Glauben kommende Mensch in dieser Erfahrung erfährt, dass sie nicht Produkt eigener Einbildung (Projektion) sein kann. Echte O.serfahrungen werden deshalb häufig als unerwartet bzw. die eigenen Erwartungen (z.B. im Blick darauf, wie Gott jetzt handeln soll) durchkreuzend erfahren. Häufig zeigt sich darin, dass Gott immer auch ganz anders ist, als Menschen sich ihn vorstellen. Es scheint charakteristisch zu sein, dass in den monotheistischen Religionen, v.a. in den sog. →Abrahamitischen Religionen (→Judentum, Christentum, Islam) Gott sich primär im Wort u. nicht in der Schau (Vision) offenbart. Deshalb wird auch vom prophetischen Charakter (→Prophet) dieser Religionen gesprochen; von daher erklärt sich die zentrale Bedeutung des zur Schrift (Torah, →Bibel, Koran) gewordenen Wortes Gottes. Für die Christen ist die Bibel zwar nicht identisch mit dem Wort Gottes, aber dessen authentische u. jedes nachfolgende Glaubenszeugnis normierende Bezeugung des Ursprungs. Eine Buchreligion ist das Christentum freilich letztlich nicht, denn zum einen kommt der Glaube vom Hören (Röm 10,17), d.h. Glaube wird hervorgerufen, korrigiert u. bestärkt durch das lebendige Wort der Verkündigung. Zum anderen u. entscheidenden gilt Christen Jesus der Christus als das Wort Gottes schlechthin: „Oftmals u. auf vielerlei Weise hat Gott einst zu unseren Vätern [u. Müttern] gesprochen. In diesen letzten Tagen aber hat er zu uns gesprochen durch seinen Sohn" (Hebr 1,1f). In christlicher Perspektive findet das offenbarende Reden u. Handeln Gottes seinen Höhepunkt u. seine orientierende Mitte in der leibhaftigen O. in Jesus von Nazareth. Das Offenbarwerden der Gegenwart Gottes in ihm ruft den Glauben hervor. In Jesus erfahren Menschen, wer Gott für sie ist u. wer sie vor Gott sind.

Werbick, J., Den Glauben verantworten, Freiburg-Basel-Wien 2000 (^{3}2005), 227–423 („Streitfall Offenbarung"). – Schaeffler, R., Erfahrung als Dialog mit der Wirklichkeit, Freiburg i.B. u. München 1995, 414–481; 650–770.

Bernd Jochen Hilberath

Orthodoxie

Unter O. (=Rechtgläubigkeit, eigentlich „die rechte Art, [Gott] zu preisen") versteht man gemeinhin die →Kirchen der byzantinischen →Tradition, zu denen v.a. Griechen, Russen, Serben, Rumänen u. Bulgaren gehören. Oft bezeichnet der Begriff aber alle christlichen Kirchen der östlichen Traditionen, also diejenigen, die in der östlichen Hälfte des Römischen Reiches u. östlich bzw. südlich davon entstanden sind. Sie unterteilen sich in drei Gruppen: Die Assyrische Kirche, die am Konzil von Ephesos (431) nicht teilnahm u. es später auch nicht anerkannte; die Altorientalischen (od.

Orientalisch-Orthodoxen) Kirchen, die das Konzil von Chalkedon 451 nicht anerkannten (v.a. Kopten, Syrer, Armenier), u. die byzantinischen (od. einfach „orthodoxen“) Kirchen, die sieben ökumenische Konzilien mit der katholischen Kirche gemeinsam haben u. formell seit 1054 nicht mehr in Kommuniongemeinschaft mit den westlichen Kirchen sind. Sie stellen die mit Abstand größte Gruppe dar. Zw. diesen drei Gruppen besteht untereinander keine Kirchengemeinschaft. Erst in den letzten Jahrzehnten ist es zu einer behutsamen ökumenischen Annäherung gekommen (→Ökumene). Die folgenden Anmerkungen beziehen sich auf die byzantinische O.

Die O. ist in 14 selbstständige (*autokephale*) Kirchen gegliedert, die entweder nach den alten Patriarchaten (Konstantinopel, Alexandrien, Antiochien, Jerusalem) od. nach Nationen (Russische Orthodoxe Kirche, Serbische Orthodoxe Kirche usw.) benannt sind. Jede dieser Kirchen ist völlig selbstständig u. regelt ihre Angelegenheiten alleine, d.h. sie wählt ihr Oberhaupt, bestimmt die Bischöfe, gründet neue Bistümer usw. Der Patriarch von Konstantinopel hat einen Ehrenvorrang unter den Kirchenführen, aus dem sich jedoch keine rechtlichen Folgen ergeben. Die Kirchen stehen in Gemeinschaft miteinander, sie erkennen sich gegenseitig an, Priester u. Bischöfe können miteinander zelebrieren u. Gläubige können in einer der anderen Kirchen kommunizieren. Daher lässt sich sowohl von *der* orthodoxen Kirche als auch von *den* orthodoxen Kirchen sprechen.

Die O. ist eine stark liturgisch geprägte Kirche. Auf die Feier (→Fest) der Liturgie (neben der Eucharistie das Stundengebet, auch in Gemeinden) wird großer Wert gelegt. Die Liturgie wird nicht als Versammlung der Gemeinde, sondern als himmlisches Ereignis verstanden, an dem die Gemeindemitglieder teilhaben können. In der Liturgie, aber auch in der privaten Frömmigkeit spielen Ikonen eine große Rolle. Aufgrund des anderen Bilderverständnisses wird die Ikone nicht als Abbild gesehen (u. schon gar nicht als Kunstwerk), sondern sie bewirkt die wirkliche Gegenwart des Dargestellten, sodass sich ein ehrfurchtsvoller Umgang mit Ikonen ergibt.

In der O. hat sich ein lebendiges Mönchtum erhalten. Der Berg Athos ist bis heute Zentrum des östlichen Mönchtums, u. in vielen orthodoxen Kirchen (Rumänien, Russland, Serbien) hat das klösterliche Leben seit dem späten 20. Jh. großen Aufschwung genommen (→Spiritualität). Aufgrund ihrer historischen Entwicklung haben viele orthodoxe Kirchen eine enge Beziehung zum Staat od. zur Nation entwickelt. V.a. in politisch schwierigen Phasen hat das mehrfach zu Irritationen geführt.

Die O. ist von Anfang an in der ökumenischen Bewegung aktiv. Die Debatten der letzten Jahre haben dieses Engagement zwar beeinträchtigt, doch nicht zum Erlöschen gebracht

Oeldemann, J., Die Kirchen des christlichen Ostens, Kevelaer 2006. – Athanasios Basdekis, A., Die Orthodoxe Kirche, Frankfurt a.M. 2001.

Thomas Bremer

Ökumene

Sprachlich leitet sich der Begriff „Ö." vom gr. Verb *oikei/n* (=in Häusern wohnen) ab. Die gesamte bewohnte Welt ist der Bezugspunkt der Ö. im weitesten Sinn. Die Zusammengehörigkeit des geschöpflichen →Lebens, das sich in unterschiedliche →Kulturen ausdifferenziert hat, im Blick zu bewahren, ist das Grundanliegen der Ö. Der Blick auf die Gesamtwirklichkeit ist immer perspektivisch, u. er kann in engerem od. weiterem Rahmen vorgenommen werden. Die Ö. der →abrahamitischen Religionen ist darum bemüht, die Gemeinsamkeiten von →Judentum, →Christentum u. →Islam zu erfassen. Die christliche Ö. fragt nach der Geschichte der konfessionellen Spaltungen in der einen, heiligen, katholischen u. apostolischen →Kirche. Diese vier Kennzeichen der Kirche sind im Wortlaut des Glaubensbekenntnisses von Nizäa (325 n.Chr.) u. Konstantinopel (381 n.Chr.) enthalten u. beanspruchen überkonfessionell Gültigkeit. Der Begriff „katholisch" (=allumfassend) kann dabei als Synonym für „ökumenisch" gelten. Die i.d.R. vorzufindende christlich-theologische Füllung des Begriffs „Ö." bedarf immer wieder der Weitung im Blick auf die universale →Schöpfung →Gottes.

Die gegenwärtigen christlichen Konfessionsgemeinschaften sind durch geschichtlich bedingte Trennungsbewegungen entstanden: Angesichts christologischer Streitfragen im 4. u. 5. Jh. bildeten sich die altorientalischen Kirchen; beim Schisma zw. Ost u. West (um das Jahr 1054 n.Chr.) standen päpstliche Macht- u. Gebietsansprüche im Vordergrund; seit dem 16. Jh. bezeugen die reformatorischen Traditionen den Vorrang der Schrift (→Bibel) vor der →Tradition sowie die Möglichkeit, als Sünder/in durch Gottes Gnade u. nicht aufgrund menschlicher Verdienste gerechtfertigt zu sein; die altkatholische Kirche widersprach Ende des 19. Jh.s den Lehren über den päpstlichen Primat u. die päpstliche Unfehlbarkeit. Alle Konfessionsgemeinschaften haben in historischen Prozessen, die sich nicht einfach rückgängig machen lassen, unterschiedliche institutionelle Gestalt angenommen.

Die sog. moderne Ökumenische Bewegung wurde in der ersten Hälfte des 20. Jh.s weitgehend von den reformatorischen Kirchen u. zunehmend auch von den orthodoxen Kirchen (→Orthodoxie) getragen. Mit dem II. Vatikanischen Konzil (1962–65) ist die römisch-katholische Kirche in diesen Prozess eingetreten. Inzwischen sind weitgehende Annäherungen in zuvor kontroversen theologischen Themenbereichen (v.a.: Schriftverständnis, Rechtfertigungslehre, Sakramententheologie (→Sakrament), Ämterlehren (→Amt)) gelungen. Immer dringlicher erscheinen heute Verständigungsbemühungen in Fragen der Individual- u. Sozialethik (→Ethik).

Ein biblischer Basistext der Ökumenischen Bewegung ist Joh 17,21. Demnach gibt es einen Zusammenhang zw. der Glaubwürdigkeit des christlichen Bekenntnisses u. der Weise, wie Menschen in der Nachfolge Jesu in →Gemeinschaft miteinander leben. Der biblische Auftrag zur Ö. ist alternativlos.

Nüssel, F./Sattler, D., Einführung in die Ökumene, Darmstadt 2007. – Link-Wieczorek, U. u.a., Nach Gott im Leben fragen. Ökumenische Einführung in das Christentum, Gütersloh u. Freiburg i.B. 2004.

Dorothea Sattler

Pluralismus

Charakteristisch für moderne – →„postmoderne" – Gesellschaften ist, dass sie hochgradig pluralisiert sind. Radikaler P. kennzeichnet die Sozialstruktur, die →Kultur, die →Religion u. die Einzelpersonen u. die für alle menschlichen Gesellschaften grundlegende Beziehung dieser „Bausteine" des Zusammenlebens. Der basale Prozess der *strukturellen Pluralisierung* – in der Soziologie auch als „funktionale Differenzierung" bezeichnet – meint die Tatsache, dass verschiedene Daseinsbereiche unterschiedlichen Logiken folgen u. sich indifferent zueinander verhalten. Die gegeneinander profilierten Teilsysteme – Medizin, →Politik, Recht, Wirtschaft, Familie, Massenmedien, Wissenschaft, Religion usw. – sind in ihrer Eigengesetzlichkeit u. in ihrem Eigensinn nicht wie bei einer Arbeitsteilung (z.B. in einer Organisation) möglichst reibungslos aufeinander abgestimmt, bilden also zusammen auch *keine gesellschaftliche Einheit*, aber auch *keine jeweils autarken Eigenwelten*. Sie bleiben auf Leistungen anderer Teilsysteme angewiesen (z.B. Personal, Geld) u. sind wechselseitig anfällig für Störungen. Die häufig geäußerte Erwartung einer *politischen Gesellschaftssteuerung*, also einer gesamtgesellschaftlichen Integration durch das politische Teilsystem, das in demokratischen Gesellschaften (→Demokratie) selbst wieder hochgradig vielgestaltig (z.B. Gewaltenteilung) u. konflikthaft (z.B. Regierung u. Opposition), d.h. durch eine nicht-harmonistische Ordnung institutionalisiert ist, gilt deshalb ebenso sehr als Selbstüberschätzung u. -täuschung wie die Hoffnung, durch gemeinsame kulturelle od. religiöse →Werte eine gesellschaftliche Einheit sicherstellen zu können.

Rahmensetzende u. verfahrensorientierte Wertorientierungen können bei der Vermeidung von Desintegration hilfreich sein, sind aber insofern unwahrscheinlich, als Werte selbst pluralisiert sind u. eher eine Quelle von Spannungen u. Widersprüchen darstellen, statt systemintegrative Wirkungen hervorzurufen. Sie sind außerdem zumeist teilsystemspezifisch gebunden u. – wie im selbst wieder pluralisierten Teilsystem Religion – selbst integrationsbedürftig. Angesichts der *kulturellen u. der religiösen Pluralisierung*, die für moderne Gesellschaften ebenso charakteristisch ist wie die strukturelle Pluralisierung, kann z.B. auch der christliche →Glaube (→Christentum), der spätestens seit der Reformation dissensanfällig ist, nicht mehr Ursprung u. Zentrum der Rahmen setzenden Wertorientierungen sein.

Nicht die kulturelle u. religiöse Pluralisierung an sich ist etwas Neues, neuartig ist ihr Ausmaß u. die Tatsache, dass sie so niederschwellig – z.B. über die Massenmedien od. das Internet (→Neue Medien) – zugänglich ist u. schon früh die Biographien erfasst. Über ganz unterschiedliche Zugehörigkeiten mit den strukturellen Pluralitäten verflochten u. ganz unterschiedlich mit den kulturellen u. religiösen Pluralitäten konfrontiert, bilden sich auch wachsende Unähnlichkeiten der Einzelpersonen, ihrer Interessen, Meinungen, Fremd- u. Selbstdeutungen heraus, sodass wir auch von einer für moderne Gesellschaften typischen *individuellen Pluralisierung* (Individualisierung) sprechen können. Dieser Prozess wird zu einem Generator der „Generalisierung von Fremdheit". Die organisierte Bündelung von Interessen (in Parteien, Verbänden, Gewerkschaften) wird deshalb ebenso schwierig wie die Möglichkeit, Menschen in Vereinen u. Bewegungen zu vereinen, für ein gemeinsames Ziel zu engagieren, zu solidarisieren (→Solidarität) od. kommunikativ für das zivilgesellschaftliche „Gemeinwohl" zu erreichen. Sehen die einen im strukturellen, kulturellen, religiösen u. individuellen P. eine Bereicherung, so fürchten andere eher eine Belastung u. Überforderung, das gesellschaftliche Leben angesichts seiner sachlichen, zeitlichen u. sozialen Komplexität überhaupt noch überschauen u. steuern zu können.

Friedrichs, J./Jagodzinski, W. (Hg.), Soziale Integration, Opladen 1999. – Berger, P.L./Berger, B./Kellner, H., Das Unbehagen in der Modernität, Frankfurt-New York 1975 (1987). – Simmel, G., Die Kreuzung sozialer Kreise, in: ders., Soziologie. Untersuchungen über die Formen der Vergesellschaftung, Leipzig 1908 ([6]1983), 403–453.

Michael N. Ebertz

Politik

In allen bekannten Gesellschaften gibt es mehr Bedürfnisse u. Probleme als es Mittel gibt, die Bedürfnisse zu befriedigen u. die Probleme zu lösen. Man muss einen Mechanismus haben, mit dessen Hilfe entschieden wird, welche Wünsche man erfüllt u. wie man die Probleme löst. Meist ist das der Markt: Wer Geld hat u. bereit ist, für seine Wünsche genügend davon auszugeben, kommt zum Zug. Aber es gibt eine Reihe Probleme, die viele in der Gesellschaft angehen – auch diejenigen, die kein od. wenig Geld haben – u. die sich nicht od. nur sehr schwer allein durch den Markt regeln lassen. Dazu gehören öffentliche Sicherheit u. Gesundheit, Rechtswesen, Verteidigung, aber auch Fragen wie die, was eine gerechte od. gute Gesellschaft ist (→Gerechtigkeit). Zu entscheiden, wie u. durch wen solche gesamtgesellschaftlichen Bedürfnisse befriedigt werden u. wie u. durch wen solche Probleme gelöst werden, ist Aufgabe der P.

Dennoch hat P. u. haben Politiker allg. einen schlechten Ruf. Woran liegt das, wo P. doch Fragen des Allgemeinwohls bearbeitet? Ein wichtiger Grund ist, dass es über das, was Allgemeinwohl sein könnte, sehr unterschiedliche Vorstellungen gibt u. darum P. immer Streit bedeutet. Manche Menschen können Streit schwer ertragen u. lehnen darum P. ab. Ein anderer wichtiger Grund ist, dass Parteien im Wahlkampf versprechen, was sie im Fall ihres Siegs tun werden, nachher aber häufig ganz anders handeln. Das wird von vielen als Betrug empfunden. Meist liegt es aber daran, dass die siegreiche Partei nicht die absolute Mehrheit hat u. mit anderen Parteien Kompromisse schließen muss, od. dass ihre P. auf so schwerwiegenden Widerstand bei betroffenen Gruppen trifft, dass sie auch hier Kompromisse eingehen muss. Damit rückt sie zwar von ihren ursprünglichen Versprechungen ab, berücksichtigt aber gleichzeitig die Wünsche breiterer Teile der Gesellschaft. Streit u. anschließender Kompromiss – von vielen als unwürdiger Schacher empfunden – sind ein unverzichtbares Mittel, um die Interessen von möglichst vielen wenigstens teilweise zu berücksichtigen u. so die Gesellschaft zusammenzuhalten.

In den meisten Gesellschaften gibt es in Verfassungen u. Geschäftsordnungen genau festgelegte Regeln für die P. auf allen Ebenen in Gemeinden, Ländern u. im Gesamtstaat. Es gibt aber auch ungeordnete P., etwa in einer Revolution od. in einem Krieg, wenn eine Partei od. ausländische Macht der ganzen Gesellschaft ihren Willen aufzwingt. Dann wird deutlich, dass es in der P. letztlich um die Macht geht, die Fähigkeit, seinen Willen gegen andere in einem Gemeinwesen durchzusetzen. Doch wäre es sehr aufwändig u. auf die Dauer nicht haltbar, gegen den Willen der großen Mehrheit der Bevölkerung zu regieren. Es ist viel leichter, wenn die

Menschen Gesetze freiwillig befolgen u. die P. der Regierung überwiegend billigen. Darum sind Rechtsstaat u. →Demokratie vernünftigere Formen für die P. als Willkür u. Diktatur.

Mols, M./Lauth, H.J./Wagner, W. (Hg.), Politikwissenschaft. Eine Einführung, Paderborn u.a. [5]2006. – Wagner, W., Wie Politik funktioniert, München 2005.

Wolf Wagner

Postmoderne

Wenige Schlüsselbegriffe der neueren Kulturgeschichte sind so missverständlich u. entsprechend kontrovers diskutiert worden wie der Begriff „P.“. Er ist in der Tat beides: Schlüsselbegriff u. missverständlich, weil unpräzis. Dass wir „nach“ (*post*) der Moderne leben, wird auch von den ernst zu nehmenden Vertretern einer postmodernen Philosophie nicht behauptet – wir leben nach wie vor in der Moderne, in ihren technischen Errungenschaften u. ihren drängender werdenden Problemlasten. Als Moderne wird dabei heute in aller Regel die Zeit seit der Aufklärung verstanden, die vom Gedanken der freien, vernünftigen Selbstbestimmung des Menschen getragen ist (→Autonomie, Freiheit). Was die *P. hinter* sich lässt, sind eher Ideen der Neuzeit: etwa die Vorstellung eines ungebrochenen u. linear verlaufenden Fortschritts, od. überhaupt die Idee von umfassender Einheit als letztem Regulationsprinzip. An deren Stelle tritt das Recht der modernen, nicht reduzierbaren Pluralität (→Pluralismus). Insofern wäre die P. besser als „Reflexivmoderne“ zu bezeichnen, da sie sich nachdenklich u. kritisch mit Ideen der eigenen Epoche auseinandersetzt u. diese oft überhaupt erst bewusst macht.

Die P. begann als kulturelle Bewegung (→Kultur). Der amerikanische Literaturkritiker L. Fiedler hatte 1969 – ironischer Weise im „Playboy“ – dafür plädiert, Hoch- u. Trivialkultur nicht mehr strikt zu trennen, sondern eher nach Kombinationsmöglichkeiten Ausschau zu halten. Ähnlich wurde in der Architektur bewusst, dass die glatten modernen Fassaden u. am Reißbrett entstandenen Stadtviertel weder der Orientierung noch dem ästhetischen Empfinden entgegenkommen; darum begann man mit der Aufnahme traditioneller Formen u. formte mit solchen „Zitaten“ neue interessante Gebäude, die eine ganz eigene Raumwelt darstellten. Hier zeigt sich ein enger Zusammenhang der P. mit der →Ästhetik.

Vollends produktiv wurde die P. in der Philosophie. Der Franzose J.-F. Lyotard stellte in seinem Buch „Das postmoderne Wissen“ die These vom „Ende der Metaerzählungen“ auf: Fortschrittsidee, Marxismus, christliche Heilsgeschichte u. andere Einheitsideen haben schlicht keinen Kredit mehr. Nicht einmal der

„Konsens“ ist ein sinnvoller →Wert – eher ist es die Klärung von Dissens, wie sie etwa die →Demokratie betreibt. Hier wird ein ethischer Zug erkennbar, der das Recht auf Pluralität zum Prinzip macht. Selbst *die* Vernunft gibt es nur als plurale. In einer vielgestaltigen Welt ist sie grundlegend auf Ästhetik, d.h. auf →Wahrnehmung bezogen.

Auch die Individualisierung ist Folge der postmodernen Pluralität (*Patchwork-→Identität, Multitasking* usw.). Standardisierte u. traditionsgebundene Biographien werden seltener. Faktische Pluralisierung ist längst auch in der →Religion zu erkennen (Präsenz der Weltreligionen im eigenen Land, biographische religiöse Sprünge, O. Marquardt spricht gar vom „Lob des Polytheismus“); sie stößt aber ebenso wie der Begriff P. auf Ablehnung durch →Theologie u. →Kirche. Sperrt sich das →Christentum gegen eine faktische Bewusstseinsveränderung? Dabei sind auch hier längst postmoderne, d.h. nicht mehr auf einheitliche Prinzipien zurückführbare u. produktive Pluralisierungen u. Ästhetisierungen erkennbar: neue Gottesdienstformen, der „Markt der Möglichkeiten“ auf den Kirchentagen, die Taizé-Liturgien, neue ästhetisch inspirierte Kirchenraumnutzungen usw.

Lyotard, J.-F., Das postmoderne Wissen. Ein Bericht, Graz 1986 (⁵2005). – Welsch, W., Unsere postmoderne Moderne, Weinheim ³1991 (⁶2002). – Kunstmann, J., Christentum in der Optionsgesellschaft. Postmoderne Perspektiven, Weinheim 1997.

Joachim Kunstmann

Prophet

P./P.ie ist ein →interkulturelles Phänomen. Religionswissenschaftlich (→Religionswissenschaft) betrachtet, umfasst der Begriff Erscheinungen vom in vielen Stammesreligionen belegten Schamanismus über einzelne Gestalten der Religionsgeschichte bis hin zu einem „profanen“ P.ismus, dessen Vertreter sich gezwungen sehen, in Gefahrensituationen zu reden. Das gr. Wort *profétes* meint ursprünglich nicht den, der etwas *voraussagt*, sondern den, der etwas *heraussagt*, den Künder des göttlichen Willens, der durch Inspiration erfasst wird. Im griechisch sprechenden Diasporajudentum (→Judentum) wurde der Titel auf die Nebi'im (*nebîʾîm*) der Hebräischen →Bibel (AT) übertragen. Der Singular Nabi (*nābîʾ*) ist wohl als „Rufer, Künder“ od. auch als „Berufener“ zu deuten (E-bach 348f). In der Hebräischen Bibel ist die P.ie ein vielgestaltiges Phänomen. Der Begriff bezeichnet Ekstatiker-Gruppen (1Sam 10,5f; 19,18–24) u. bedeutende Gestalten der Frühzeit Israels wie Abraham, Mose, Mirjam, Debora u. Samuel (Gen 20,7; Dtn 18,15; Ex 15,20; Ri 4,4; 1Sam 9,9). Bei Samuel findet sich die Verbindung des kanaanäischen P.ismus mit dem nomadischen Sehertum. Daneben stehen P.en mit politischen Funktionen wie am Hofe Davids u. Salomos (2Sam 7; 1Kön 1). Seit Elija ist der israelitische P.ismus verknüpft mit der Alleinverehrung JHWHs (1Kön 18). Israels P.en verstehen sich als Vermittler von Gottes Wort. Von daher sind Botenformel („So hat JHWH gesagt“) u. der im Ich des sendenden Gottes ergehende Botenspruch wichtige Redeformen. Die Erfahrung des Göttlichen geschieht in Vision (Jes 6) u. Audition (Jer 1,4–10). Den Höhepunkt der P.ie in Israel bilden die „SchriftP.en“ (Jesaja, Jeremia, Ezechiel, ZwölfP.enbuch). Sie wenden sich zumeist unmittelbar an das Volk, oft in Opposition gegenüber Tempel u. Palast. P.ie begegnet auch in der Umwelt Israels, so in Ägypten, Mesopotamien u. Syrien.

Im NT gelten Johannes der Täufer (Mt 11,9) u. Jesus als P.en (Mk 6,4). Für die paulinischen Gemeinden ist die P.ie belegt mit der Aufgabe aufzubauen, zu ermutigen u. Trost zu spenden (1Kor 14,1–5). Diese P.ie kommt aus dem palästinischen Judenchristentum. Im Heidenchristentum gilt sie als ein Charisma (=Gnade, Geschenk) der →Kirchen gründenden Urzeit (Dautzenberg 185f). Ihr wird zunehmend mit Misstrauen begegnet. An ihre Stelle treten im 2. Jh. die Lehrer u. die Auslegung der Schrift (→Heilige Schriften).

Bedeutende prophetische Gestalten der Religionsgeschichte sind u.a. Zarathustra (ca. 628–551 v.Chr.), Mani (216–277) u. v.a. Mohammed (ca. 570–632; →Islam), der sich als Letzter, als „Siegel der P.en“ verstand.

Dautzenberg, G., Prophet (II) NT, in: M. Görg/B. Lang (Hg.), Neues Bibellexikon, Bd. 3, Zürich 2001, 184–186. – Blenkinsopp, J.A., Geschichte der Prophetie in Israel, Stuttgart-Berlin-Köln 1998. – Ebach, J., Prophetismus, in: H. Cancik/B. Gladigow/K.-H. Kohl (Hg.), Handbuch religionswissenschaftlicher Grundbegriffe, Bd. 4, Stuttgart-Berlin-Köln 1998, 347–359.

Franz Josef Stendebach

Rassismus

Der Begriff R. taucht zum ersten Mal in den dreißiger Jahren des vergangenen Jh.s auf. M. Hirschfeld führte den Begriff 1934 als Kritik an den damals vorherrschenden „Rassentheorien“ ein. R. als *Ideologie* (=Weltsicht), die Menschen in verschiedene „Rassen“ aufgeteilt sieht, reicht bis zur Kolonisierung Amerikas zurück. Im 16. Jh. entspann sich zunächst innerhalb der kath. →Kirche die Debatte, wie man mit „dem Anderen“, in diesem Fall den kolonisierten Völkern Amerikas, wie Azteken u. Inkas, zu verfahren hätte (→Mission). In der berühmten *Kontroverse von Valladolid* zw. Ginés de Sepúlveda u. Bartolomé de las Casas sind zwei Positionen dokumentiert. De las Casas vertrat die Position, dass die Einwohner Amerikas „Wilde“ seien, die aufgrund göttlicher Vorsehung in einem vorzivilisierten Zustand verharrten u. durch Glaubensbekehrung zivilisiert werden könnten (→indigene Theologie). Er ging damit von einer kulturellen Differenz aus. Die Einwohner Amerikas waren die Unzivilisierten, die Conquistadoren aus Spanien waren die Zivilisierten. Sein Gegenspieler De Sepúlveda hingegen sah in den „Indios“ Tiere, die nicht den gleichen Ursprung hätten wie die Europäer. Er sah sie als minderwertig an. Damit begründete De Sepúlveda die biologische Differenz.

Später wurden die Ideen von ungleichen „Rassen“ in den modernen Wissenschaften weitergeführt. Im 18. u. 19. Jh. galt die Einteilung der Menschen in „Rassen“ als allgemeingültige →Wahrheit. Nahezu jeder war von der Ungleichheit der Menschen überzeugt. So schrieb z.B. I. Kant: „Die Menschheit ist in ihrer größten Vollkommenheit in der Race der Weißen. Die gelben Indianer haben schon ein geringeres Talent. Die Neger sind weit tiefer“. In dieser Zeit verfestigten sich die zentralen Momente von R.: *Herabwürdigung, Konstruktion* u. *Naturalisierung*. R. basiert auf der Vorstellung, dass bestimmte körperliche Merkmale bei Menschen (Hautfarbe, Augenform) Rückschlüsse auf Intelligenz u. kulturelle Entwicklung zulassen.

Erst die Folgen des nationalsozialistischen Rassewahns brachten die Weltgemeinschaft dazu, jede Form des R. zu ächten. 1978 erklärte die UNESCO, dass alle Kulturen gleichermaßen komplex u. wichtig für die menschliche Vielfalt sind. Trotz dieser Ächtung existiert R. weiter. Heute dominiert im rassistischen Diskurs allerdings nicht mehr die Vorstellung von biologischer Ungleichheit. Der Hinweis auf kulturelle Unterschiede überwiegt bei aktuellen rassistischen Ideologien. Im Zentrum steht das Argument, dass das Zusammenleben verschiedener →Kulturen in einem Land zwangsläufig zu Spannungen führt.

Weil R. trotz seiner offiziellen Ächtung weiter existiert, sieht die ideologiekritische R.forschung R. als „totales soziales Phänomen“. Anders als bei der Forschung über Fremdenfeindlichkeit (*Xenophobie*) wird R. nicht als individuelle Einstellungshaltung begriffen, sondern als ein Diskurs, der sich auf allen gesellschaftlichen Ebenen entfaltet.

Guthmann, Th., Globalität, Rassismus, Hybridität, Stuttgart 2003. – Hall, S., Rassismus und kulturelle Identität. Ausgewählte Schriften, Bd. 2, Hamburg 1994 (³2002). – Miles, R., Rassismus, Hamburg 1991 (1999). – Balibar, E., Gibt es einen „Neo-Rassismus“? In: ders./I.M. Wallerstein (Hg.), Rasse, Klasse, Nation. Ambivalente Identitäten, Hamburg-Berlin 1990 (²1998), 23–38.

Thomas Guthmann

Ob wir „heute in einer Art Zeitenwende des Religiösen“ (W. Weidenfeld) leben, der Niedergang der R. (Säkularisierung) unaufhaltsam voranschreitet od. der modernen Gesellschaft nach wie vor ein relativ stabiler Grundbedarf an religiöser Orientierung zu bescheinigen ist – solche (derzeit konkurrierenden) Zeitdiagnosen sind abhängig davon, was unter „R.“ u. dem „Religiösen“ verstanden wird. „R.“ ist nicht leicht zu definieren u. kann deshalb wie das „Religiöse“ vielfältig begriffen werden: *substantialistisch*, also unter Betonung eines spezifischen, vom Nicht-Religiösen (z.B. der Wissenschaft) unterscheidbaren Gehalts, od. *funktionalistisch*, d.h. im Blick auf die Wirkungen u. Leistungen hinsichtlich ganz bestimmter individueller od. gesellschaftlicher Bezugsprobleme.

Fragt man nach den Leistungen von R., so wurden sie in der R.ssoziologie bislang im Wesentlichen auf sechs Probleme bezogen, deren Lösung für das Zusammenleben grundlegend zu sein scheint. (1) „R.“ sei dort zu finden, wo aus einheitlichen Prinzipien heraus ein Deutungshorizont allen Lebens begründet wird, der den „grauenvollen Wirrwarr aller möglichen Dinge“ (E. Troeltsch) bannt (Kosmisierung; →Kosmologie). (2) „R.“ stiftet durch →Werte, →Symbole u. ihre Handlungsform, die →Riten, soziale Ordnungen u. Bindungen u. festigt das Zusammenleben (Integration). (3) „R.“ schreibt der Einzelperson in einem übergreifenden Deutungsrahmen ein fundamentales Selbstbild u. ein Platz in der Welt zu (→Identität). (4) „R.“ verschafft ein Verhältnis der Akzeptanz zu dem, was grundlegend als unakzeptabel gilt: die Ohnmachtserfahrung im Wissen, sterben zu müssen, u. angesichts der ungleichen Verteilung von Glück u. Leid (Kontingenzbewältigung). (5) „R.“ bietet ethische Orientierung (→Ethik) im praktischen Umgang mit außergewöhnlichen Situationen an (Handlungsführung im Außeralltäglichen). (6) „R.“ ermöglicht, sich außerhalb der Bande dieser Welt (z.B. Beruf u. Familie) zu stellen, u. Protest u. Widerstand gegen die gesellschaftlichen Zustände zu mobilisieren (Weltdistanzierung).

Wenn die bisherigen R.en – z.B. das →Christentum – all diese sechs Funktionen gebündelt erfüllt haben, wird man mit Blick auf die moderne Gegenwart (→Postmoderne) sagen müssen, dass es R. so nicht mehr gibt (F.-X. Kaufmann). Bei allen Vorbehalten gegenüber einer funktionalistischen Definition von R. liegt ihr Vorteil darin, ein Sensorium bereit zu stellen, das zu erkennen verhilft, in welchen Daseinsbereichen – etwa im Sport, in der Bekleidung, im Marketing, in der Popkultur, in der Psychotherapie – die überkommenen R.en beerbt werden u. wohin ihre ehemaligen Leistungen diffundieren. Aber offensichtlich wird auch, dass die funktionalistischen Definitionen von „R.“ aus der Leistungskraft historischer R.en u. zumindest implizit von einem substantialistischen R.sverständnis abgeleitet wurden. *Substantialistisch* gesehen, können wir „R." als solche (normativ festgelegte) rituelle Praktiken u. (häufig auch in einer Lehre schriftlich verfasste) Überzeugungen („Heilswahrheit"; →Glaube, Wahrheit) definieren, die das individuelle u. kollektive Leben auf einen heiligen (→das Heilige) u./od. transzendenten Bezugspunkt ausrichten, also von einer grundlegenden Unterscheidung von „heilig" u. „profan", „Heil" u. „Unheil" bzw. „Immanenz" u. →„Transzendenz" ausgehen. In der aktuellen R.swissenschaftlichen Diskussion (→Religionswissenschaft) wird die seit K. Jaspers aufgeworfene Frage verfolgt, ob sich nicht erst in einer sog. →Kultur der „Achsenzeit" (seit dem 2. Jahrtausend v.Chr.) die grundlegende Unterscheidung von Immanenz u. Transzendenz herausgebildet u. die archaische, aber bis heute fortwirkende Unterscheidung von „heilig" u. „profan" wenn nicht abgelöst, so doch überlagert habe. „Religiosität" kann dann als die in Einstellungen, Vorstellungen sowie Erlebens- u. Verhaltensweisen beschreibbare, subjektiv gelebte Praxis von R. verstanden werden, gleichgültig, ob u. inwiefern diese mit den normativ festgelegten Überzeugungen u. Riten übereinstimmen u. sich an jene grundlegenden Unterscheidungen halten.

Die historischen überlieferten u. gegenwärtig praktizierten R.en können für unterschiedliche *R.smodelle* stehen u. danach unterschieden werden, ob sie (A) die Vorstellung der Selbst- od. der Fremderlösung (→Erlösung) bedienen, (B) wem sie Raum geben zur Partizipation, (C) an wen sie sich richten (wenige/alle), (D) ob sie eher binnenorientiert, also einer Mitgliederlogik, od. (auch) außenorientiert, d.h. einer Einflusslogik folgen u. (E) wie sie gegebenenfalls diese Einflusslogik verstehen. (A) Explizite R.en wie das →Judentum, die christlichen →Kirchen, Freikirchen u. →Sekten u. der →Islam verwerfen Vorstellungen einer „autosoterischen Erlösung", wie sie etwa in esoterischen Angeboten (→Esoterik) zum Ausdruck kommen, u. vertreten eine „heterosoterische" Überzeugungsprogrammatik, indem sie einen Heiland bzw. →Propheten als exklusiven Erlösungsvermittler verkündigen. R.en können auch (B) danach organisiert sein, ob an der Verfügung über die Heilsgüter u. die Deutung der Heilswahrheiten prinzipiell die gesamte R.smitgliedschaft od. – wie in der kath. Kirche – nur eine Elite partizipiert. Solche „AnstaltsR.en" müssen damit rechnen, dass die von diesem Monopol Ausgeschlossenen („Laien") eigene u. – je nach sozialer Lage (z.B. Bauer, Kleinbürger, Bildungsbürger), Milieu u. Lebensform (z.B. Familie) – unterschiedliche religiöse Vorstellungen u. Praktiken entwickeln. Diese „populare Religiosität" (Volksreligiosität) kann dann seitens derer, die die Deutungs- u. Verfügungshoheit über die Heilsgüter u. Heilswahrheiten beanspruchen, bekämpft od. geduldet, ignoriert, aber auch absorbiert od. instrumentalisiert werden. Eine weitere Herausforderung besteht darin, zur Sicherung des Monopolanspruchs eine Überaktivität der „Laien" (→Amt) zu verhindern, ohne deren Apathie zu fördern, was zur Verweigerung der materiellen u. ideellen Unterstützung od. gar zum Austritt führen könnte. Eine für die Missionsdynamik (→Mission) entscheidende Frage (C) ist, ob sich die transzendenzbezogene Verkündigung einer R. auf die Minderheit eines „heiligen Rests" od. auf prinzipiell alle Menschen bezieht, was sie im Zuge der →Globalisierung in Konflikt mit anderen R.en führt. Damit verbunden ist die Frage (D), ob sich eine R. eher auf den Einfluss auf u. den Service für ihre Mitglieder konzentriert od. zugleich versucht, Einfluss auf ihre nicht-religiöse Umwelt zu nehmen. Im letzteren Fall ist dann entscheidend (E), wie dieser Einfluss verstanden u. wie ihm zum Durchbruch verholfen wird: Ob in prinzipieller Anerkennung der „arbeitsteiligen" →Autonomie der irdischen Daseinsbereiche (Staat, Wirtschaft, Recht, Familie, Massenmedien usw.) od. in prinzipiellem Anspruch auf religiöse Heteronomie, nämlich „fundamentalistisch" (→Fundamentalismus) bzw. „integralistisch" das gesamte Leben unter die Regie eines religiösen „Supercodes" zu zwingen.

Für die meisten modernen Gesellschaften ist typisch das *„Fehlen* eines plausiblen u. allg. verpflichtenden sozialen Modells für die bleibenden, universalen menschlichen Transzendenzerfahrungen u. für die Suche nach einem sinnvollen Leben" (Th. Luckmann; →Sinn). Die Sozialstrukturen des modernen Alltagslebens (→Lebenswelt) sind weitgehend sperrig gegenüber religiöser Kommunikation, also säkularisiert, nicht aber das Individuum. Hierfür sprechen auch die Konjunktur des Ausdrucks →„Spiritualität" u. die enorme Bedeutung, die in den letzten Jahren dem zugewachsenen ist, was man die Dimension der „religiösen Erfahrung" nennt.

Klöcker, M./Tworuschka, U. (Hg.), Handbuch der Religionen. Kirchen und Glaubensgemeinschaften in Deutschland, München 2006ff. – Sellmann, M., Mode. Die Verzauberung des Körpers. Über die Verbindung von Mode und Religion, Mönchengladbach 2002. – Kaufmann, F.-X., Religion und Modernität. Sozialwissenschaftliche Perspektiven, Tübingen 1989.

Michael N. Ebertz

Religionsunterricht

→Religionen repräsentieren einen eigenen Modus der Welterfahrung u. Weltdeutung. Sie erschließen einen transzendenten Sinnhorizont (→Transzendenz, Sinn) glückenden →Lebens, begründen eine Lebenspraxis u. kulturelle Lebensformen sowie eigene →Sprach- u. Wissensformen. Religiöse →Bildung ist daher auch Teil einer →Kultur erschließenden schulischen Allgemeinbildung.

Schulischer R. findet seine Begründung im Bildungsauftrag der öffentlichen Schule.

An den öffentlichen Schulen in der Bundesrepublik Deutschland ist der R. – mit wenigen Ausnahmen – ein grundgesetzlich geschütztes „ordentliches Lehrfach“. Er steht unter staatlicher Schulaufsicht u. wird „in Übereinstimmung mit den Grundsätzen der Religionsgemeinschaften“ (Art. 7,3 GG) erteilt. Der anerkennt damit einerseits den Bildungswert von →Religion. Er verzichtet andererseits in einer durch seine Pflicht zu weltanschaulicher Neutralität begründeten Selbstbeschränkung darauf, Fragen der Sinnfindung u. der Religion selbst beantworten zu wollen. Der Grundsatz der freiwilligen Teilnahme am R. sichert das Grundrecht der Religionsfreiheit (→Freiheit) sowohl als positives Entfaltungsrecht wie auch als negatives Abwehrrecht.

Religion begegnet im R. nicht als gemeinsam geteilte religiöse Praxis, sondern in schulisch vermittelter Gestalt: als „Religion (in) der Schule“ (B. Porzelt). Schulischer R. partizipiert an den für schulischen Unterricht konstitutiven Grenzen: Er verlässt den unmittelbaren Lebenszusammenhang (→Lebenswelt) u. kann insofern nur einen vermittelten Erfahrungsbezug wahren u. stiften. Gleichwohl eröffnet der in Übereinstimmung mit den Religionsgemeinschaften „konfessionell“ od. „konfessionell-kooperativ“ (→Ökumene) erteilte R. Schüler/innen die Möglichkeit, Religion nicht nur aus der Außenperspektive eines neutralen Beobachters, sondern auch aus der Binnenperspektive gelebter Religion kennen zu lernen u. in der Begegnung u. der Auseinandersetzung mit authentischen Zeugnissen einer bestimmten Religion die eigene religiöse Überzeugung zu klären, zu entwickeln u. zu profilieren. Insofern R. dazu verhilft, ein selbst bestimmtes Verhältnis zu den glaubensgeschichtlichen Voraussetzungen der eigenen Lebensgeschichte zu gewinnen, kann er zur Identitätsfindung (→Identität) der Schüler/innen beitragen.

Der Horizont der „Einen Welt“ u. die durch →Migrationen beschleunigte kulturelle u. religiöse Pluralisierung des gesellschaftlichen Zusammenlebens (→Pluralismus) machen ein „Lernen zw. den Kulturen“ u. ein „Lernen zw. den Religionen“ dringlich (→Konvivenz). →Interkulturelles/Interreligiöses Lernen im Raum der Schule wird nur dann gelingen, wenn religiöse Bildung auch für diesen →„Dialog in der Differenz“ (H. Kohler-Spiegel) qualifiziert.

Schulischer R. vermittelt so Schlüsselqualifikationen für die individuelle u. soziale Lebensgestaltung: Er fördert kulturelle Kontinuität, unterstützt die Identitätsfindung der Schüler, relativiert gesellschaftliche Erwartungshorizonte u. befähigt zur Verständigung in einer zunehmend pluralen Kultur u. Gesellschaft. Er sichert damit zugleich Voraussetzungen für die Wahrnehmung demokratischer (→Demokratie) Freiheitsrechte (Glaubens- u. Bekenntnisfreiheit).

Kohler-Spiegel, H., Identität und Begegnung mit dem Fremden. Ziele, Reichweite und Grenzen interreligiösen Lernens im schulischen Religionsunterricht, in: Religionsunterricht an höheren Schulen 49 (2006), H. 4, 215–222. – Porzelt, B., Die Religion (in) der Schule. Eine religionspädagogische und theologische Herausforderung, in: Religionspädagogische Beiträge 54 (2005), 17–29. – Bitter, G. u.a. (Hg.), Neues Handbuch religionspädagogischer Grundbegriffe, München 2002 ([2]2006).

Werner Simon

Religionswissenschaft

Die R. konnte sich erst im Laufe des frühen 20. Jh.s als eine eigenständige akademische Disziplin etablieren. Ihr Ziel war es, die gesamte Breite u. Fülle (v.a. außerchristlicher) religiöser Betrachtungsweisen in Geschichte u. Gegenwart in möglichst vorurteilsfreier Weise zu erforschen, zu beschreiben u. zu vergleichen. Da kein einzelner Forscher für alle →Religionen der Welt gleichermaßen kompetent sein kann, wurde eine Spezialisierung auf einzelne Religionen od. Themenfelder unvermeidlich, was schließlich dazu geführt hat, dass in der heutigen R. die großen, vergleichenden Fragestellungen kaum mehr gestellt werden.

Zudem wird heute im →interkulturellen →Kontext die Möglichkeit eines Ausgangs von einer voraussetzungslosen, wertneutralen Beobachterperspektive grundsätzlich in Frage gestellt. Auch der R.ler kann seine zeit- u. kulturbedingte Innenperspektive (→Kultur) nie ganz abstreifen u. sich auf einen kulturneutralen „archimedischen Punkt“ erheben. Die Offenlegung des immer schon mitgebrachten Vorverständnisses kann daher seiner Wissenschaftlichkeit nur förderlich sein. Es sind v.a. die Lehren der großen Weltreligionen (→Judentum, Christentum, Islam, Buddhismus, Hinduismus, Daoismus, Konfuzianismus), die die heutige R. historisch u. systematisch untersucht. Sie befasst sich weiterhin mit kleineren, teilweise schon untergegangenen sowie neu entstandenen Religionen, u. in jüngster Zeit verstärkt mit naturalistischen, ökonomistischen u. religionskritischen Erklärungsversuchen von Religion. Es ist die Diskussion um ihren schwer bestimmbaren Gegenstandbereich (→Religion, das Heilige, Kultur usw.), die die R. seit ihrem Entstehen beunruhigt.

Im Laufe ihrer Wissenschaftsgeschichte wurden immer wieder historische gegen systematische, funktionalistische gegen substantialistische u. phänomenologische gegen kultur-(sozial)wissenschaftliche Betrachtungsweisen ausgespielt. Die auf eine methodische Vereinheitlichung zielende kulturwissenschaftliche Strömung (→Kulturwissenschaft), die Religion als Teil der Kultur begreift, dominiert gegenwärtig eindeutig die religionswissenschaftliche Methodendiskussion. Im Unterschied zu ihr hält die Religionsphänomenologie am umstrittenen Begriff des Heiligen fest. Für sie kann die Religion, die unbestreitbar ein Kulturfaktor ist, nur dann wirklich verstanden werden, wenn auch die Erfahrungsdimension u. damit die Bewusstseinsstruktur des religiösen Menschen berücksichtigt wird.

Kulturüberschreitend nachweisbare Übereinstimmungen, Ähnlichkeiten u. Analogien sprechen dafür, dass religiöse Grunderfahrungen (Schamanismus, →Mystik, Prophetie usw.) nicht notwendig an Kulturgrenzen gebunden sind. In jüngster Zeit wird angesichts der Herausforderung durch die lebendige Begegnung der Kulturen für eine stärker an der Praxis orientierte, dialogischere (→Dialog) R. plädiert, die die Gläubigen nicht auf Untersuchungsobjekte reduziert, sondern die auf das hört, was sie von sich aus zu sagen haben. Ein Grundproblem der R. besteht darin, dass eine eindeutige, von allen Forschern gleichermaßen akzeptierte Religionsdefinition bisher nicht gefunden wurde. Für eine transzendenzoffene R. kann aber G. Menschings Definition „Religion ist Begegnung mit dem Heiligen" hilfreich sein. Das Heilige ist eine Chiffre für die „Letzte Wirklichkeit", mithin für →Gott. Eine solche R. nimmt die religiöse Frage, die gegenwärtig wieder in das Zentrum des öffentlichen Interesses rückt, ernst u. rückt auf diese Weise in die Nähe der Religionstheologie. Sie verzichtet freilich auf die eindeutige Beantwortung dieser existentiellen Grundfrage.

Figl, J. (Hg.), Handbuch Religionswissenschaft, Innsbruck, 2003. – Hock, K., Einführung in die Religionswissenschaft, Darmstadt 2002 (^{2}2006). – Michaels, A. (Hg.), Klassiker der Religionswissenschaft. Von Friedrich Schleiermacher bis Mircea Eliade, München 1997 (^{2}2001).

Wolfgang Gantke

Reziprozität

R. bzw. das Adjektiv „reziprok" bezeichnet allg. ein wechselseitiges aufeinander bezogenes Verhältnis zw. zwei gleichwertigen Polen. Der Begriff begegnet zwar auch in den Naturwissenschaften, insbes. jedoch in den Geistes- u. →Kulturwissenschaften. Dort besteht Übereinstimmung im grundsätzlichen Verständnis von R. als einer Austauschhandlung, die eine Form des sozialen Handelns darstellt. R. ist ein Vorgang von Geben u. Nehmen, allerdings liegt ihm nicht Gewinndenken zugrunde, nicht die Logik von Geben u. Nehmen i.S. von Gleiches-mit-Gleichem-Vergelten. R. meint die uneingeschränkte u. konditionslose Bereitschaft zu geben. Dieses Geben erwartet weder ein qualitativ u. quantitativ gleichwertiges Bekommen, noch ein auf das Geben hin zeitlich unmittelbar folgendes Empfangen, allerdings ist dieses Geben auch kein einseitiges od. bedingungsloses Schenken aus Selbstlosigkeit.

In der Ethnologie (→Ethnie) u. im soziologischen Diskurs wird mit R. ein Grundmuster für soziales u. wirtschaftliches Handeln in vor- u. nichtindustriellen Gesellschaften bezeichnet, das jedoch ursprünglich nicht aus dem ökonomischen Bereich stammt. R. ist ein ethisches (→Ethik) Gegenseitigkeitsprinzip, das die komplementäre Verwiesenheit von Einzelmenschen untereinander u. zw. →Gemeinschaften zugrunde legt, zugleich eine umfassende Norm. R. stellt eine Verpflichtung gegenüber anderen dar, die jenseits der Aufgabe, als menschliches Wesen zu handeln od. als Mitglied einer bestimmten Gruppe od. bedingt durch sozialen Status, besteht. Allein früher erbrachte Leistungen anderer bilden die Vorgeschichte von R. als einer sozialen Interaktion. „Das in der R. verankerte, funktionale Selbst erlangt seine Reife u. beeinflußt sein eigenes Schicksal unter der Bedingung, daß es für andere handelt u. wandelt – unter der Bedingung, daß es nicht allein für sich selbst lebt.“ (Gouldner 1984, 130)

R. gilt als systemregulierendes Prinzip, das die soziale Interaktion u. die Stabilität von Sozialsystemen maßgeblich beeinflusst. Die transkulturelle Minimalforderung an die R.s-Norm drückt sich im Aufruf zur Hilfeleistung für die, die ihrerseits geholfen haben, u. zur Nicht-Verletzung derer, die geholfen haben, aus. Darin wird auch der Unterschied zw. R. u. (Produkt)Tausch deutlich, der i.d.R. aufgrund kulturell definierter Bedürfnisse nach Waren erfolgt, die ein jeweiliger Partner selbst nicht herstellen kann. Die R.s-Norm stellt eine Dimension dar, die sich in allen Wertesystemen (→Werte) finden lässt, die universell ist, was allerdings nicht bedeutet, dass sie auch ohne Einschränkung gilt (vgl. Gouldner). Die Umkehrung der R.s-Norm wird als negative R. bezeichnet u. bedeutet die Nicht-Erwiderung einer zuteil gewordenen Gunst.

Studien zum →interkulturellen →Dialog belegen, dass das R.s-Prinzip auf pragmatischer u. ethischer Ebene als wechselseitige Handlung in allen Arten von Interaktion, d.h. zw. Personen u. Gruppen innerhalb der menschlichen Gemeinschaften wie auch zw. Mensch u. →Gott funktioniert (vgl. Estermann 1999). So stellt z.B. in der →Kultur der Andenvölker die kosmische Ordnung (Kosmovision) die Grundlage für das R.s-Prinzip dar, d.h.: „Durch die R. stellen die menschlichen, natürlichen, göttlichen) Handlungsträger eine ‚kosmische →Gerechtigkeit‘ i.S. einer Normativität her, die den vielfältigen bestehenden Beziehungen zu Grunde liegt.“ (Ebd., 151) Die Unterbrechung bzw. ihre Unterlassung (die negative R.) stört das Gleichgewicht, u. deshalb muss dieses – die Harmonie – durch reziproke Handlungen wiederhergestellt werden. Dies gilt für alle Bereiche des →Lebens: Wirtschaft u. Handel, soziale u. familiale Beziehungen u. für den Bereich der religiösen (→Religion) R. zw. Göttlichem u. Menschlichem.

Estermann, J., Andine Philosophie. Eine interkulturelle Studie zur autochthonen andinen Weisheit, Frankfurt a.M. 1999. – Gouldner, A.W., Reziprozität und Autonomie, Frankfurt a.M. 1984. – Mauss, M., Die Gabe, Frankfurt a.M. 1968 (⁶1990).

Thomas Schreijäck

Ritus

(1) Unter „R.“ versteht man eine stereotype Handlung (meist) als Bestandteil eines mit Riten inszenierten Rituals aus einem genau definierten Anlass zu einem genau bestimmten Zweck, z.B. das Übergießen mit Wasser (R.) aus Anlass der Taufe eines Neugeborenen (kirchliches Ritual) zum Zweck (u. mit der Wirkung) der Aufnahme in die christliche Gemeinde od. der heilsnotwendigen göttlichen Gnadenvermittlung od. der Tilgung der Erbsünde (je nach der Lehre der praktizierenden christlichen Gemeinschaft; →Christentum). Riten u. Rituale sind nicht auf den explizit religiösen Bereich beschränkt. Beispiele: im „zivilreligiösen“ Rahmen Aufmärsche, Fahnenweihen, Absingen von Nationalhymnen, militärische Grußzeremonien; im Rahmen des Strafrechts etwa das Hinrichtungszeremoniell.

Im zivilen Bereich spricht man dann gewöhnlich von „Zeremonien“, „Zeremoniell“ statt von „Riten“, „Ritual“. Die Unterscheidung von religiösem u. zivilem Bereich ist dabei so fließend, zumal für unser Thema keine Notwendigkeit einer präzisen Abgrenzung besteht, dass hier immer wieder von „R.“ bzw. „Ritual“ gesprochen wird. Riten u. Rituale gehören auch ins Spektrum tierischer Verhaltensweisen. Beispiele: das Balz- u. Paarungsritual, das Imponier-, Droh- u. Unterwerfungsritual. Einige dieser Riten/Rituale sind ins menschliche Verhaltensrepertoire eingegangen. Beispiele: das (weibliche) Brustweisen als Beschwichtigungs-, das Bücken als Unterwerfungs-, die ausgestreckte gespreizte Hand als AbwehrR., Zähnezeigen u. Starren als Drohritual.

(2) Wiederholung verstärkt R. u. Ritual. Beispiele: mehrere Vaterunser sind mehr als ein Vaterunser, dreimalige Wiederholung von Beschwörungshandlungen (*omne truinum perfectum*). Fehler machen sie unwirksam, z.B. wird durch ein falsches Wort das römische Tieropfer wirkungslos; es muss neu u. diesmal fehlerfrei inszeniert werden (mit neuen Tieren). Worte können integrierender Bestandteil des Rituals sein. Beispiele: die Opferformel („nun übergebe ich dich Odin“) beim altnordischen Menschopfer, die christlichen →Sakramente. Aber es gibt auch wortlose Rituale, z.B. gewisse Rituale im Umkreis des →Todes, bei denen aus →Solidarität mit den Toten („den Stillen“) in vielen →Kulturen Schweigen geboten ist (man vgl. auch die „Schweigeminute“ bei unseren festlichen Anlässen zum gemeinsamen Gedenken an Verstorbene!).

(3) Oft ist das Ritual szenische Darstellung eines →Mythos. Beispiele: In den antiken Dionysos-Mysterien wiederholte das Zerreißen u. Essen eines wilden Tieres das mythische Schicksal der Kultgottheit u. gab Teil an ihrem unsterblichen Wesen. In der kath. Messfeier vollzieht sich „die unblutige Repräsentation des blutigen Opfers Christi" zum Heil der ganzen →Kirche.

(4) Wie Riten u. Rituale wirken – *produktiv* (das Durchstechen einer Puppe bewirkt den Tod der damit magisch identifizierten Person), *adduktiv* (der Nekromant zitiert durch sein Beschwörungsritual den Toten aus der Unterwelt), *performativ* (durch das Aussprechen der trinitarischen Taufformel ist der Täufling getauft) od. *symbolisch* (im reformierten Abendmahl sind Leib u. Blut Christi zeichenhaft präsent; →Symbol) – u. ob diese Wirksamkeit vom →Glauben der dabei Involvierten abhängt od. automatisch eintritt, ist u. war Gegenstand theologischer Spekulation u. Streiterei u. bestimmt sich nach dem jeweiligen religiösen Kontext (Magie u. Zauber, traditionelle u. antike Religion, „Hochreligionen") verschieden.

(5) Riten u. Rituale spielen bei den Sakramenten u. bei der →Initiation eine bes. wichtige Rolle. Der postmoderne (→Postmoderne) „Schrei" nach Riten u. Ritualen in einer zunehmend orientierungslosen Gesellschaft hat den Beruf des außerkirchlichen „Ritualberaters" generiert.

Dettwiler, M., Wenn Ritualberater im Kirchenrevier wildern, in: Reformierte Presse 16 (2006), 1. u. 5. – Hasenfratz, H.-P., Religion – was ist das?, Freiburg i.B. 2002. – Lang, B., Ritual/Ritus, in: H. Cancik/B. Gladigow/K.-H. Kohl (Hg.), Handbuch religionswissenschaftlicher Grundbegriffe, Bd. 4, Stuttgart-Berlin-Köln 1998, 442–458.

Hans-Peter Hasenfratz

Sakrament

(1) *Ganz allg.*, also philosophisch u. religionswissenschaftlich (→Religionswissenschaft) gesehen, gehören S.e zu den Zeichen/→Symbolen der kulturellen geistigen/erzählten Welt. Näherhin bezeichnen/symbolisieren sie die religiöse(n) Dimension(en) des Daseins bzw. der Welt u. dienen so den Mitgliedern einer Religionsgemeinschaft zur Orientierung u. tragen zu ihrer Identifizierung mit derselben bei. Im →Christentum bezeichnet man als S.e bestimmte liturgische →Riten, mit denen die →Kirche Christi ihr eigentliches Wesen vollzieht u. offiziell-feierlich demonstriert. Katholiken u. Orthodoxe (→Orthodoxie) praktizieren sieben S.e, die Kirchen aus der Reformation betrachten nur Taufe u. Abendmahl als wahre, nämlich von Christus eingesetzte S.e.

(2) Die *Kirche* versteht sich im →Glauben als das Volk Gottes. Unsichtbarer Weise ist sie eins mit ihrem auferstandenen Herrn, d.h. sie ist sein Leib. Auch ist sie Tempel des Gottesgeistes, d.h. Raum des belebenden Wirkens Gottes in der Welt. Somit ist die Kirche sowohl irdisch-sichtbare →Wirklichkeit als auch in dem Sinne unsichtbare „göttliche" Wirklichkeit, als sie eben *Gottes* Volk, Tempel seines *Geistes* u. Leib *Christi* ist. Sie ist im Ganzen sakramentalen Wesens (*GrundS.*), da das unsichtbare Anwesen u. Wirken Gottes in ihrer sichtbaren Wirklichkeit zutage tritt, diese somit ein sichtbares Zeichen (*Realsymbol*) von jenem empirisch Unsichtbaren ist.

(3) In den *EinzelS.en* aktualisiert sich das sakramentale Wesen der Kirche. Sie machen der Kirche selbst eigens bewusst u. verkünden in der Welt, dass das kirchliche Sein u. Leben Auswirkung u. somit Zeichen jenes göttlichen Lebens ist, das sich mit der Auferstehung Jesu Christi endgültig u. bleibend in der Welt durchgesetzt hat. Diese Osterwirklichkeit, bzw. bestimmte Aspekte derselben, sind der „Inhalt" der EinzelS.e. Ihrem Heilscharakter entspricht es, dass sie in liturgischer Form *gefeiert* (→Fest) werden. Grundlegend ist die *Taufe*. Sie besagt, dass der Getaufte Kind Gottes, des Vaters ist, als Erlöster Christus gehört u. dass er Glied seines Leibes, der Kirche, ist. Zur Taufe gehört die *Firmung*, die erst im Mittelalter zu einem eigenen S. wurde. Sie besagt, dass auch das aktive Leben des Christen gelebt wird im Anwesen u. aus der Kraft des schöpferischen Gottesgeistes. Bei der *Krankensalbung* handelt es sich darum, dass auch der Leib des Christen „gerettet u. aufgerichtet" (Jak 5,15), nämlich auferstehen wird. Mit der Feier der *Eucharistie* verkündet die Kirche, dass das sichtbare Brot unsichtbarer Weise der himmlische Leib des auferstandenen u. gegenwärtigen Herrn ist, dass also die irdische Wirklichkeit des materiellen Kosmos im Innersten schon verwandelt u. verklärt ist. Teilnahme am Brotbrechen ist so Bekenntnis zur Einheit von diesseitiger u. jenseitiger Welt. Geht es bei den o.g. vier S.en um das seit Ostern gegebene neue *Sein* in Christus, so geht es bei den drei S.en Ehe, Buße u. Ordo (Priesterweihe) darum, dass bestimmte „sichtbare" *Akte* in der Kirche gleichsam „horizontale" Auswirkungen u. so Zeichen des göttlichen Heilsgeschehens, nämlich des „vertikalen" liebenden Jas Gottes zur Kirche sind u. deshalb in liturgisch-feierlicher Form vollzogen werden. Beim *Eingehen des Ehebundes* ist das gegenseitige Ja der Eheschließenden das „sichtbare" Zeichen der Hingabe Christi an/für seine Kirche (s. Eph 5,25.32). Das sog. *BußS.* wäre so als Zeichen zu verstehen: In der Kirche einander Schuld zu bekennen u. zu vergeben ist Auswirkung u. Zeichen dessen, dass Gott uns trotz unserer →Sünden annimmt. Mit dem *WeiheS.* bestellt die Kirche zum amtlichen Dienst (→Amt), bzw. der zu Weihende stellt sich der Kirche zur Verfügung. Darin realisieren sich Gottes bzw. Christi unsichtbare Hingabe an u. Dienst für seine Kirche, die nicht

nur eine charismatische →Gemeinschaft (*communio*), sondern auch eine sichtbare, rechtlich organisierte Gemeinschaft (*societas*) ist.

Simonis, W., Lebenszeichen der Kirche. Sakramentenlehre, Düsseldorf 2006. – Rahner, K., Kirche und Sakramente, Freiburg i.B. 1961 (³1968). – Glasenapp, H. v., Glaube und Ritus der Hochreligionen, Frankfurt a.M.-Hamburg 1960. – Semmelroth, O., Die Kirche als Ursakrament, Frankfurt a.M. 1953 (²1955).

Walter Simonis

Schöpfung

Die Aussage, dass die Welt Sch. →Gottes sei, enthält zwei Bedeutungsrichtungen. Die eine zielt auf Gott, die andere auf die Welt. Unausdrücklich macht sich in diesen beiden eine dritte Aussageebene geltend: Es ist der Mensch (→Anthropologie) selbst, der sich in seiner Beziehung zu Gott u. zur Welt thematisiert. Das Bedeutungsdreieck Gott-Mensch-Welt gilt wohl für alle →Religionen, die Sch.saussagen treffen. Dabei ist zu differenzieren: Der Sch.sgedanke ist nicht gleichbedeutend mit einer Welterklärungslehre (→Kosmologie) od. Weltentstehungslehre (Kosmogonie). Das biblische (→Bibel) Sch.sdenken steht deswegen auch nicht in einer unversöhnlichen Rivalität zu naturwissenschaftlichen Kosmologien od. zur Evolutionstheorie. Sch.saussagen wollen vielmehr den Bedeutungsort des Menschen in seiner →Wirklichkeit lokalisieren. Sie können dies unter Verwendung von kosmologischem u. kosmogonischem Material tun, müssen es aber nicht. Dies gilt insbes. für die biblische, jüdisch-christliche Sch.srede (→Judentum, Christentum). Sie identifiziert Gott als den, der sich ohne äußere Notwendigkeit in unbedingter →Freiheit entschlossen hat, eine von ihm verschiedene u. ihm gegenüber autonome (→Autonomie) Wirklichkeit ohne Bedingungen zu bejahen: also zu wollen, dass sie ist, bleibt u. sich vollendet, u. d.h.: sie zu lieben (→Liebe). Sch.sdenken identifiziert Gott als Liebhaber der Welt.

Sch.srede identifiziert die Welt als jene letztinstanzlich, also von Gott, unbedingt gewollte u. bejahte – also geliebte – eigenständige Wirklichkeit, deren Gewollt- u. Bejahtsein sie begründet, ins Dasein bringt. Sch.srede identifiziert die Welt also als in ihrem unbedingten Geliebtsein be- u. gegründet. Die Rede vom Geschaffensein der Welt will, wenigstens in biblischer Verantwortung, nicht zunächst von Herkunft od. Entstehung der Welt sprechen, sondern von ihrem →*Wert*. Dieser liegt nicht darin, dass sie Ressource der Existenz u. der Entfaltung des Menschen ist. Ihr Wert ist vielmehr begründet in einem Bejahtsein, das durch menschliches Tun weder erreich- noch zerstörbar ist. Diese Bestimmung des

Werts der Welt stellt zugleich die Kernaussage einer ökologischen →Theologie dar. Indem das Sch.sdenken die Welt im liebenden Ja Gottes zu ihr begründet u. ihren Wert damit der Verfügungsgewalt des Menschen entzogen sieht, wird keine Aussage gegen, sondern für den Menschen getroffen. Die Aussage, dass die Welt, also der den Menschen umgebende u. enthaltende Raum des Lebens, als Sch. unbedingt bejaht ist, bedeutet: Von Gott her hat der Mensch eine positive Ausgangsposition, für die er nichts leisten muss. Sie ist vielmehr schon da, als Sch. Als unverdiente Ermöglichung von →Leben hat Sch. Gabencharakter, steht also in einem Zusammenhang zu jener Dimension, welche die christliche Theologie Gnade nennt. Biblisches Sch.sdenken entwickelt das Verständnis einer begnadeten Welt als „Utopie des Anfangs" im Kontrast zur faktisch erfahrenen unheilvollen Wirklichkeit. In der Spannungseinheit von Sch.sgemäßer Handlungsfähigkeit u. faktischer Bedrohtheit der Sch. ist der Mensch zur Gottebenbildlichkeit gerufen – dazu aufgerufen, jene Bedeutung, die der Welt als Sch. u. ihm selbst als Geschöpf immer schon zugesagt ist, durch sein Handeln stets von neuem zu suchen u. zu verwirklichen.

Kehl, M., Und Gott sah, dass es gut war. Eine Theologie der Schöpfung, Freiburg i.B. 2006. – Schupp, F., Schöpfung und Sünde. Von der Verheißung einer wahren und gerechten Welt, vom Versagen der Menschen und vom Widerstand gegen die Zerstörung, Düsseldorf 1990. – Ebach, J., Ursprung und Ziel. Erinnerte Zukunft und erhoffte Vergangenheit. Biblische Exegesen, Reflexionen, Geschichten, Neukirchen-Vluyn 1986.

Knut Wenzel

Seele

Unter dem Seelischen versteht man den geistigen Aspekt der →Wirklichkeit. In den Anfängen der westlichen →Tradition wird dieser mit dem gr. Wort *Psyche* u. dem hebr. Wort *Ruach* beschrieben. Sowohl im AT wie auch in der griechischen Geisteswelt bedeuten diese Begriffe auch „Hauch", „Atem". Die S. durchdringt u. belebt das Materielle. In der frühen griechischen Philosophie wurde der Bereich des Seelischen oft sehr umfassend gedacht. Alles was durch inneren Antrieb der Selbstbewegung fähig war, wurde als lebendig u. beseelt aufgefasst. Plato entwickelt dann den Gedanken einer vom Körper unabhängigen GeistS. des Menschen. Der Mensch kann sich durch seine Vernunft über den Bereich des Sinnlichen u. Materiellen erheben u. muss deshalb seiner Natur nach dem Bereich des Geistigen angehören. Aristoteles bindet die S. enger an die Materie u. sieht in ihr die organisatorische Struktur der Lebewesen: Pflanzen, Tiere u. Menschen haben je einen eigenen „Bauplan" u. damit eigene S.nvermögen. Nur dem Menschen kommt eine VernunftS. zu. Die christliche Philosophie des Mittelalters folgt nach einer platonischen Periode mehr dem aristotelischen Erbe, da in ihm die Leib-S.-Einheit des Menschen besser gedacht werden kann. Diese Sicht entspricht eher dem biblischen Menschenbild (→Bibel, Anthropologie) u. kann auch die christliche Lehre von der leiblichen Auferstehung besser integrieren. Das neuzeitliche Denken setzt das selbstbewusste Subjekt u. damit die S. von der physischen Natur ab. Am klarsten kommt dies im Körper-Geist-Dualismus R. Descartes zum Ausdruck. Da hier die physische Welt als geistloser Mechanismus verstanden wird, gelingt es nicht mehr dem Geist in der Natur einen Platz einzuräumen.

Bis heute ist die Gegenüberstellung von →Geist u. Natur ein zentrales Motiv in der Debatte des Leib-S.-Problems. Die vordringlichste Fragestellung ist daher die nach der Möglichkeit der „Naturalisierung" des Geistes. Es sind v.a. zwei Aspekte der menschlichen S., die sich bisher einer befriedigenden naturwissenschaftlichen Erklärung entziehen: intentionaler Gehalt u. qualitatives Erleben. Unter „Intentionalität" versteht man die Fähigkeit, sich auf einen geistigen Gehalt zu beziehen. Wenn man etwa an den Satz des Pythagoras denkt, bezieht man sich auf eine logisch notwendige, wahre Aussage. Wie kann ein natürliches System wie das Gehirn eine solche abstrakte →Wahrheit erfassen, sich auf sie ausrichten? Ein Computer kann zwar mathematische Sätze in einem Programm abarbeiten, aber er kann sie nicht erfassen, einsehen, od. in einem Urteil als wahr behaupten. Unter „qualitativem Erleben" versteht man die Fähigkeit, etwas auf bestimmte Weise zu erfahren: als süß od. sauer, angenehm od. schmerzhaft, blau od. rot. Ein Computer kann mittels eines Thermostats auf die Temperatur reagieren. Er weiß aber nicht, wie es sich anfühlt, wenn es behaglich warm ist, weil er nichts erlebt. Diese Erklärungslücken werden von einigen als Beleg für die Eigenständigkeit des Geistes u. damit den Leib-S.-Dualismus gewertet. Andere versuchen das Geistige als eine höherstufige Systemeigenschaft der Materie zu verstehen. Wieder andere glauben, dass der Geist nur aus der Materie hervorgehen kann, wenn er „von Anfang an" in einer primitiven Vorform in ihr vorhanden war. Die klassischen Positionen der Philosophie werden also heute in verfeinerter Form noch immer vertreten, ohne dass eine Lösung des Leib-S.-Problems in Sicht wäre.

Brüntrup, G., Das Leib-Seele-Problem, Stuttgart 2007. – Kläden, T., Mit Leib und Seele, Regensburg 2005.

Godehard Brüntrup

Sekte

Der Begriff „S.“ (vom lat. *sequi*=nachfolgen) ist vieldeutiger als erwartet. Im theologischen (→Theologie) od. religionswissenschaftlichen (→Religionswissenschaft) Zusammenhang ist damit die kleinere Abspaltung von einer größeren „Mutterreligion“ gemeint. Aus deren Sicht hat die „S.“ den Boden des gemeinsamen →Glaubens verlassen u. Sonderlehren etabliert. Diese beruhen entweder auf neuen →Offenbarungen (z.B. neuen Schriften od. prophetischen Eingebungen; →Prophet) od. auf einer autoritativ eng geführten Sonder-Interpretation des gemeinsamen Glaubensgutes (z.B. bei den Endzeit-Berechnungen der Zeugen Jehovas). In diesem Sinne gibt es S.n in allen →Religionen, ohne dass damit eine moralische Abwertung verbunden wäre. Im Alltag dominiert jedoch ein sozialpsychologischer Begriff von S. Gemeint sind hier ideologische (nicht nur religiöse) →Gemeinschaften, die sich von der Außenwelt scharf abgrenzen, nach innen straff autoritär organisiert sind u. ein (von außen gesehen) totales bis totalitäres Engagement ihrer Mitglieder einfordern. Während sich die theologische S.nkritik auf Abweichungen in der Lehre stützt, bezieht sich die psychologische Kritik auf die Struktur der S., nicht auf die Lehrinhalte. Mit solchen Strukturen verbindet sich in der öffentlichen Wahrnehmung ein Verstoß gegen humanistisch-ethische Standards (→Ethik), die unser Grundgesetz od. mindestens das ihm zu Grunde liegende Menschenbild (→Anthropologie) prägen. Begriffe wie Menschenwürde, Menschenrechte, →Freiheit, →Toleranz, Selbstverwirklichung bezeichnen hier die Eckpunkte, an denen die Verhaltensweise einer Gruppe gemessen wird. Die Vorwürfe gegen „die S.n“ umfassen demgegenüber zumeist Dinge wie mentale Manipulation, Ausbeutung von Geld u. Arbeitskraft u. umfassende Abhängigkeit von Weisungen der S.nführung. Konsequent benennt die Alltagssprache solche Phänomene auch jenseits der religiösen Sphäre u. spricht auch von „PsychoS.n“ u. „PolitS.n“.

In diesem psychologischen Kontext ist die Frage „S.: ja od. nein?“ oft nicht eindeutig zu beantworten; eher kann man von Gruppen mit mehr u. solchen mit weniger sektenhaften Zügen sprechen. Auch sind Entwicklungen zu beobachten; bei der Verfestigung u. Verhärtung einer Gruppenstruktur sprechen manche von „Versektung“, bei Lockerungs- u. Öffnungsprozessen von einer „Entsektung“. Eine „Versektung“ wäre etwa in der Geschichte der Zeugen Jehovas zu beobachten, die sich von lockeren Bibel-Lesekreisen zu einer straffen Organisation mit exklusivem Heilsvermittlungsanspruch verfestigt haben. Umgekehrt sind bei Gruppen wie den Neuapostolischen od. den Adventisten Prozesse der Öffnung zur →Ökumene zu beobachten, weg von der Verabsolutierung der eigenen Form christlicher Existenz. Hier könnte man von „Entsektung“ sprechen.

Wegen der Unschärfe u. der immer mitschwingenden negativen Bewertung fordern manche Forscher, auf den S.nbegriff ganz zu verzichten. Kunstbegriffe wie „Sondergemeinschaften“ od. „Konfliktträchtige religiöse Gruppierungen“ haben sich jedoch in der Umgangssprache nicht durchgesetzt. Nötig bleibt es, in jedem Kontext zu klären, was man meint, wenn man von „S.n“ spricht.

Baer, H. u.a. (Hg.), Lexikon neureligiöser Gruppen, Szenen und Weltanschauungen, Freiburg i.B. u.a. 2005. – Hempelmann, R. u.a. (Hg.), Panorama der Neuen Religiosität, Gütersloh ²2004 (2005). – Hemminger, H., Was ist eine Sekte? Erkennen – Verstehen – Kritik, Mainz u. Stuttgart 1995. – www.ezw-berlin.de; www.ksa-hamm.de; www.relinfo.ch

Lutz Lemhöfer

Shinto(ismus)

Die ursprüngliche Religion der JapanerInnen beinhaltet die Gesamtheit ihrer animistisch geprägten Glaubensvorstellungen, Kultpraktiken u. ihres Lebensstils. Sh. bedeutet wörtlich *kamu nagarano michi* (=„Weg der Gottheiten“; →Gott), der gewissermaßen seit der Vorzeit der Übernahme des →Buddhismus als Lebensprinzip des japanischen Volkes galt u. noch gilt. Im Laufe der Geschichte hat sich Sh. ständig mit dem Buddhismus, →Daoismus, →Konfuzianismus u. mit dem →Christentum auseinandergesetzt u. wurde von ihnen beeinflusst. Sh. ist sowohl heute noch im Volksglauben vertreten, der regional verschieden u. lose strukturiert ist, als auch zeitweise in Form der Staatsreligion u. der legalistischen →Sekte.

Die im Sh. charakteristischen Natur-, →Seelen- u. Ahnenverehrungen gründen auf mythologischen Vorstellungen (→Mythos), die fast vollständig in den beiden ältesten Geschichtswerken, dem *Kojiki* (712) u. dem *Nihongi* (720) enthalten sind. Die *Kami*, also die Gottheiten von Himmel u. Erde, die darin dargestellt sind, werden im Sh.-Schrein verehrt. Alle Wesen, die etwas Ungewöhnliches, Ehrfurchterregendes im positiven wie auch im negativen Sinne an sich haben, wie Menschen, Tiere, Bäume, Gräser, Meer u. Berge u.a., sind *Kami*. Sie tragen keinesfalls absoluten, allwissenden u. allmächtigen Charakter im christlichen Sinne (→das Heilige).

Der Sh. war nicht interessiert am Spekulieren über den Anfang des Seins, sodass die Mythologien nur schlicht die Entstehung der ersten Gottheiten aus dem vorgegebenen Himmelsgefilde durch dessen immanente Lebenskraft bezeugen. Unter den werdenden Gottheiten befindet sich ein Urgötterpaar (Izanagi u. Izanami), das alle Dinge der Welt zeugte u. gebar (→Schöpfung), das große Achtinselland von Japan u. verschiedene Gottheiten bis hin zum Feuergott, bei dessen Geburt die Göttin Izanami starb. Nach moderner Sh.-Auslegung ist die Welt, also Japan, „Fleisch u. Blut der *Kami*", Kind des göttlichen Urpaars. Japan erscheint also ideologisch selbst als *Kami* od. den *Kami* gleichgestellt. Für die shintoistische Göttervorstellung sind die Grenzen zw. den Gottheiten, der Welt u. den Menschen durchaus fließend, z.B. stieg der Enkel der Sonnengöttin Amaterasu in ihrem Auftrag zur Mittleren Welt der Menschen (*nakatsu-kuni*) herab u. wurde Ahnherr der Kaiserlichen Familie (*Tenno*).

Eigenschaften u. Typen der *Kami* (Gottheiten):

(1) *Kami* als Inbegriff der Macht des Wachstums, der Fruchtbarkeit u. der schöpferischen Kraft: Diese sind in den Mythologien als *Musubi*-Gottheiten, d.h. als zeugende u. gebärende, konkretisiert, die traditionell am kaiserlichen Palast u. auch als Ahnengottheit vieler angesehener Sippen verehrt werden.

(2) *Kami* als Ingegriff der Naturphänomene: Seit alters her ist die Urerfahrung der JapanerInnen sowohl in literarischen als auch in philosophischen Schriften bezeugt, dass Natur u. Mensch von der gleichen spirituellen Macht ins Leben gerufen sind.

(3) Als *Kami* verehrte Menschen: Die →Seele jedes Verstorbenen wird nach einer bestimmten Zeit als *Kami* sublimiert u. im Rahmen des Ahnenkultes verehrt, doch werden insbes. charismatisch begabte u. bes. mächtige Menschen (Tenno, Helden, Politiker u. Gelehrte) vergöttlicht. Auch sollen die Seelen derjenigen, die in ihrem Leben durch Unrecht ihrer Untertanen od. ihrer Mitmenschen schwer gelitten haben, durch die Verehrung als *Kami* besänftigt u. versöhnt werden.

Obwohl die Welt auch vom →Bösen erfüllt ist, bejaht der Sh. das So-Sein der Welt u. versteht ihr Wesen als eine schaffende u. sich entwickelnde Kraft. Die Menschen sind in den Mythologien als „Grüne Menschenkräuter" (*aohitogusa*) bezeichnet. Ob man sich die Entstehung der Menschheit so vorgestellt hat, dass die Menschen aus der Erde wie Kräuter herausgewachsen od. dass sie mit dem Land Japan zusammen vom göttlichen Urpaar gezeugt u. geboren sind, bleibt offen. Wichtig ist, dass *Kojiki* u. *Nihongi* die Blutsverwandtschaft zw. den *Kami* u. den einzelnen Sippen betonen. Der Glaube an die blutsverwandte Beziehung der Menschen zu den *Kami* wird im Standesregister der Adelsgeschlechter *Shinsen Shojiroku* (30 Bände) aus dem Jahr 815 erneut konstatiert. So werden der Tenno od. die Hauptpersonen in verschiedenen Gemeinschaften als Eltern bezeichnet u. das Volk od. die Mitglieder der Gemeinschaften als Kinder. Auf dieser Grundlage erklärt sich, warum ein →Amt wie das des Tenno, des Priesters od. sonstiger sozialer Organe in Japan grundsätzlich erblich ist, sei es auch in der Form der Quasi-Blutsverwandtschaft.

Während im Christentum das Unheil (→Sünde) als Gottesferne erfahren wird u. die grundlegende Umkehr des einzelnen Menschen, also der →Glaube als Voraussetzung für die Wiederherstellung der Gottesbeziehung notwendig ist, besteht im Sh. die Heilssituation von Anfang an kollektiv u. soll aufrechterhalten werden. Im Unterschied zur chinesischen →Ethik steht hier neben der Familienpietät als höchste Pflicht die Treue des Einzelnen dem vom Tenno gelenkten Staat gegenüber. In der Struktur des universalen Christentums ist der Einzelne Subjekt der Religion, u. findet sich persönlich in seiner Heils- od. Unheilssituation vor. Dahingegen versteht sich der Einzelne im volksreligiösen Sh. als Glied der übergreifenden Gemeinschaft, durch die er lebt u. an deren Leben u. Heil er Anteil hat.

Wegen der familiären Implikation im Selbstverständnis des japanischen Volkes hat der Sh. keine Individualethik entfaltet, wie sie etwa einem transzendenten (→Transzendenz) personalen Gott gegenüber konzipiert wird. Dafür entwickelte sich die Gemeinschaftsethik der zwischenmenschlichen Beziehungen, nach der das Ideal des Guten u. des Wahren im Vorrang der Wechselbeziehung zw. dem Selbst u. den Anderen zu verwirklichen ist, wobei das Ethos der „Harmonie“ buddhistischen sowie konfuzianischen Ursprungs eine Rolle spielt. Angesichts der →Globalisierung der →Politik, Wirtschaft u. Bioethik ist der Sh. heute in das Dilemma zw. traditionellem Kollektiv-sein (→Tradition) u. Autonom-sein (→Autonomie) geraten.

Okano, H.K., Christliche Theologie im japanischen Kontext, Frankfurt a.M. 2002. – Miyasaka, M., Shinto und Christentum. Wirtschaftsethik als Quelle der Industriestaatlichkeit, Paderborn 1994. – Kitagawa, J., Religion in Japanese History, New York 1966.

Haruko Kunigunde Okano

Sinn

Die vielfache Verwendung des Begriffs wird deutlich durch verwandte Bildungen wie *sinnen* (sich auf etwas richten), *sinnlich* (körperlich wahrnehmen), *innerer S.* (→Seele, Gemüt, Vorstellung, Gedanke), *S. des Lebens* (→Wert, Ziel, Ideal). Was keinen S. hat, wäre dann abgeschnitten von allem Zusammenhang: richtungslos, ohne Berührung, seelen- u. gedankenlos, ohne Grund u. Ziel. Dass *S.* für Menschen fundamental ist, zeigt sich demnach in produktiven, organischen, geistreichen u. lebensdienlichen Elementen, die für den Aufbau von Strukturen u. Entwicklungsprozessen, für gelingendes →Leben nicht fehlen dürfen. Nur so vollzieht sich auch menschliches *Verstehen*, das Zusammenhänge erschließt, Möglichkeiten entdeckt u. Zukunft entwirft. Kein menschliches *Dasein* ist ohne diese S.struktur des Verstehens auch nur vorstellbar. In diesem Bedeutungsfeld ist S. ein *existentieller* Begriff, d.h. zum faktischen Leben eines jeden Menschen gehört die Beschäftigung mit sich selbst im Horizont der eigenen Bedingungen u. Möglichkeiten. Dass hier positive wie negative Antworten gegeben werden können, ist weniger ein theoretisches Problem als vielmehr ein lebenspraktisches: S.krisen führen nicht in Unsinn, sondern in die Bedrohung durch S.leere u. Verzweiflung. – *LebensS.* ist seit dem Ende des 18. Jh.s zum Stichwort für die Orientierungssuche des (europäischen) Menschen geworden, im 19. u. 20. Jh. zum Inbegriff der existentiellen Frage nach subjektiv erfahrbarem S. gegenüber einer neutral, d.h. sinnleer erscheinenden (natur-)wissenschaftlichen Objektwelt. Der problematische *S.* bleibt die Signatur einer Moderne, die ihrer selbst nicht mehr sicher sein kann u. die Frage nach Grund u. Ziel immer wieder aufwerfen muss.

Demgegenüber setzt der *logische* Begriffsgebrauch einen ganz anderen Akzent. Sprachliche Zeichen haben einerseits einen Gegenstandsbezug, darin besteht ihre *Bedeutung*, während *S.* dann andererseits für die interne Vorstellung von etwas reserviert ist, die durch den Gebrauch der →Sprache geregelt wird. Sprachliche Zeichen führen uns auf den S. eines Zusammenhanges; geschieht dies nicht, sind Sprachzeichen u. Sätze sinnlos. Hier ist es die Übereinstimmung von sprachlichen Repräsentationen mit der →Wirklichkeit, die in Frage steht, u. die Konstitution von S. wird zu einer theoretisch zu klärenden Aufgabe der Wissenschaften. – Dass für Menschen ihre *Welt* aber immer in besonderer Weise schon gegeben ist, insofern das aneignende Welt-*Verhältnis* gar nicht rein objektiv erfasst werden kann, verlangt einen umfassenderen S.-Begriff. Seine *sozialtheoretische* Anwendung zeigt, wie *S.* dadurch entsteht, dass es Gemeinschaftsformen gibt, Umgang mit den Dingen u. anderen Menschen, wobei immer neue Möglichkeiten der Kontaktbildung u. Abgrenzung aktiv sind. Hier eröffnet sich ein Horizont von Perspektiven, die immer mitlaufen u. mitverstanden werden. Wird dieser Gesamtzusammenhang des Selbst- u. Weltverhältnisses als *S.* bezeichnet, so ist es nur konsequent, S. als unhintergehbares Kommunikationsmedium auszuzeichnen, das als Produkt von Evolution u. Kulturgeschichte (→Kultur) zugleich die Bedingung ihrer Erkenntnis u. Gestaltung ist. Eine *S.leere* wird zum Widerspruch in sich, denn das Problematische in allem, was Menschen u. Welt betrifft, kann überhaupt nur in S.strukturen zum Ausdruck kommen.

Aus dem existentiellen, logischen u. sozialtheoretischen Begriffsgebrauch ergibt sich die universale Angewiesenheit auf *S.* Sofern dazu kein Außenverhältnis möglich ist, bleibt die Frage, wie diese Bedingtheit der S.struktur noch einmal u. als solche verarbeitet werden kann. In den →Religionen sind es spezifische Kommunikationsformen wie Magie, →Ritual, →Mythos, die S. im Ganzen wie an den Grenzen seiner Erfahrbarkeit zu thematisieren erlauben; theologisch gesehen ist es der Gottesbegriff, (→Gott) der die Vorgegebenheit (→Schöpfung), das Leiden am Leben (Versöhnung; →Theodizee) u. das evolutionäre Wachstum im Zusammenhang (Gottes neuschöpferischer Geist der →Liebe) so denken u. erfahren lässt, dass die existentielle Frage u. Bedrohung aufgehoben ist in der Gestalt des S.-Ganzen. →Transzendenz u. Immanenz sind notwendige Dimensionen, um *S.* in seiner kreativen Voraussetzung u. lebendigen Kraft gerecht zu werden.

Feldtkeller, A., Warum denn Religion? Eine Begründung, Gütersloh 2006. – Fehige, Chr./Meggle, G./Wessels, U. (Hg.), Der Sinn des Lebens, München 42002.

Hermann Deuser

Solidarität

Der Begriff S. ist abgeleitet aus dem lat. *solidus*, was im Deutschen „dicht“ od. „fest“ bedeutet. Entsprechend könnte man ihn im Allgemeinen als festen Zusammenhalt von Menschen in einer Gruppe od. →Gemeinschaft umschreiben, der zum Erreichen bestimmter Ziele dienen soll. Der Begriff *solidarité* stammt aus dem französischen Recht u. bezeichnete die gemeinsame Haftung einer Schuldnergemeinschaft für das Ganze. Seit der ersten Hälfte des 18. Jh.s hat er weitere Bedeutungen angenommen: Zum einen wurde er zum Kampfbegriff der Arbeiterbewegung u. stand für die Überzeugung sowie den Willen, dass nur wenn die rücksichtslos ausgebeuteten Proletarier fest zusammenhalten u. kämpfen, es ihnen möglich sein wird, ihre menschenunwürdigen Arbeitsverhältnisse zu überwinden. Zum anderen fand er als analytischer Begriff Eingang in Soziologie, etwa zur Bestimmung verschiedener Formen des Zusammenhalts von Gesellschaften.

Mit dem Begriff S. – sei er theoretisch-analytisch, sei er praktisch-normativ gebraucht – verbindet sich das Anliegen bzw. die Sorge um den Zusammenhalt einer Gesellschaft angesichts der in ihr vorfindlichen u. sie zu spalten drohenden Ungleichheiten u. Widersprüche. S. hebt darauf ab, dass die Individuen nicht auf sich allein gestellt sind u. nur für sich selbst sorgen müssen, sondern dass der eine für den anderen einsteht. Eine besondere Sorge gilt dabei jenen, die sich – noch nicht od. nicht mehr – allein um sich selbst kümmern können (Kinder, alte u. kranke Menschen etc.), sowie denen, die ungewollt in eine Notlage geraten (z.B. Arbeitslosigkeit). Solidarisches Handeln beginnt in kleinen sozialen Einheiten (z.B. Familie) u. erstreckt sich auf immer größere gesellschaftliche Kreise bis hin zu den „Solidarsystemen“ (Versicherungen u.ä.)

im Sozialstaat. Im Zuge der →Globalisierung u. angesichts der sozialen u. ökologischen Krisen, die zunehmend die ganze Menschheit in ihrer Existenz gefährden, gewinnt S. heute eine universale Reichweite. Bedroht wird sie durch die vom Neoliberalismus propagierte Devise, der sog. „freie Markt“ würde zum Wohle aller gereichen. Dem wird von kritisch-engagierten Gruppen eine „Globalisierung der S.“ entgegengesetzt, die sich von einer „Option für die Armen“ leiten lässt u. auf die Schaffung von mehr →Gerechtigkeit u. →Frieden in der Welt sowie die Bewahrung der →Schöpfung insges. zielt.

Theologisch (→Theologie) wurden der Begriff S. u. das mit ihm gemeinte Anliegen zunächst in der Sozialethik (→Ethik) rezipiert; er zählt neben Personalität (statt Kollektivismus) u. Subsidiarität (statt Zentralismus) zu den unverzichtbaren Elementen einer gedeihlichen gesellschaftlichen Ordnung. Darüber hinaus erlaubt es der S.-sbegriff, die Vorstellung von der Einheit der Menschen auch im Bereich von Heil u. Unheil aufgrund ihrer Gemeinsamkeit als von →Gott geschaffene u. von ihm bedingungslos geliebte (→Liebe) Wesen zum Ausdruck zu bringen, was für die Gläubigen Zuspruch u. Anspruch zugleich bedeutet. In dieser Perspektive wird eine „universale S.“ denk- u. praktizierbar, die sich einerseits auf die Verstorbenen erstreckt („anamnetische S.“) u. andererseits auf die künftigen Generationen vorgreift („antizipatorische S.“).

Duchrow, U. u.a., Solidarisch Mensch werden. Psychische und soziale Destruktion im Neoliberalismus – Wege zu ihrer Überwindung, Hamburg-Oberursel 2006. – Krüggeler, M./Klein, S./Gabriel, K. (Hg.), Solidarität – ein christlicher Grundbegriff? Soziologische und theologische Perspektiven, Zürich 2005. – Zoll, R., Was ist Solidarität heute?, Frankfurt a.M. 2000 ([2]2001).

Norbert Mette

Spiritualität

Sp. wird im westlich-europäischen →Kontext heute gerne der Bezeichnung →Religion bzw. Religiosität od. Frömmigkeit vorgezogen, da Sp. offener u. individueller, weil weniger deutlich gebunden an einen bestimmten →Glauben u. an eine bestimmte religiöse Institution u. ihre Lehre (→Kirche) erscheint. Sp. verweist auf die geistig-geistliche Dimension (*spiritus*=(Heiliger)Geist) menschlichen →Lebens u. steht zunächst ganz allg. für Lebensformen, die von der Erfahrung einer transzendenten Wirklichkeit (→Transzendenz) bestimmt u. nicht allein am Diesseits u. am Materiellen, sondern an der Tiefendimension des Lebens orientiert sind. Über diese grundlegende Bestimmung hinaus geht ein Verständnis von Sp., die den ganzen Menschen in all seinen Lebensäußerungen umfasst (Ganzheitlichkeit); ein spiritueller Mensch führt ein Leben, das –

christlich formuliert – ganz vom Geist →Gottes durchdrungen u. durchstimmt ist, während er von seiner eigenen Person u. seinem menschlichen Geist-Willen abstrahiert. Im NT spricht der Apostel Paulus in diesem Zusammenhang von der *Inexistenz*: „nicht mehr ich lebe, sondern Christus lebt in mir" (Gal 2,20). Alles Denken, Erleben u. Handeln ist von dieser Hinordnung auf Gott bzw. Göttliches od. →Heiliges bestimmt, sodass Sp. als ein Wesenszug od. →Habitus erscheint.

Diesen Habitus gilt es einzuüben, v.a. in Form der →Meditation. Alle Religionen kennen spirituelle Wege, insbes. die mystischen (→Mystik) u. Ordens-Traditionen haben großen Anteil an der Geschichte der Sp. Diese Wege führen – häufig unter Anleitung u. Begleitung spiritueller Lehrer – zur „eigenen Mitte", aus der heraus unterschiedliche spirituelle Lebensformen gestaltet werden, die sich sowohl im aktiven Engagement für →Gerechtigkeit u. →Frieden im Zeichen der →Solidarität (*actio*) als auch in der Abgeschiedenheit in Askese u. →Gebet (*contemplatio*) vollziehen können. In beiden Formen erscheinen spirituelle Menschen als bes. starke, gefestigte Menschen mit dem Vermögen, „die Geister zu unterscheiden" (1 Kor 12,10), d.h. einen Standpunkt zu beziehen, der ihre „Be-geisterung" deutlich macht.

Aus der eigenen Mitte zu leben ist eine spirituelle Kraft u. Größe, die über den einzelnen Menschen hinaus wirksam wird, sodass nicht nur andere ebenfalls be-geistert werden, sondern sich die „eigene Mitte" auch mit „anderen Mitten ver-mitteln" (nicht i.S. von vermischen) kann. Diese Kraft u. Größe, die für den →interreligiösen →Dialog von unschätzbarem Wert ist, setzt die Unverfügbarkeit des Geistes, sein „freies Wehen" u. seine gnaden- bzw. geschenkhafte Zuwendung voraus.

Sp. sollte nicht als Gegenteil kritischer Reflexivität u. im eng moralischen Sinn als bigotte, sinnenfeindliche Frömmigkeit aufgefasst werden. Vielmehr drückt recht verstandene Sp. Wachheit u. Präsenz aus, eine Achtsamkeit, „Hellsichtigkeit", Gelassenheit u. Sorglosigkeit, die aus der existenziellen Erfahrung resultiert, dass nicht der Maßstab der Welt, sondern der Maßstab des Geistes gültig ist.

Baier, K. (Hg.), Handbuch Spiritualität. Zugänge, Traditionen, interreligiöse Prozesse, Darmstadt 2006. – Waaijman, K., Handbuch der Spiritualität, Bd. 1–3, Mainz 2004–2007. – Schreijäck, Th./Hämel, B.-I., Religiöses Lernen, Kommunizieren und Handeln im Kulturwandel, in: Th. Schreijäck (Hg.), Religionsdialog im Kulturwandel, Münster u.a. 2003, 299–319.

Beate-Irene Hämel/Thomas Schreijäck

Sprache

Wir reden von Sp.n, von denen es tausende gibt. Sie vertreten Vielfalt u. Verschiedenheit. Sie schaffen od. beschränken auch die Verständigung u. zeigen uns, dass wir in verschiedenen →Kulturen leben. Wir sind jedoch geneigt, unsere Sp. als ausschlaggebende zu betrachten, denn wir kennen u. lernen die Anderen kaum. So ist es, dass Sp.n u. Kulturen sich abkapseln u. die Anderen oft als Fremdlinge u. Illegale betrachten, die uns nicht zu nahe kommen mögen. Sp.n schaffen nicht nur Verständigung, sondern verhindern sie auch bisweilen. In der oft langen Geschichte einer Sp. werden Weltbilder sowie ungeprüfte Urteile u. Vorteile überliefert, wie etwa das der *Barbaren*.

Dank der Sp. *worten* wir jedoch auch unsere Welt u. lassen uns auf sie hören. Somit dienen Sp.n dazu, die Welt zu worten u. auch auf sie zu hören, jedoch auf verschiedene Weise, denn Sp.n sind Ausdruck unterschiedlicher →Wahrnehmung von →Wirklichkeit, u. sie erfassen die verschiedenen Weisen menschlichen Verhaltens. Sp.n sind also nicht nur Verständigungs- u. Kommunikationsmittel, sondern „Zeugen verschiedener u. sehr unterschiedlicher Weltbilder od. Kosmovisionen." (Lenkersdorf 2000, 15) Uns nahe stehende Kulturen, wie etwa die europäischen, erscheinen uns nicht so fremd wie afrikanische, indianische u.a. Deren Sp.n klingen uns so fremd, dass wir den Sprechern oft nicht vertrauen. Denn wir schmecken, riechen, sehen, fühlen u. sprechen anders. Mit anderen (unseren) Sp.n kommen wir in fremde Länder u. zu Kulturen mit od. ohne Schrift. Eroberer haben häufig die einheimische Sp. verboten, doch dank des kulturellen →Gedächtnisses vermochten Sprecher ihre Sp.n mit umfassender Grammatik u. weitem Vokabular über Jahrtausende zu erhalten.

Aus Unkenntnis verstehen wir andere Sp.n oft aus unserer Perspektive u. nicht aus der der *Anderen*. Das führt häufig zu schweren Konflikten, die uns meinen lassen, die Anderen seien nicht nur anders, sondern auch uns feindlich gesonnen. Für uns ergibt sich jedoch die Aufgabe, die Welt aus der Sicht der Anderen zu sehen, zu verstehen u. die Begrenztheit unserer eigenen Welt u. Sp. zu akzeptieren. Die Verschiedenheit von Sp.n u. Kulturen sollen uns bescheiden machen, *von* den Anderen u. *mit* ihnen gemeinsam zu lernen (→interkulturell, interreligiös). Dazu müssen wir lernen auf die Anderen zu hören, denn Sp.n sind das gesprochene u. das gehörte Wort. In einer Sp., nämlich *tojolabal*, gibt es darum zwei Worte für Sp.: die gesprochene, *k'umal* u. die gehörte, *ab'al*. Wir kennen diesen Unterschied nicht, aber in einer plurikulturellen Welt können wir davon lernen. Darum *höre auf deinen Feind u. er ist nicht mehr dein Feind.*

Schneider, W., Wörter machen Leute, München ^{9}2000 (^{12}2006). – Lenkersdorf, C., Leben ohne Objekte, Frankfurt a.M. 2000. – Gipper, H., Wilhelm von Humboldts Bedeutung für Theorie und Praxis moderner Sprachforschung, Münster ^{2}1994.

Carlos Lenkersdorf

Sünde

S. u. Schuld sind grundlegende Beziehungsbegriffe. Sie bezeichnen die Ursache der Beziehungsstörung zw. →Gott u. Mensch (S.), bzw. zw. Mensch u. Mensch (Schuld).

Zwischenmenschliche Beziehungen sind auf vielfältige Art u. Weise störungsanfällig, ohne dass ein schuldhaftes Verhalten zugrunde zu liegen braucht. Von *Schuld* ist nur dann die Rede, wenn ein moralisches Fehlverhalten (→Ethik) durch eine moralisch verantwortliche Person vorliegt. Durch dieses Fehlverhalten wird die moralische Beziehung objektiv gestört, selbst dann, wenn sie die Beziehungspartner subjektiv nicht als gestört empfinden. Dies ist etwa dann möglich, wenn die schuldhaft handelnde Person ein mangelhaftes Schuldempfinden besitzt, od. wenn die von der Handlung betroffene Person sich in Unkenntnis der Handlung od. der ihr zugrunde liegenden Handlungsmotive befindet od. an mangelnder Selbstachtung leidet.

S. ist im Unterschied zu Schuld kein moralischer Begriff, sondern bezeichnet die spezifische Störung der Beziehung zw. Gott u. Mensch. Nach christlicher Auffassung (→Christentum) ist jeder Mensch zur Beziehung mit Gott geschaffen, verfehlt diese Beziehung aber grundlegend. S. ist der Name dieser Beziehungs-Verfehlung. Sie wird traditionell gesehen als Stolz, Hochmut, Sein-wollen-wie-Gott. Übersteigertes Selbstvertrauen ist eine mögliche Ausprägung der S.; das Gegenteil, unterentwickeltes Selbstvertrauen, kann aber ebenso gut dazu führen, Gott nicht als Gott anzuerkennen. Darauf haben insbes. feministische Theologinnen hingewiesen. Im ersten Fall wird eine gottgewirkte →Erlösung für einen selbst als unnötig erachtet, im zweiten Fall hält man sich selbst unwert für eine solche Erlösung. Die grundlegende Selbstverweigerung gegenüber der Gottesbeziehung wird in der christlichen →Theologie als UrS. bezeichnet (*peccatum originalis*; früher missverständlich auch ErbS. genannt). Sie konkretisiert sich in bestimmten Handlungen, die dann als TatS.n (*peccata actualia*) ansprechbar sind. Dazu gehören auch moralische Verfehlungen gegenüber Mitmenschen. Ihr Charakter als TatS.n ergibt sich nicht aus ihrer moralischen Verfehltheit als solcher, sondern daraus, dass sie Ausdruck der UrS. sind. Auch moralisch einwandfreie Handlungen können im Lichte der Gottesbeziehung problematisch sein. Der Gegenbegriff zu S. ist somit nicht moralische Wohlanständigkeit, sondern →Glaube als Gottvertrauen. Moralisierende Vorstellungen von S. bedeuten eine Verflachung des S.nbegriffs u. berauben ihn seiner theologischen Pointe.

Angelpunkt des christlichen Glaubens ist das Erlösungsgeschehen in Jesus Christus. Dem christlichen Glauben zufolge steht die Erlösung allen Menschen offen – u. alle Menschen haben sie nötig, da sie alle in der S. sind. Aus der Zentralstellung des Erlösungsglaubens ergibt sich die große Bedeutung der S.nvorstellung als Gegenkonzept in der christlichen Theologie u. erklärt auch, weshalb sie in anderen →Religionen eine vergleichsweise geringere Rolle spielt.

Scheiber, K., Vergebung. Eine systematisch-theologische Untersuchung, Tübingen 2006. – Gestrich, Ch., Die Wiederkehr des Glanzes in der Welt. Die christliche Lehre von der Sünde und ihrer Vergebung in gegenwärtiger Verantwortung, Tübingen 1989 (²1995). – Schwarz, H., Im Fangnetz des Bösen. Sünde, Übel, Schuld, Göttingen 1993. – Scherzberg, L., Sünde und Gnade in der feministischen Theologie, Mainz 1991 (²1992).

Karin Scheiber

Symbol

Eine wissenschaftliche u. allg. gültige S.definition gibt es nicht. In der Vergangenheit haben Naturwissenschaften u. Sprachwissenschaften selten zw. S. u. Zeichen unterschieden, sodass bis zum Tage widersprüchliche Ansätze eine Verständigung erschweren. Zunächst kann die etymologische Deutung hilfreich sein: *symballein* (gr.) heißt zusammenwerfen, zusammenfügen. Der auseinander gebrochene Ring, durch dessen erneutes Zusammenfügen sich die Nachkommen zweier Vertragspartner als zugehörig ausweisen, galt im alten Griechenland als *symbolon.* Es bezeichnet das Zusammenfügen von zwei unterschiedlichen Elementen zu einer Einheit. In einem S. verschmelzen Gegenständliches u. Geistiges, Gestalt u. Idee, Erscheinung u. Verborgenes, Bewusstes u. Unbewusstes.

Während ein *S. grundsätzlich mehrdeutig* ist – ein Strauß roter Rosen verändert seine „Bedeutung“ je nach Anlass, Überbringer u. Adressat – müssen *Zeichen eindeutig* sein. Verkehrszeichen etwa, die nicht eindeutig sind, würden Irritationen im Straßenverkehr schaffen. Auch Alphabete sind eindeutige Zeichensysteme. Demgegenüber variiert die Mehrdeutigkeit von S.en je nach →Kontext. Das Wasser der Taufe verweist sowohl auf →Tod wie auf →Leben. Das Labyrinth „ist zugleich der Kosmos, die Welt, der Mensch, das Leben des einzelnen, die Windungen des Hirns, das Bewusstsein, die Pilgerfahrt, die Reise u. der Lebensweg.“ (H. Kern)

S.bildung geht der Sprachentwicklung voran. Aus seinem eigenen psychischen Vermögen ist jeder Mensch des S.s mächtig, zumindest in seinen Traumwelten. Nur durch das S. gelingt es, die Vordergründigkeit des je Faktischen zu übersteigen, um im je Konkreten zugleich ein Universales wahrzunehmen. Darum ist das S. die eigentliche →Sprache der →Religionen, also auch der →Bibel u. des christlichen →Glaubens (→Christentum).

Symbolischer Ausdruck begegnet auf allen Ebenen menschlicher Tätigkeiten: im künstlerischen Schaffen, in der Musik, im Spiel, im gesamten kulturellen Spektrum. Schon der archaische Mensch war ein *homo symbolicus*. Mit seinen grundlegenden Lebensvollzügen, gruppiert um Nahrung, Sexualität u. Arbeit, verband er Bedeutungen, welche die pure Funktionalität überstiegen u. die „unausdrückbaren Strukturen der letzten →Wirklichkeit" vertraten (M. Eliade). S.e verbinden die tiefste Wirklichkeit mit der menschlichen Existenz, machen betroffen, indem sie gleichzeitig einen →Sinn seines Daseins eröffnen. Der in S.en sich ausdrückende u. orientierende Mensch fühlt sich in eine Welt eingebunden, die sich als „vertraut" erweist. Allerdings beschränkt sich die Botschaft des S.s niemals auf jene Bedeutungen, deren sich Menschen voll bewusst sind.

S. u. →Mythos hängen in ihrem Wesen zusammen. J. J. Bachofen verstand den Mythos sogar als „die Exegese des S.s". In der →Theologie werden beide Begriffe mit Vorsicht benutzt, weil man über die Zeiten hin bemüht war, die biblische Glaubenswelt in einen Gegensatz zum Mythos zu stellen. Demgegenüber pointierte P. Tillich: „Mythen sind in jedem Akt des Glaubens gegenwärtig, weil die Sprache des Glaubens das S. ist."

Jung, C.G./Franz, M.-L. v., Der Mensch und seine Symbole, Düsseldorf 1999. – Biedermann, H., Knaurs Lexikon der Symbole, München 1998. – Eliade, M., Ewige Bilder und Sinnbilder. Über magisch-religiöse Symbolik, Frankfurt a.M. 1986.

Hubertus Halbfas

Synkretismus

S. meint im alltäglichen Sprachgebrauch die Vermischung verschiedener religiöser Lehren u. Kulte. Dieser Sprachgebrauch unterstellt die Fiktion einer „reinen" Lehre u. eines „reinen" Kultes. Er erlaubt keine Unterscheidung von →interkulturellem Lernen, Inkulturation, Volksreligion u. S. im strengen Sinn. Eine genauere Fassung des Begriffs S. setzt die Unterscheidung *ethnisch zentrierter* (→Ethnie) u. *geschichtlich zentrierter* →Religion voraus (Th. Sundermeier, S. Wiedenhofer). Ethnisch zentrierte Religion ist nahezu identisch mit ihrer →Kultur. Der kulturelle Vollzug ist dann selbst schon religiöse Praxis. Die geschichtlich zentrierte Religion geht zwar von der ethnisch zentrierten aus, nimmt aber im Lauf ihrer Entwicklung immer mehr Distanz zur eigenen Kultur. Sie greift über ihre Herkunft hinaus (→Propheten, geschichtliche Stiftung, →Mission, Kirchlichkeit, Universalismus, Eschatologie).

Beide Arten von Religion verhalten sich in der Begegnung mit anderen Religionen unterschiedlich. Wenn ethnisch zentrierte Religion unter Druck fremder, überlegener Religion gerät, kann sie entweder versuchen, als Parallelkultur neben der offiziellen zu überleben (R. Schreiter), od. sie sucht Versatzstücke aus der übermächtigen Religion funktional zu beerben, stellt diese aber in den Deutungsrahmen der eigenen Kultur (*Cargo*kulte, kreolische Kulte). So entsteht S. im strengen Sinn. Die geschichtlich zentrierte Kultur dagegen sucht in der Begegnung nach ihrem Urteil bewahrenswerte od. tolerable Elemente (→Toleranz) der ethnisch zentrierten Religion innerhalb ihres Deutungsrahmens zu inkulturieren u. als Volkreligion zu erhalten. Aus der Sicht der ethnisch zentrierten Religion ist S. der Versuch, eine kulturelle Identitätskrise durch Sinnkonstruktionen (→Sinn) innerhalb der eigenen →Tradition unter instrumenteller Verwendung fremder Elemente aufzufangen. Aus der Sicht der geschichtlich zentrierten Religion ist die synkretistische Tätigkeit lediglich eine Übergangsform zur Volksreligion, ein Interim, dem deshalb bei sich Raum zugestanden werden kann. Freilich ist auch für die geschichtlich zentrierte Religion die Begegnung mit der fremden Religion ein Grund für interkulturelles Lernen, weil diese immer auch eine Herausforderung für den eigenen religiösen Deutungsrahmen ist. Das Aufeinandertreffen von zwei geschichtlich zentrierten Religionen scheint keinen Raum für Zwischenformen zu lassen (z.B. →Christentum u. →Islam).

Das Basteln von →Identität durch das (→postmoderne) Individuum (*Collage, Bricollage*) aus dem gleichzeitig verfügbaren globalen Angebot der Religionen ist so beliebig nicht, wie es scheint. Der religiöse Markt befriedigt zwar psychische, ästhetische (→Ästhetik) u. hygienische Zwecke. Unbefragt bleibt dabei, ähnlich wie in der ethnisch zentrierten Religion, die hohe Identifikation mit den eigenen kulturellen Rahmenbedingungen. Insofern können Versuche, sich im Rahmen der okzidentalen Kultur eine individuelle Identität zu basteln, synkretistisch genannt werden. – Die →Theologie muss aus der ihr eigenen Logik daran interessiert sein, in der Begegnung der Religionen, den Streit um die →Wahrheit aus der Gewalt in das Gespräch zu verlagern, das Machtgefälle also abzubauen, die Identitätsbedrohungen zu mildern, in der kirchlichen Lehre u. Liturgie Raum für partikuläre volkskirchliche Entfaltung zu lassen, schließlich Sorge zu tragen, dass solche partikuläre Anstrengungen der Ortskirchen von der gesamten *Catholica* mitgetragen werden.

Piepke, J. G. u.a., Einheitsglaube oder Einheit im Glauben, St. Augustin 2001. – Siller, H. P., Suchbewegungen – Synkretismus – Kulturelle Identität und Kirchliches Bekenntnis, Darmstadt 1991. – Schreiter, R. J., Constructing Local Theologies, New York 1985.

Hermann Pius Siller

Theodizee

Der (von Leibniz 1697 im Anschluss an Röm 3,5 geprägte) Begriff *Th.* bedeutet wörtlich übersetzt „Rechtfertigung Gottes", nämlich angesichts der Übel u. Leiden in der Welt, der naturbedingten ebenso wie der von Menschen verursachten. Das Th.*problem* ist schon alt. Es tritt dort auf, wo drei Dinge zusammen gegeben sind: wo man (1) das Leid in der Welt nicht verharmlost, (2) einen einzigen →Gott als Urgrund od. Schöpfer der Welt u. zugleich als vollkommen mächtig u. gütig annimmt, (3) dem Menschen die Würde der →Freiheit – u. damit des Fragens u. Protestierens – auch Gott gegenüber zuerkennt. Dann ergibt sich ein Widerspruch zw. dem →Glauben an einen all-mächtigen, gütigen Schöpfer u. dem übergroßen, abgründigen Leid in seiner →Schöpfung.

Diesen Widerspruch suchten die *theoretischen* Th.versuche durch rationale Erklärungen (Leid als Strafe für Verfehlung, als Mittel der Prüfung, Züchtigung, Läuterung, als notwendiger Kontrast des Guten u. Teil der Gesamtordnung) aufzulösen. Diese *Th.n* bleiben zutiefst unglaubwürdig, weil sie an der konkreten Leiderfahrung vorbeigehen, das bestehende Unrecht rechtfertigen, indem sie es mit Gott in Einklang bringen, u. beanspruchen, das Ganze der →Wirklichkeit, also Welt *u.* Gott zusammen, zu überschauen in einer Art Vogelperspektive, während wir doch immer nur Froschperspektiven haben.

Anders die *existentielle* Th.*frage*. Sie entspringt nicht der distanzierten Außenperspektive, sondern ureigener Erfahrung von großem Leid (bei Hiob, in Psalmen, in →Gebeten vieler →Religionen, in Auschwitz). Sie ist eine Frage vor Gott u. an Gott, die sich in Zweifel, Klage, Anklage, Protest u. im Schrei ausdrückt: „Warum?" Sie schiebt die ganze ungelöste Not ihm hin. Sie rechtfertigt Gott nicht, sondern rechtet mit ihm, so, dass die Beziehung zu Gott selbst auf dem Spiel steht u. verhandelt wird. Sie spricht Gott nicht frei, sondern behaftet ihn beim Leid seiner Schöpfung. Wer die Th.frage festhält, versucht den Widerspruch der Übel gegen Gott – u. Gottes gegen die Übel – nicht zu beseitigen, sondern auszuhalten: im Appell an Gott, in mitfühlender →Solidarität mit den Leidenden u. womöglich in praktischer Leidminderung.

Der biblische Glaube reimt Übel, Leiden, →Böses nicht mit Gott zusammen. Denn Gott, der v.a. in Leben, Passion u. Auferstehung Jesu als die für alle entschiedene →Liebe (*Agape*) offenbar wird, steht *gegen* das Leid: Er will es nicht. Aber indem er die Schöpfung in relative Eigenständigkeit u. evolutive Eigendynamik frei-gibt, muss er in Kauf nehmen, dass sie auch Wege geht, die nicht gott-gewollt sind. Gott zwingt die Dinge nicht in eine bestimmte Richtung, sondern lädt ein, wirbt, lockt: Alles in der Welt vom Urknall an geschieht in einem ständigen – mehr od. weniger gelingenden – →Dialog zw. Gott (als Urgrund) u. den (freigegebenen) Geschöpfen. Soweit Dinge u. Wesen für einander u. darin für ihn offen sind, kommt er mit seinem guten Willen zum Zug, soweit sie sich verschließen, entstehen Übel, Schuld u. Böses. Er aber „will andere als Mitliebende haben“ (Duns Scotus). Deshalb hält er sich nicht aus dem Drama heraus, lässt sich vom Weltlauf betreffen, leidet in den Gequälten *u.* in den Quälenden. Von Anfang an leidet er mit seiner Schöpfung gleichsam Geburtswehen, dass die Agape mehr Raum finde; bangt darum, wie wir Geschöpfe uns selber formen, dass wir heilsame Wege gehen; wirkt aktiv-kreativ durch Menschen, die für ihn offen sind, aber auch durch naturale u. soziale Ereigniskonstellationen: wirbt um Guttat u. Heilung, gibt dazu Impulse, macht Angebote, gibt Kraft, eröffnet neue Möglichkeiten. Der Glaube hofft, dass es überhaupt keine Situation gibt, in der Gottes Möglichkeiten am Ende wären. Er traut ihm zu, dass er für diese schöne *u.* geplagte Welt in seiner radikal anderen Dimension – durch Untergang u. Verwandlung hindurch – eine Gutmachung bereit hält u. alle schließlich doch zu gewinnen vermag. Er hat Anzeichen dafür, dass Gott Liebe ist, u. vertraut, dass er sich vollends als solche erweisen wird. Vieles in der Welt ist mit dem Glauben an diesen Gott nicht vereinbar u. würde ihn widerlegen, wenn es das letzte Wort behielte. Doch wer immer entschieden für das Gute Partei ergreift, der setzt – ob er es weiß od. nicht – letzten Endes auf diesen Gott, dass er sich erweise. Auf ihn zu setzen, ist ein Lebensexperiment, wie jede andere Weltanschauung auch. So ist Gott ein Wort des Protestes u. der aktiven Hoffnung *gegen* das Leid.

Kessler, H./Verweyen-Hackmann, E./Weber, B., Ein guter Gott, der leiden lässt? Materialien für den Religionsunterricht der Sekundarstufe II. Mit Schülerausgabe der Ganzschrift von H. Kessler „Gott und das Leid seiner Schöpfung“, Kevelaer 2004. – Ders., Gott und das Leid seiner Schöpfung. Nachdenkliches zur Theodizeefrage, Würzburg 2000 (Neuaufl.: Das Leid in der Welt – ein Schrei nach Gott, Kevelaer 2007). – Kreiner, A., Gott im Leid, Freiburg-Basel-Wien 1997 (2005).

Hans Kessler

Th. soll verstanden werden als methodische Reflexion der im →Glauben angenommenen, in der →Kirche überlieferten, durch sie für Kirche u. Gesellschaft überzeugungs-, sprach- u. überlieferungsfähig zu haltenden Selbstbezeugung der absoluten Unbegreiflichkeit u. Unverfügbarkeit →Gottes in Jesus von Nazaret (→Christentum).

(1) *Globalisierung u. Weltkirche*: Th. hat selber eine Geschichte. Ihre Situation ist komplexer, ihre Voraussetzungen u. Probleme sind zahlreicher geworden: innertheologisch, im Kontext von säkularen Wissenschaften, von Kirche u. Gesellschaft. Eine epochale Veränderung für Kirche u. Gesellschaft ist eingetreten durch die globale Gleichzeitigkeit (→Globalisierung) unterschiedlicher Lebensorientierungen, Lebensstile u. →Kulturen (*clash of civilisations*). Aus der bisher lediglich potentiellen ist eine akute →Weltkirche geworden. Die Gestalten kirchlichen Handelns multiplizieren sich mit der Vielzahl von →Sprachen, Plausibilitäten, normativen Stilen u. Kulturen. Die Einheit der Kirche wird nicht nur in der Ausübung der →Ämter, sondern auch in der Liturgie u. in der Lehre zum Problem u. führt zu Konflikten, etwa als Notwendigkeit u. Grenze von Inkulturation od. anders: als Spannung zw. der in der geschichtlichen Kontinuität zum Ausdruck kommenden kirchlichen Überlieferung (→Tradition), also der Identität des Evangeliums, u. der Notwendigkeit ihrer Differenzierung innerhalb der vielen Kulturen.

(2) *Kulturell bestimmte Th.:* Die Versuche hermeneutischer Differenzierung der Überlieferung, insbes. des Evangeliums, in kulturell bestimmten →Lebenswelten sind Aufgabe der Th.en lokaler Kirchen. Von einem zentralen kirchlichen Lehramt kann ihnen diese Aufgabe nicht abgenommen werden. Die Vielzahl u. begrenzte Widersprüchlichkeit der Th.n innerhalb der Einheit der Kirche ist nicht neu (Vielzahl der biblischen Th.en innerhalb des kirchlichen Kanons, OrdensTh.en u. Schulen, die unterschiedlichen Zugänge in den theologischen Disziplinen). Die Th. macht notwendig lebensweltlich verwurzelte weisheitliche od. philosophische Voraussetzungen. In der europäischen Th. hielt sich bisher deren Pluralität im Rahmen der griechischen Philosophie (*Metaphysik*). Was eine für die vielen Th.en tragfähige u. Verständigung ermöglichende weisheitliche Mindestvoraussetzung sein kann, ist in Diskussion. Die Suche nach der einen →Wahrheit des Evangeliums wird mit solchen verschiedenen, aber doch von allen verständlichen u. in alle Kulturen übersetzbaren Ausgangspunkten noch nicht unbedingt in Frage gestellt.

(3) *Interkulturalität der Th.:* Damit ist die Frage aufgeworfen, wie die Vielzahl kulturell unterschiedlich bestimmter Th.n sich in

der einen Kirche auf der Suche nach der einen Wahrheit zueinander verhalten können. Die Reflexion darauf ist Aufgabe einer →interkulturell verfahrenden Th. Ausgeschlossen ist damit ein von der eigenen u. fremden Kulturalität absehender, metakultureller Standpunkt. Ausgeschlossen ist damit auch ein Vorgehen, das die Sache der Th. möglichst auf exakte (univoke) od. digitale Eindeutigkeiten reduziert. Eine solche formale Eindeutigkeit u. damit globale Gültigkeit bedürfte keiner Übersetzung u. keiner hermeneutischen Anstrengung. Aber Th. ist von der ihr eigenen Sache zurückgebunden an die analogen u. deshalb immer mehrdeutigen Alltagssprachen als ihrer Basis u. Übersetzungsbedürftigkeit. – Eine Th., die interkulturelle Verhältnisse ins Auge fasst, muss aus demselben Grund dialogisch (→Dialog) u. reziprok (→Reziprozität) verfahren. Sie hat zu denken, was fremde Erfahrungen mit dem Evangelium, also kulturell anders bestimmte Christen u. Gemeinden, uns zu denken geben. U. andererseits bedeutet es, bei der theologischen Arbeit immer mit zu bedenken, was unsere Erfahrungen mit dem Evangelium kulturell anders bestimmten Christen u. Gemeinden zu denken geben. Die Th. muss sich bewusster, als das früher der Fall sein konnte, im Dienst des Ganzen u. am anderen verstehen. Sie betreibt ihre Sache explizit unter den Augen der Theologen anderer Kulturen u. will ihre Arbeit von ihnen als Beitrag auch für sie verstanden wissen.

(4) *Europäische Th.:* Das reziproke Verhältnis kulturell anders bestimmter Th.en zur europäischen Th. ist aufgrund ihrer faktischen geschichtlichen Voraussetzungshaftigkeit nicht völlig symmetrisch, denn es gibt keine geschichtliche Unmittelbarkeit des Zugriffs auf die Quellen. Die zweitausendjährigen Erfahrungen mit dem Evangelium können, ob sie negativ od. positiv zu bewerten sind, von den späteren nicht unbeachtet bleiben (Trennung von Staat u. Kirche; Funktionalität u. Dysfunktionaliät christlicher Religion; →Mission u. Kolonialisierung; Naherwartungsenttäuschungen). Als Trägerin der kirchlichen Tradition ist die europäische Th., gerade auch wo sie kritikwürdig ist, Ausgang u. Hilfe für theologische Bemühungen innerhalb anderer Kulturen. Sie ist in mancher Hinsicht auf bittere Weise die erfahrenste Th. auch im Umgang mit anderen Kulturen. Umgekehrt wird die europäische Th. durch andere Th.en herausgefordert (von einer nur akademischen Praxis zu einer lebensweltlichen u. gesellschaftlichen Praxis; von einer Th. der Experten zu einer Th. der Leute; von privatistischen u. kulturellen Engführungen zu Horizonterweiterungen). Sinn der Verständigung zw. kulturell unterschiedlich bestimmten Th.en ist allerdings primär nicht interkulturelles Lernen od. Kritik mit dem Ziel eines Konsenses, sondern die wechselseitige kirchliche Anerkennung gerade der Andersheit innerhalb kirchlicher Gemeinschaft. Es gibt ekklesiologisch so etwas wie eine Pflicht der einzelnen Lokalkirchen, Zeugnis u. Rechenschaft von ihrem Glauben zu

geben u. entgegenzunehmen, u. dieses Zeugnis von dem Macht- u. Herrschaftsgefälle herauszuhalten, das zw. den Kulturen u. Staaten verläuft. In diesen Dienst der Bezeugung ist auch die Th. genommen. – Das kirchliche Lehramt besitzt hinsichtlich der Kulturen keinen Metastandpunkt. Zu kritischen Einsprüchen ist es legitimiert durch die Überlieferungen, die von der Gesamtkirche als verbindlich anerkannt werden; diese sind aber selber auch kulturell bestimmt. Es muss sich im Dienst der Einheit vorzüglich als eine Übersetzungshilfe verstehen.

Wiedenhofer, S., Theologie interkulturell und interkulturelle Kompetenz, in: Th. Schreijäck (Hg.), Werkstatt Zukunft. Bildung und Theologie im Horizont eschatologisch bestimmter Wirklichkeit, Freiburg i.B. 2004. – Siller, H.P., Interkulturell Theologie treiben. Eine Reflexion, in: Jahrbuch Deutsch als Fremdsprache, Bd. 26, Mainz 2000. – Schreiter, R. J., Constructing Local Theologies, New York 1985.

Hermann Pius Siller

Tod

Alle Menschen müssen sterben. Das lehrt, unabhängig von religiösem →Glauben, die menschliche Erfahrung. Wie aber passt der T. ins →Leben? Dazu macht die →Bibel sehr unterschiedliche Aussagen: Einerseits gilt der T. als Folge der →Sünde (vgl. Gen 2,17; Röm 5,12; 6,23), als Feind der Menschen, der durch Gottes Handeln überwunden werden soll (das illustrieren die Totenerweckungserzählngen 1Kön 17,17–24; 2Kön 4,32–37; Mk 5,21–43; Lk 7,11–17; Joh 11,1–44; Apg 9,36–42; 20,7–12). Andererseits kann der T. auch als das Normale, selbstverständlich zum Leben Gehörende angenommen werden (vgl. z.B. Gen 25,8; Gen 49; Ijob 5,26). Drittens aber ist im NT von einem Sterben die Rede, das nicht im Gegensatz zum Leben steht, sondern geradezu als dessen eigentlicher Vollzug erscheint: Christliche Existenz wird zum Sterben mit Christus (Röm 6,3–8). Das Leben wird gewonnen im Loslassen; wer es festhalten will, verliert es (vgl. Mk 8,35; Joh 12,24 f.).

Die auf den ersten Blick widersprüchlichen Aussagen können in einen stimmigen Zusammenhang gebracht werden, wenn man davon ausgeht, dass der sinnerfüllende (→Sinn) Grundvollzug personalen Lebens die Bewegung der →Liebe ist u. dass gerade diese Bewegung ein Sich-Überschreiten, Sich-Weg-Wagen an den Anderen, Sich-Loslassen bedeutet. Lieben ist höchste menschliche Aktivität, zum Lieben gehört aber auch die Bereitschaft, etwas mit sich geschehen zu lassen. Insofern könnten Lieben u. Sterben miteinander verwandt sein. Insofern könnte auch das Sterben ein Stück Lebensvollzug sein: Sich-Loslassen im Vertrauen darauf, aufgefangen zu werden. In diesem Fall könnte die Grundbewegung des Sterbens zugleich die Grundbewegung intensivsten Lebens sein.

Von hier aus kann der Zusammenhang zw. T. u. Sünde verstanden werden. Allerdings wird man dann nicht den T. an sich, die unvermeidliche Gegebenheit biologischer Endlichkeit, als Sündenfolge deuten, sondern die Erfahrung des T.es als eines lebenswidrigen Geschehens. Sünde besteht nämlich in der Verweigerung von Liebe. Weil u. insoweit der Mensch von der Haltung der Verweigerung geprägt ist, muss er den T. als Katastrophe empfinden: Er, der sich unbedingt für sich selbst behalten wollte, wird sich selbst entrissen. Aber auch umgekehrt gilt: Weil u. insoweit der Mensch dazu herangereift ist, sein Menschsein als liebendes Sich-Verschenken zu verwirklichen, wird für ihn der T. den „Stachel“ des Furchtbaren verlieren (vgl. 1Kor 15,55 f.).

Das bedeutet nicht, dass liebenden Menschen ein glückliches Sterben garantiert ist. Auch die Grundhaltung der Liebe wird nicht alle Schmerzen u. alle Beeinträchtigungen, welche der Sterbeprozess oft mit sich bringt, ausschalten können; aber sie kann dazu führen, dass das Sterben nicht als vernichtende Katastrophe, sondern als Durchgang zum Leben erlebt wird.

So erzählen auch die Evangelien den T. Jesu: Markus u. Matthäus überliefern als letztes Wort des Gekreuzigten den Ausruf: „Mein Gott, mein Gott, warum hast du mich verlassen?“ (Mk 15,34). Bei Lukas ruft Jesus zuletzt: „Vater, in deine Hände lege ich meinen Geist“ (Lk 23,46). Wer die Bibel als ganze auf sich wirken lässt, erkennt darin die doppelte Erfahrung eines qualvollen Sterbens: die Erfahrung des Schrecklichen u. die Erfahrung einer Erfüllung jenseits dieses Schrecklichen.

Voraussetzung für ein solches Begreifen des T.es ist der Glaube an die Auferweckung durch den Gott des Lebens u. der Liebe. Auferweckung, christlich verstanden, bedeutet ja nicht nur irgendeine Zukunft nach dem T., auch nicht nur irgendeine Belohnung für gutes Verhalten, sondern die Ernte des Lebens: Alle Bewegung der Liebe kommt an ihr Ziel. Der Mensch findet sich selbst wieder in der Gemeinschaft von Liebenden.

Vorgrimler, H., „... und das ewige Leben. Amen!“ Christliche Hoffnung über den Tod hinaus, Münster 2007. – Walter, F., Alles ist nur Übergang. Lyrik und Prosa über Sterben und Tod, Tübingen 1997 ([2]2006). – Nocke, F.-J., Liebe, Tod und Auferstehung. Die Mitte des christlichen Glaubens, München [4]2005.

Franz-Josef Nocke

Toleranz

T. ist eine mühevoll errungene zivilisatorische Kulturleistung (→Kultur) der Duldung der Andersdenkenden, der Andersaussehenden, der Andersartigen. Diese Kunst des Ertragens u. gedeihlichen Entgegenkommens bedarf bisweilen vertraglicher Regelungen, um zu einem dauerhaft verträglichen Neben- oder Miteinander (→Konvivenz) zu gelangen. Sie ist stets gefährdet, weil die zivilisatorische Haut des Menschen nach aller Erfahrung sehr dünn ist. Für das Gelingen eines friedlichen, langfristigen Zusammenlebens verschiedener →Ethnien reicht bloßes Dulden nicht, denn Duldung bedeutet, großen inneren Abstand zum anderen zu behalten. Sie liegt wie eine Last auf der Seele. „T. sollte eigentlich nur eine vorübergehende Gesinnung sein: Sie muss zur Anerkennung führen. Dulden heißt Beleidigen.“ (J.W. Goethe) Wenngleich also das eigentliche Ziel verträglichen menschlichen Zusammenlebens das freie Respektieren u. Akzeptieren des Anderen bleibt, so ist doch bloße T. bereits ein hohes Gut: eine Konflikt minimierende Tugend in Konfliktkonstellationen, die auf Freund- oder Anderssein beruhen. Aktive T. erwächst aus innerer Souveränität, nicht aus ängstlichem Selbstschutz, aus dem heraus man sich dichtmacht. „Ich missbillige, was du sagst; aber bis zum Tode werde ich dein Recht verteidigen, es zu sagen.“ (Voltaire)

T. wächst aus der Anerkenntnis des elementaren Lebensrechts der Anderen – v.a. der Minderheiten – sowie aus der demütigen Vermutung heraus, der Andere könnte auch Recht haben. Die Voraussetzung jeder T. ist prinzipielle Achtung der universellen Menschenrechte mit der Grundmaxime, dass die Würde des Menschen, also jedes Menschen, unantastbar ist u. bleiben muss. Die Gleichheit der Menschen ist insofern Bedingung aller T. Sie erfordert wegen der unvermeidbaren konkreten Unterschiede der prinzipiell Gleichen einen beständigen →Dialog, in dem sich die eigene Position gegenüber der Position der Anderen nicht nur zu bewähren, sondern auch sich zu bereichern anschickt. Vielfach ist das, was sich als T. ausgibt, nur Denkfaulheit, Unentschiedenheit oder Gleichgültigkeit. In einem ernsthaften Dialog mit dem Andersdenkenden, Andersgearteten oder Andersglaubenden kann die Tragfähigkeit eigener Denk- u. Verhaltensweisen erprobt werden. Wer seiner →Wahrheit mit Gewalt Raum schaffen will, ist sich seiner Sache nicht sicher. Aus Unsicherheit heraus erwächst Gewalt. Statt der Macht des Arguments traut man dem Argument der Macht.

Als die diffizil bestimmbare Grenze der T. erweist sich der Umgang mit der InT. Intolerante fordern so lange T., bis sie selber an der Macht sind, um sogleich jede T. zu verweigern. Wenn also der Tolerante nicht klar u. frühzeitig dem Intoleranten entgegentritt, wird die T. zur Disposition gestellt. Die →Freiheit der Meinung, die Freiheit individueller Lebensgestaltung u. die Freiheit des Zusammenschlusses mit Gleichgesinnten findet ihre präventiv bestimmbare Grenze bei denen, die Freiheit lediglich nutzen, um sie schließlich zu beseitigen.

Elementarste Versuchung des Menschen war u. bleibt manichäisches Denken, das sich vereinfachende Demagogen mit massenhaftem Erfolg zunutze machen. Das Schema von Ja – Nein,

Gut – Böse, Wahr – Falsch, Stark – Schwach findet im Konfliktfall spontan emotional aufgeladene Mehrheiten. Enorme destruktive Kräfte werden freigesetzt u. blind-wütig gelenkt. Wer sich dagegen um differenzierendes Denken bemüht u. zugleich selber tief verwurzelt ist, kann wahrhaft tolerant denken, handeln u. fühlen. T. erwächst aus der Souveränität dessen, der daran glaubt, dass „die Wahrheit" sich durchsetzen wird, sofern die Mittel zur Durchsetzung ein Ausdruck für Wahrheit oder Unwahrheit sind. In der →Demokratie ist T. die Voraussetzung für das Finden von tragfähigen Kompromissen – unter der Bedingung, dass man die Relativität der eigenen „Wahrheiten" erkennen kann. Wer einen Wahrheitsanspruch geradezu zu verkörpern behauptet, wie dies bis heute römisch zentrierte Katholiken tun, ist im Grunde nicht zur T., sondern nur zu temporärer Duldung in der Lage. T. ist keine bloße moralische Forderung, sie wurzelt vielmehr in der (religiösen) Grundüberzeugung (→Religion, Glaube) selbst.

Fetscher, I., Toleranz. Von der Unentbehrlichkeit einer kleinen Tugend für die Demokratie, Stuttgart 1990. – Milton, J., Zur Verteidigung der Freiheit, hg. v. H. Klenner, Leipzig 1987. – Tillich, P., Gesammelte Werke, Stuttgart 1959–1975.

Friedrich Schorlemmer

Tradition

Auf der einen Seite ist die Moderne durch eine fundamentale Kritik der T., d.h. all dessen, was bisher in Geltung war, bestimmt. In diesem Sinn werden bis in die Gegenwart der (zu überwindenden) T. die Vernunft, der Fortschritt, die Innovation, die Reform usw. entgegengestellt u. übergeordnet. Auf der anderen Seite hat man in der Moderne (bes. im 19. u. 20. Jh.) die Erfahrung gemacht, dass man die bisherigen Gestalten der →Kultur weder ablegen kann noch ablegen darf, ja, dass die Vernichtung der bisherigen Kultur zur Un-Kultur führt. Auch wenn engere T.sbegriffe (z.B. das Überkommene, das Alte, das Gewohnte) für ganz bestimmte Zusammenhänge sinnvoll sein mögen, so ist auf jeden Fall immer auch mit einem weiten T.sbegriff zu arbeiten, der T. im Allgemeinen von Kulturvermittlung versteht. In diesem Fall erhält allerdings der Begriff selbst einen dialektischen Charakter, d.h. er umfasst die Bewahrung des Bisherigen u. seine Kritik u. Verwandlung durch die Herausforderungen neuer →Kontexte.

Wegen der Komplexität der Kulturvermittlung muss diese Dialektik in allen strukturellen Momenten von T. berücksichtig werden, z.B. als Dialektik von Objektivität (gesellschaftlicher Institutionen) u. Subjektivität (individueller Gestaltungskraft), von Gabe u. Aufgabe, von Form u. Inhalt, von Welt u. Umwelt, von Geschichtlichkeit u. →Wahrheit, von Herrschaft u. →Freiheit, von Körperlichkeit, Bewusstsein u. Unbewusstem, von Kontinuität u. Diskontinuität, von Normalität u. Krise, von Fortschritt u. Degeneration usw.

Nimmt man Kulturvermittlung als Handlungszusammenhang so ist T. ein vielgestaltiger Zeichen- u. Sinnvermittlungsprozess (→Sinn), der alle Formen des Lehrens u. Lernens umfasst (von der Wissensvermittlung über die Vermittlung praktischer Fertigkeiten bis zur →Initiation), u. ein vielgestaltiger Sozialisations- u. Kommunikationsprozess, der die geschichtliche Dimension der sozialen Ordnung darstellt u. insofern alle Formen der Sozialisation, Individuation u. des sozialen Austauschs einschließt (→Bildung).

Diesen Bedingungen eines kulturellen T.sbegriffes muss auch der theologische T.sbegriff genügen. In der Theologiegeschichte hat sich zwar ebenfalls ein engerer T.sbegriff entwickelt, seit dem Mittelalter u. noch stärker seit der Reformation: als kirchliche Glaubensüberlieferung im Gegenüber zur →Heiligen Schrift (→Bibel) als dem Ursprungszeugnis der →Offenbarung Gottes. In der neueren →Theologie wird dieser engere T.sbegriff mindestens eingeschlossen in den weiten T.sbegriff, der T. als Glaubensvermittlung, genauer als religiöse bzw. gläubige od. auch kirchliche Vermittlung des Heils bzw. der Gabe des wahren Lebens versteht, wobei diese Gabe des wahren u. ewigen Lebens im christlichen →Glauben im Offenbarungs- u. Heilszeichen Jesus Christus ihre definitive geschichtliche Erscheinungsgestalt gefunden hat (→Christentum). Als geschichtliche Vergegenwärtigung dieses maßgebenden Heilszeichens ist christliche T. daher sowohl der Prozess der kulturellen u. sakramentalen (→Sakrament) religiösen Zeichendeutung u. Zeichensetzung als auch der Zusammenhang von deren geschichtlich-sozialen Objektivationen.

Wiedenhofer, S., Traditionsbegriffe, in: T. Larbig/S. Wiedenhofer (Hg.), Kulturelle und religiöse Traditionen, Münster 2005, 253–279. – Ders., Die Tradition in den Traditionen. Kirchliche Glaubensüberlieferung im Spannungsfeld kirchlicher Strukturen, in: D. Wiederkehr (Hg.), Wie geschieht Tradition?, Freiburg i.B. 1991, 127–172.

Siegfried Wiedenhofer

Transzendenz

(1) Der historisch älteste, auf die Antike zurückgehende u. bis heute prägnanteste Begriff von Tr. (lat. *transcendere*=überschreiten, übersteigen, übergehen zu) bestimmt diese als methodisches Übergehen vom begrenzten u. damit bedingten Ganzen der Welt, in der wir leben (*die* Welt), zum sie bedingenden Grund. „Tr." kann auch das Ergebnis dieses Prozesses bezeichnen. Man unterscheidet zwei

Arten von Transzendieren: Graduelles Transzendieren, d.h. das Übergehen von einem in sich bestimmten Bedingten zu einem anderen *innerhalb der Ordnung* des Bedingten (meist eine Stufenordnung); u. absolutes Transzendieren, d.h. das Übergehen zum Unbedingten, *zum Grund der Ordnung* selbst.

Das Ergebnis absoluten Transzendierens (z.B. „das Absolute", „das Eine", →„Gott") kann nicht unabhängig vom Tr.-prozess bestimmt werden, denn der Ausgangskontext (z.B. *die* Welt, *das* Sein, *das* Universum) wird als Ganzes, also einschließlich all seiner Differenzierungen „überschritten", u. zwar indem man ihn auf seinen Grund *bezieht*, also anknüpfend an innerweltliche Phänomene eine Beziehung zw. Bedingtem u. Unbedingtem aufbaut. Dadurch wird ein neuer, übergreifender →Kontext begründet, in dem der Unterschied von Bedingtem u. Unbedingtem *zugleich* bewahrt u. außer Kraft gesetzt wird. Damit gewinnt man einen erweiterten Horizont von Bestimmungsmöglichkeiten für den u. im Ausgangskontext (nicht eine von diesem abgetrennte „zweite Welt"). Denn die begriffliche Bestimmung absoluter Tr. ist nur *in* dem neuen Horizont u. *zunächst negativ* möglich, ausdrücklich („das *Un*bedingte") od. einschlussweise („das Absolute" = „das *Nicht*kontingente", „das Eine"=„das *Nicht*viele"). Weitere begriffliche Differenzierungen sind nur durch erneute Rückbeziehung auf den Ausgangsbereich möglich u. bleiben deshalb *notwendig* indirekt, kontingent u. partiell (im Fall des Gottesbegriffs z.B. „Schöpfer"). Umgekehrt ermöglicht Tr. Weiterbestimmungen des Ausgangsbereichs (z.B. „Welt als →Schöpfung", „Phänomene in der Welt als Wirkungen Gottes", →Offenbarung). Der Prozess absoluter Tr. umfasst in vollständiger Gestalt also zwei wechselseitig aufeinander aufbauende Schritte: Überschreiten *u.* Zurückgehen.

Als Lebensform kulturell verwirklicht findet sich Tr. vor allem in den →Religionen (→Mythos). In ihrer prinzipiellen Vielfalt u. in der notwendig bildlich-metaphorischen Form ihrer Botschaft (→Tradition, Symbol, Pluralismus) konkretisiert sich die Tr.-Struktur.

(2) Der Zusammenhang von Überschreiten u. Zurückgehen u. seine Struktur gilt auch für graduelle Tr., allerdings mit dem Unterschied, dass hier beide Kontexte von sich aus bestimmt sind.

(3) Eine erkenntnisbezogene Wendung des graduellen Tr.-begriffs verdankt sich I. Kant, zusammen mit der Entgegensetzung von „immanent" (innerhalb möglicher Erfahrung verbleibend), „transzendent" (über mögliche Erfahrung hinausgehend). u. „transzendental" (die apriorischen Möglichkeitsbedingungen der Erfahrung betreffend). Daran anschließend spricht man von Tr. auch i.S. von (u.U. wechselseitiger) Nichtzurückführbarkeit ganz allg. (z.B. „BewusstseinsTr. der (realen) Welt", „WeltTr. des (Welt begreifenden) Bewusstseins"). Solche Positionen sind im Ansatz *methodisch* hinsichtlich absoluter Tr. nicht festgelegt.

(4) Im Gefolge (voraussetzungsreicher) empiristischer, materialistischer u. naturalistischer Standpunkte trifft man heute auf einen von vornherein pejorativ eingefärbten Begriff von Tr. i.S. eines „Übernatürlichen“ u. „Jenseitigen“, das „jenseits aller Erfahrung u. Erkenntnis“ liegen soll.

Rentsch, Th., Gott, Berlin u.a. 2005. – Honnefelder, L./Schüßler, W. (Hg.), Transzendenz. Zu einem Grundwort der klassischen Metaphysik, Paderborn u.a. 1992. – Struve, W., Philosophie und Transzendenz. Eine propädeutische Vorlesung, Freiburg i.B. 1969.

Hermann Schrödter

Wahrheit

Bis zur Gegenwart war W.serkenntnis ein unaufgebbarer Anspruch in Philosophie u. →Theologie. Entsprechend lang u. differenziert ist die Begriffsgeschichte.

Im mythosgetragenen (→Mythos), Subjekt u. Objekt noch nicht unterscheidenden Denken der Vorsokratik wird W. als geoffenbarte (→Offenbarung) geistige Einheit gegenüber der falschen Welt empirischer Vielheit vertreten. Platon verteidigt ein solches Konzept argumentativ gegen den Skeptizismus der zeitgenössischen Moderne. Gegenüber solch ontologischer W. kommt mit Aristoteles W. durch die Verbindung von Termini im Satz ins Spiel. Im christlichen Mittelalter vertritt Augustinus die später im Rationalismus wieder aufgenommene platonisierende Auffassung von gottgestifteten unveränderlichen, dem Menschen eingeborenen W.en. Das aristotelisch geprägte Hochmittelalter variiert in zahlreichen Anläufen die vermutlich arabische Definition von der W. als Übereinstimmung von Denken u. Gegenstand. Thomas von Aquin überformt im Versuch, philosophische u. theologische W. zu versöhnen, diesen Satz mit einer Partizipation des Geschaffenen an der Autorität →Gottes. In Thomas fokussiert sich das mittelalterliche Weltbild der prinzipiellen Erkennbarkeit Gottes aus der →Schöpfung. Dieser Optimismus schwindet bereits in den spätmittelalterlichen Polemiken um den Gegenstandsbegriff. Grundlegend erschüttert wird die Erkennbarkeit der W. im Humanismus der Renaissance mit seinem faszinierenden Bildungswissen (→Bildung). Er löst die alte Ordnung ab u. verbindet W. mit dem Praktischen u. Nützlichen. Ein neues Bemühen um die W. beginnt in der Neuzeit mit Descartes, der im Licht des Dreißigjährigen Krieges sicheres Wissen jenseits aller Weltanschauungen finden will. Sein W.skonzept gründet in der Wahrhaftigkeit Gottes, der den Menschen nicht täuscht. Gegenüber dieser rationalistischen Position sucht der Empirismus die W. in der empirisch erfahrbaren Außenwelt. Kant führt im Versuch, die Schwächen beider Positionen zu überwinden, W. zurück auf den menschlichen Verstand, der im Erkennen die subjektunabhängige Welt stets mitstrukturiert. Diese Einsicht von der Bindung der Erkenntnis an das Subjekt prägt die neuzeitliche Gnoseologie (=Erkenntnislehre). Sie wird teilweise im Deutschen Idealismus, namentlich bei Hegel, wieder zur Metaphysik u. W. am Ende der Geschichte denkender Subjekte zur Totalität eines objektiven Geistes. Der utopische Gehalt solchen Denkens wurde materialistisch-humanistisch von Marx buchstabiert u. später in die reale →Politik umzusetzen versucht. Kritiker wie Kierkegaard, Adorno od. Popper haben auf den totalitären Charakter solcher Systemphilosophien verwiesen u. setzen auf das Individuum. Damit beginnt die Geschichte der stark divergierenden W.skonzepte im 20. Jh. Fasziniert von der Exaktheit der Naturwissenschaft verfolgt der Positivismus die Vision einer Idealsprache, um alle philosophischen Probleme zu lösen. Mit dem späten Wittgenstein tritt die Untersuchung der Alltagssprache an die Stelle dieser Utopie. In der daraus folgenden analytischen Sprachphilosophie fällt die Klärung des W.sbegriffs mit der Klärung der Verwendungsweise von Sätzen zusammen. Für Gadamer, den Begründer der Hermeneutik, ist W. nicht zeitlose Gewissheit, sondern stetiges Aneignen in der Geschichte. Es gibt auch eine ästhetische W. (→Ästhetik). In seiner die gesamte abendländische Metaphysik betreffenden Kritik nimmt Heidegger den Menschen von der ihm in der Aufklärung zugedachten Rolle des *homo faber* zurück auf die Funktion des passiven Hörers einer möglicherweise geschehenden Unverborgenheit des Seins. Davon angeregt destruieren Strukturalismus u. Poststrukturalismus weiter das Subjekt u. mit ihm jede alte Hermeneutik des →Sinns u. der W. u. rufen zu einem bewussten Umgang mit der unversöhnbaren Differenz auf. W. wird radikal pluralisiert u. als ausgezeichnetes Sprachspiel allenfalls innerhalb religiöser Weltanschauungen geduldet.

Gloy, K., Wahrheitstheorien, Tübingen 2004. – Janich, P., Was ist Wahrheit? Eine philosophische Einführung, München 1996 (³2005). – Franz, M., Wahrheit in der Kunst. Neue Überlegungen zu einem alten Thema, Berlin u. Weimar ²1986.

Bernhard Braun

Wahrnehmung

W. als erkenntnistheoretischer Grundbegriff hat Wurzeln bis in die griechische Philosophie, gewinnt aber seine hohe Bedeutung erst mit dem Zerbrechen der Einheit von Anschauung u. Denken am Beginn der Neuzeit. W. ist jetzt die vermittelnde Instanz zw. sinnlichem Empfinden u. verstandesmäßigem Erfassen von →Wirklichkeit. Erkennen als Wahrnehmen meint den reflexiven Prozess der

Vermittlung zw. Erleben (innere W.) u. sog. Realität (äußere W.) (→Wahrheit). Im 20. Jh. präzisiert die Phänomenologie den Begriff u. stellt heraus, dass zw. Subjekt u. Objekt der W. nicht getrennt werden kann, sondern immer eine intentionale Beziehung besteht, die es auch methodisch zu realisieren gilt. W. wird so zum Schlüsselbegriff gegenwärtiger Wissenschaftstheorie mit eigenen, allerdings theologisch zu vertiefenden Implikationen für die Praktische Theologie.

(1) *Gott macht sich wahrnehmbar*: „Niemand hat Gott je gesehen“ (Joh 1,17; 6,46). An zahlreichen Stellen zeugt die biblische (→Bibel) →Tradition von dieser radikalen Unsichtbarkeit →Gottes, die in seinem Wesen u. nicht etwa in der Begrenztheit menschlicher W.sfähigkeit begründet liegt. Wo Gott als der Unendliche u. absolut Unbegreifliche erfahren wird, kann die Antwort nur lauten: „Wahrhaftig, du bist ein verborgener Gott.“ (Jes 45,15) Aber dieser verborgene ist kein der Welt entzogener Gott, sondern er macht sich selbst wahrnehmbar: „Der Mensch kann Gott nicht von sich aus sehen; wenn Gott es aber will, dann wird er für Menschen sichtbar, wem, wann u. wie er will.“ (Irenäus, haer. IV, 20,5) Der transzendente (→Transzendenz) Gott wendet sich der menschlichen W.sfähigkeit zu: wird sichtbar (Ex 3,1–6; 33,18–23), hörbar (Gen 15,1–21; 1Sam 3,2–18), fühlbar (1Kön 19,9–14; Jes 6,1–13). Aber alle menschliche W. Gottes ist nie mit Gott identisch (Dtn 4,15; Jes 40,18).

(2) *Der Mensch als Ort der Wahrnehmbarkeit Gottes*: Der Mensch kann also dort etwas von Gott wahrnehmen, wo dieser sich wahrnehmbar macht: in →Schöpfung u. Geschichte, christlich gesehen aber insbes. in Jesus Christus. Er „ist das Bild des unsichtbaren Gottes“ (Kol 1,15). Wer auf sein Leben, Sterben u. Auferwecktwerden schaut u. seine Botschaft hört, erfährt, was u. wie Gott für die Menschen sein will (Mk 9,2–10par; Joh 14,9). In einem Menschen also wird Gott wahrnehmbar. U. weiter noch: In jedem Menschenschicksal, insbes. der Benachteiligten u. Entrechteten, zeigt er sich u. fordert aktive W. heraus (Mt 25,31–46; 1 Joh 4,12.20). Gott wahrnehmen heißt dann, Jesus nachfolgen, Welt u. Mitmensch mit seinen Augen sehen u. die Anrede wahrnehmen, die jedem radikal gestellt ist: Wann haben wir dich hungrig u. durstig, fremd u. obdachlos, nackt u. krank gesehen?

(3) Die Welt als W.saufgabe: Somit stehen alle Christen, aber auch die (Praktische) Theologie vor eine doppelten W.saufgabe. (A) Wo Gott der radikal Verborgene ist, gilt es, die Spuren aufzudecken, in denen er auch heute wahrnehmbar wird. Gott macht sich wahrnehmbar, wo u. wie er will, vielleicht auch außerhalb des Blickfelds kirchlicher u. theologischer Professionalität, vielleicht in ganz ‚unheiligen Zeichen‘ unter dem Deckmantel volkskirchlichen Verfalls. Praktisch-theologische W. muss hier radikal offen sein u.

sich den Lebens- u. Glaubenspraxen (→Lebenswelt) der Menschen mit unvoreingenommenem Blick nähern. (B) Wenn →Kirche ein Ort der Transparenz Gottes in der Welt sein soll, so ist W. nicht nur eine rezeptive, sondern zugleich produktive Aufgabe. Sie drückt sich aus in dem Anspruch, die heilsame u. zugleich fordernde Zuwendung Gottes zu allen für alle erfahrbar zu machen. Dies impliziert das Suchen u. Bedenken menschen- u. evangeliumsgemäßer Ausdrucksformen des →Glaubens. Wo beide Richtungen der W. eine Wechselbeziehung eingehen, kann sich ihre ‚heilsame' Wirkung entfalten (vgl. Apg 3,4).

Feiter, R., Antwortendes Handeln. Praktische Theologie als kontextuelle Theologie, Münster 2002. – Schillebeeckx, E., Menschen. Die Geschichte von Gott, Freiburg u.a. 1990. – Englert, R./Frost, U./Lutz, B. (Hg.), Christlicher Glaube als Lebensstil, Stuttgart 1996. – Bohren, R., Daß Gott schön werde. Praktische Theologie als theologische Ästhetik, München 1975.

Stefan Altmeyer

Weltethos

Der Begriff fasst religionstheologische u. religionsvergleichende Forschungen zusammen u. will einige elementare →Werte, Maßstäbe u. Grundhaltungen bewusst machen, in denen die großen →Religionen der Welt bei allen Unterschieden konvergieren. Gemeint ist *nicht* eine systematisch ausgearbeitete Weltethik noch ein ethischer Minimalismus innerhalb der Religionen od. eine Alternative zu Bemühungen um ein Welt- od. Völkerrecht. Der Begriff „Ethos" (die Dimension des „Herzens", des „Gewissens" betont) hält die Mitte zw. →Ethik u. Recht.

Eingeführt wurde der Begriff durch H. Küng (1990) u. weiter programmatisch entfaltet durch die „Erklärung zum W." des Parlaments der Weltreligionen (Chicago 1993; erweitert in Kapstadt 1999). Aufgenommen sind Impulse sowohl der Religionenerklärung des II. Vatikanischen Konzils (*Nostra aetate*) sowie der globalen Friedens-, Frauen- u. Menschenrechtsbewegung. Seine Dringlichkeit ergibt sich aus einer Analyse der weltpolitischen Situation: Die im Zuge der ökonomischen →Globalisierung noch stärker sich entwickelnde Eine-Welt-Gesellschaft beschleunigt Vereinheitlichungsprozesse nicht nur im Bereich von Weltorganisationen, Weltinnenpolitik u. Weltrecht, sondern auch Suchprozesse nach gemeinsamen ethischen Standards – im Bewusstsein: widersprüchliche ethische Standards sind in der einen Weltgesellschaft Destabilisierungsfaktoren. Die eine Welt erfordert das eine Ethos.

Dieses Welt- od. Menschheitsethos kommt nur durch umfassende →interkulturelle, →interreligiöse u. interdisziplinäre Grundlagenforschung in den Blick. Die seit 1990 geführte internationale

Debatte um globale ethische Standards hat denn auch Konvergenzen gezeigt, v.a. im Bereich der Philosophie (Begründung einer universalen Ethik), der Politikwissenschaft (globale Friedensordnung), der Rechtswissenschaft (Etablierung eines internationalen Völker- u. Wirtschaftsrechts) sowie der Erziehungswissenschaft (Theorie u. Praxis interkulturellen u. interreligiösen Lernens).

Aber auch im Raum praktischer →Politik sind Wirkungen unübersehbar – insbes. auf der Ebene internationaler Organisationen. Von weit reichender Bedeutung sind die Bemühungen um eine „Allgemeine Erklärung der Menschenpflichten" (1997), vorangetrieben vom Interaction Council früherer Staats- u. Regierungschefs, sowie Bemühungen um den →Dialog der →Kulturen (gefördert von den Vereinten Nationen unter ihrem Generalsekretär K. Annan). Das „Projekt W." (H. Küng) hat von daher einen explizit friedensethischen Anspruch. Indem es Bemühungen verstärkt, aus dem Raum der Weltreligionen selber heraus nationen- u. kulturübergreifende Werte im Zeitalter der Globalisierung bewusst zu machen u. durchzusetzen, trägt es dazu bei, das durch die Religionen miterzeugte globale Konfliktpotential abzubauen.

Küng, H./Senghaas, D. (Hg.), Friedenspolitik. Ethische Grundlagen internationaler Beziehungen, München-Zürich 2003. – Hasselmann, Ch., Die Weltreligionen entdecken ihr gemeinsames Ethos. Der Weg zur Weltethoserklärung, Mainz 2002. – Annan, K., Brücken in die Zukunft. Ein Manifest für den Dialog der Kulturen, Frankfurt a.M. 2001. – Küng, H., Weltethos für Weltpolitik und Weltwirtschaft, München-Zürich 2000. – Ders./Kuschel, K.-J. (Hg.), Wissenschaft und Weltethos, München-Zürich 1998. – Schmidt, H. (Hg.), Allgemeine Erklärung der Menschenpflichten. Ein Vorschlag, München-Zürich 1998. – Küng, H./Kuschel, K.-J. (Hg.), Erklärung zum Weltethos. Die Deklaration des Parlamentes der Weltreligionen, München-Zürich 1993. – Küng, H., Projekt Weltethos, München-Zürich [5]1993 ([10]2006).

Karl-Josef Kuschel

Weltkirche

Die →Kirche ist ihrem Anspruch nach in grundlegender Weise Wk., weil sie Jesus Christus als den Mittler des Heils für alle Menschen u. →Zeiten verkündet u. von ihm zu allen Völkern gesandt ist (Mt 28,19; vgl. Apg 1,8). Sie ist deshalb nach der Formulierung des II. Vatikanischen Konzils gleichsam universales →Sakrament des Heiles (→Erlösung). Der weltumfassende Anspruch der Kirche kommt auch in dem Attribut „katholisch" zum Ausdruck, das universale Einheit (in Rechtgläubigkeit) bezeichnet.

Historisch gesehen steht diesem Anspruch eine komplexe Entwicklung des →Christentums gegenüber. Die Kirche des Altertums konnte sich in den ersten drei Jh.en rasch im Römischen Reich u. auch schon darüber hinaus ausbreiten. Dem Erfolg der schließlichen Christianisierung des Reiches u. der in das Reich eindringenden Germanenstämme stand die Spaltung von Ost- u. Westkirche (1054) u. der Verlust christlicher Kerngebiete an den →Islam gegenüber, der nur im Westen (Iberische Halbinsel) wieder zurückgedrängt werden konnte. Der weltkirchliche, über Westeuropa ausgreifende Anspruch des Papsttums machte sich im Aufruf zu den Kreuzzügen (1076–1291) bemerkbar, verwirklichte sich aber v.a. in der spätmittelalterlichen u. frühneuzeitlichen →Mission in Asien, Afrika u. Amerika, die wesentlich von den zentral organisierten neuen Orden (Dominikaner, Franziskaner, Jesuiten) getragen wurde. Zugleich relativierte die Reformation in Europa theoretisch u. faktisch den universalen Anspruch des Papsttums. Durch die Missionsbewegung des 19. u. 20. Jh.s, die auf neuen Missionsgesellschaften, Orden u. Kongregationen aufbaute u. sich weitgehend mit der Kolonialpolitik der europäischen Mächte verband, gewannen Katholizismus wie Protestantismus weltkirchliche Dimensionen. Nach der Heranbildung eines indigenen Klerus (→Indigene Theologie) präsentierte sich die katholische Kirche auf dem II. Vatikanischen Konzil sichtbar u. konkret als Wk., die vertikal wie horizontal (in Deutschland durch die Hilfswerke Misereor, Missio u. Adveniat) verflochten ist. Dabei bleiben freilich die Fragen nach der Verhältnisbestimmung von Ortskirche u. Wk. u. nach der Verbindung von Inkulturation u. kirchlicher Einheit virulent. Die ökumenische Bewegung des 20. Jh.s (→Ökumene) hat zu einer Annäherung der christlichen Großkirchen u. zur Herausbildung übernationaler Strukturen auch im orthodox-protestantischen Bereich geführt (Wk.nkonferenzen, Weltrat bzw. Ökumenischer Rat der Kirchen), die sich nach medialer Präsenz u. interner Effizienz aber nicht mit dem modernen Papsttum als *global player* messen können.

Die Deutschen Bischöfe, Allen Völkern sein Heil. Die Mission der Weltkirche, Bonn 2004. – dbk.de/imperia/md/content/schriften/dbk1a.bischoefe/db76.pdf. – Weltkirche: Diakonia 33 (2002), H. 2. – Eckholt, M., Das Weltkirche-Werden auf dem II. Vatikanum: Aufbruch zu einer „neuen Katholizität", in: Edith-Stein-Jahrbuch 6 (2000), 378–390.

Claus Arnold

Werte

Aus dem ökonomischen Wertbegriff wurde im 19. Jh. eine zentrale Kategorie der Philosophie, die sich zeitweise sogar bis in das erste Drittel des 20. Jh.s insges. als Wertphilosophie etablierte u. die Erforschung von W.n (*Axiologie*) ganz oben auf die Tagesordnung setzte. Mittlerweile ist diese besondere Aufmerksamkeit einer gewissen Skepsis gewichen, obwohl das in den vergangenen Jahrzehnten neu entwickelte Interesse an →Ethik spontan mit dem Verweis auf W. u. Normen in Verbindung gebracht wird. W. werden einerseits als Grundlage gesellschaftlichen Zusammenlebens u. verantwortlicher Lebensgestaltung beschworen, haben aber andererseits das Image des konzeptionell schwer Fassbaren, durch das der Konflikt zw. ethischen Überzeugungen eher angeheizt als geschlichtet wird.

Die verstärkte Thematisierung von W.n scheint ein typisches Krisenphänomen zu sein, das immer dann zu beobachten ist, wenn Bewertungen strittig sind u. ein herbeigesehnter Grundkonsens gerade nicht gegeben ist. Die selbstverständliche Bezugnahme auf unveränderbare W. hat durch die Pluralisierung u. Individualisierung der Gesellschaft (→Pluralismus) u. die Begegnung mit anderen →Kulturen (→interkulturell, interreligiös) an Plausibilität eingebüßt. Vor diesem Erfahrungshintergrund repräsentieren W. nicht mehr eine vorgegebene Seinsordnung, sondern sind Ausdruck individueller u. kollektiver Wertungen, die auch bei einem nachdrücklich artikulierten Anspruch auf Objektivität das Merkmal des Subjektiven, Perspektivischen u. Kontingenten tragen. W. sind demnach eine Frage der Geltung u. müssen nach den Maßstäben vernünftiger Argumentation legitimiert werden. Die Polarität von Subjektivität u. Objektivität durchzieht wie ein roter Faden nahezu die gesamte Debatte um die Erkenntnis u. Akzeptanz von W.n, die nach Auffassung einiger Vertreter der Wertphilosophie als verlässlicher Bezugspunkt nicht nur in ethischen Fragen dienen könnten, wenn sie von den handelnden Personen durch „Einfühlung" wahrgenommen u. überzeugend kommuniziert würden. Falls dieser Rückgriff auf einen vorgegebenen W.kosmos verwehrt bleibt, erhöht sich der Druck auf die Begründungsarbeit u. Koordination divergierender Werteinsichten.

So umstritten die objektiv-apriorische Geltung von W.n auch sein mag, so offenkundig ist *de facto* die kulturelle Prägekraft von geteilten Werthaltungen (→Kultur), die bei der Ausbildung von individueller →Identität u. von Gruppenidentitäten eine wesentliche Rolle spielen. W. strukturieren den Bereich der ethisch relevanten →Wahrnehmung u. sind Teil von Sinnkonstruktionen (→Sinn), die über ethische Fragen hinausgehen.

Ein schwieriger Gegenstand der Diskussion ist die Verhältnisbestimmung zw. W.n u. Normen, wobei Normen als konkrete Handlungsregeln verstanden werden, W. als ein umfassenderer Interpretationsrahmen, der sich stimulierend u. kritisierend auf die Normierungen auswirken kann. In pluralistischen Gesellschaften scheint die Einigung auf minimale Regeln einfacher zu gelingen als die Verständigung über die an Implikationen reichen W., die über grundlegende Einstellungen Aufschluss geben, nicht aber über die zwingende Herleitung bestimmter Normen. Insofern ist die trotz aller begrifflichen Probleme unabweisbare Bedeutung von W.n am ehesten mit den Mitteln einer hermeneutischen Ethik zu erforschen, die für die →Kontexte von Normativität sensibel ist. Die strikte Trennung zw. einer angeblich wertfreien Welt der Fakten, die mit wissenschaftlicher Objektivität zu beschreiben sind, u. einer aus wissenschaftlicher Sicht mysteriösen Sphäre der W. erweist sich zunehmend als unterkomplexe Bestimmung eines Verhältnisses, das gerade wegen seiner lebenspraktischen Bedeutung immer neu zu durchdenken ist.

Joas, H., Die Entstehung der Werte, Frankfurt a.M. 1997 (42006). – Krijnen, Ch., Wert, in: M. Düwell/Ch. Hübenthal/M. H. Werner (Hg.), Handbuch Ethik, Stuttgart-Weimar 22006, 548–553. – Schnädelbach, H., Philosophie in Deutschland 1831–1933, Frankfurt a.M. 1983 (61999).

Walter Lesch

Wirklichkeit

Die einzige korrekte Antwort auf die Frage „Was ist wirklich?" lautet (in Abwandlung einer Bemerkung W.V.O. Quines): „Alles". Dinge, die nicht wirklich sind, gibt es nicht. Die W. umfasst alles, was es gibt: materielle Gegenstände, geistige Vorgänge, kulturelle Erzeugnisse, aber auch abstrakte Gegenstände wie Zahlen od. →Werte (sofern es sie denn gibt). Diesen absoluten Vollständigkeitsanspruch teilt der Begriff der W. mit dem der Welt: Für beide gilt, dass es nichts gibt, das außerhalb ihrer liegt. Wirklich zu sein u. zu existieren bedeutet dieser Auffassung zufolge dasselbe. Die verbreitete Rede von einer „virtuellen Realität" ist demnach streng genommen widersprüchlich: etwas, das lediglich *virtuell* (fiktiv, simuliert) ist, ist gerade nicht *wirklich* (real).

Dieser Wortgebrauch ist allerdings nicht alternativlos: So bezeichnen einige Philosophen in Anknüpfung an die ursprüngliche Wortbedeutung nur das als wirklich, was in Raum u. →Zeit existiert u. somit kausal wirksam werden kann. Abstrakte Gegenstände wie z.B. Zahlen wären demnach kein Teil der W. Neben dieser terminologischen Differenz gibt es auch einen inhaltlichen Einwand gegen die Bestimmung von W. als Gesamt dessen, was existiert. Könnte es nicht eine Vielzahl von Welten od. W.en geben, weil jeder →Sprache, jeder →Kultur od. jedem „Weltbild" eine eigene W. entspricht? Eine mögliche Antwort lautet, dass die verschiedenen W.en, wenn es sie denn gibt, letztlich Teil einer umfassenden Welt od. W. sein müssten. Doch genau das wird von Philosophen wie F. Nietzsche, W. James od. N. Goodman bestritten: Die Beschreibungen der verschiedenen Welten lassen sich demnach nicht widerspruchsfrei in einer umfassenden Beschreibung zusammenführen. Ähnlich hatte bereits I. Kant argumentiert, dass die Idee eines Weltganzen uns notwendigerweise in Widersprüche verwickelt. Jede W., von der sinnvoll die Rede sein kann, erwiese sich somit als ein Konstrukt (des menschlichen →Geistes, einer Sprache, einer Kultur). Gegen diese Auffassung spricht jedoch erstens die Möglichkeit zwischenmenschlicher u. →interkultureller Kommunikation sowie zweitens die mangelnde kausale Kraft menschlichen Denkens u. Sprechens: Was wirklich ist, hängt normalerweise nicht davon ab, was wir für wirklich halten. Denken, Sprache u. Kultur sind selbst (historisch entstandene) Teile der W.; sie können diese daher nicht hervorgebracht („konstruiert") haben. Sicherlich gewähren unterschiedliche Sprachen u. Kulturen unterschiedliche Perspektiven auf die Dinge in der Welt; doch machen sie diese nicht wirklich, sondern nur (in jeweils unterschiedlicher Weise) kognitiv für uns zugänglich.

Aus theologischer Sicht (→Theologie) ist die Welt eine göttliche →Schöpfung. Während Gott in der jüdisch-christlichen →Tradition (→Judentum, Christentum) einerseits als existierend u. insofern auch als *wirklich* gilt, wird er andererseits nicht als *Teil* der Welt betrachtet, sondern von dieser als deren *Schöpfer* unterschieden. Es ist daher traditionell umstritten, ob es einen umfassenden Begriff der W. od. Welt gibt, der sowohl →Gott als auch seine Schöpfung gleichermaßen umfasst.

Willaschek, M., Der mentale Zugang zur Welt. Realismus, Skeptizismus, Intentionalität, Frankfurt a.M. 2003. – Goodman, N., Weisen der Welterzeugung, Frankfurt a.M. 1984 ([6]2004). – Quine, W.V.O., Was es gibt, in: ders., Von einem logischen Standpunkt, Frankfurt a.M.-Berlin-Wien 1979, 9–26).

Marcus Willaschek

Zeit

Der Ausdruck Z. lässt sich nur erläutern, nicht aber definieren (vgl. Augustinus, Lambert), weil sogar die einfachste Definition („Z. ist das Nacheinander von Ereignissen") bereits das Verständnis von zeitlicher Folge voraussetzt. Der Begriff steht in enger Beziehung einerseits zu dem des Raums, als der Struktur des Nebeneinanders, u. andererseits zu dem des Seins, als der Einheit der Differenz zw. dem, was einem zeitlichen Wandel unterworfen ist, u. demjenigen, das von ihm unbeeinflusst bleibt. Bereits in der Antike (Aristoteles, Sextus Empiricus) wurden Ausweglosigkeiten (sog. Aporien) in der gedanklichen Durchdringung des Z.phänomens gesehen, die vereinzelt bis zu der skeptischen These geführt haben, dass Z. eine reine Illusion sei. Demnach ist die Vergangenheit nicht mehr, die Zukunft noch nicht u. die Gegenwart ein punktförmiges, unendlich kurzes Jetzt, sodass Z. nahezu Nichtsein bedeutet. Augustinus führt demgegenüber die drei Z.ekstasen (Vergangenheit, Gegenwart u. Zukunft) in der Gegenwart zusammen: Die Vergangenheit sei nämlich in der Erinnerung (*memoria*; →Gedächtnis), die Gegenwart im Augenschein (*contuitus*) u. die Zukunft in der Erwartung (*expectatio*) gegenwärtig. Damit bindet er die Z. an ein Subjekt (*anima*), das der Erinnerung, der Aufmerksamkeit u. der Erwartung fähig ist. I. Kant denkt die Subjektivität der Z. konsequent zu Ende, wenn er sie als den „inneren Sinn" begreift. Z. ist für Kant eine reine, subjektive Form unserer Anschauungen – „rein" bedeutet hier, dass wir die Z. vor aller Erfahrung besitzen, da sie die Grundlage für jede Wahrnehmung eines Nacheinander u. Zugleich ist. Die Z. hat Vorrang vor dem Raum, weil sich auch die Vorstellung eines räumlichen Ensembles im Bewusstsein zeitlich einstellt. Im 20. Jh. unterzieht E. Husserl das innere Z.bewusstsein subtilen Analysen. Weil das Subjekt Voraussetzung für die Gegebenheit von Sein ist u. das Z.bewusstsein alles Empfinden, Wahrnehmen, Denken, Wollen u. Handeln des Subjekts fundiert, gründet das Sein selbst in der Z.

Damit vollzieht sich eine entscheidende Wende im Denken über die Z. Für Platon ist die Z. noch das „bewegte Abbild der Ewigkeit". Augustinus leitet sowohl das Zeitliche als auch das Unzeitliche (z.B. Zahlen) aus ihrem gemeinsamen Ursprung im ewigen →Gott ab. Boethius unterscheidet die Ewigkeit (*aeternitas*) Gottes von der Dauer (*sempiternitas*) der Welt – Immer-sein bedeutet hier nicht dasselbe wie dort: Während Gott Allgegenwart besitzt u. in jedem vergangenen, gegenwärtigen u. zukünftigen Zustand der →Wirklichkeit zugleich anwesend ist, durchläuft die Welt im Nacheinander unendlich viele Augenblicke. Im Zuge des Historismus, der jeden Sachverhalt einem geschichtlichen Werden unterwirft, wird jedoch am Ende des 19. Jh.s (vgl. z.B. H.L. Bergson) die Z. zum Maß des Ewigen. Das vormals Überzeitliche wird nun entweder zu einer mittelfristigen u. damit zeitlich instabilen Fixierung od. zu etwas, das zwar „allzeitlich" (Husserl) ist, sich aber nicht unabhängig von den Z.punkten seiner, wenngleich inhaltlich identischen, Präsentation darbietet. Die Welt erscheint vor diesem Hintergrund im Ganzen als ein Prozess (Evolution), in dem der Mensch u. – nach einigen Auffassungen – selbst Gott („werdender Gott") als dynamische Funktionsgrößen auftreten.

Whitrow, G. J., Die Erfindung der Zeit, Hamburg 1999. – Zimmerli, W. Ch./Sandbothe, M. (Hg.), Klassiker der modernen Zeitphilosophie, Darmstadt 1993. – Frank, M., Zeitbewußtsein, Pfullingen 1990. – Wendorff, R., Zeit und Kultur. Geschichte des Zeitbewußtseins in Europa, Opladen 31985.

Ralf Becker

Anhang

Abkürzungsverzeichnis

Über die Abkürzung der „Grundbegriffe" im jeweiligen Artikel hinaus haben wir folgende Abkürzungen verwendet:

Biblische Bücher werden in der Form der „Einheitsübersetzung" abgekürzt.

Abkürzungen der außerkanonischen (=nicht in die Bibel aufgenommenen, der Bibel nah stehende) Schriften können z.B. nachgeschlagen werden in: Kasper, W. u.a. (Hg.), Lexikon für Theologie und Kirche (=LThK), Bd. 11, Freiburg-Basel-Wien [3]2006.

AT/NT	Altes Testament/Neues Testament
hebr./gr./lat.	hebräisch/griechisch/lateinisch
kath./ev./prot.	katholisch/evangelisch/protestantisch

allg.	allgemein/e/r/s
bes.	besonders
ca.	circa
d.h.	das heißt
evtl.	eventuell
i.d.R.	in der Regel
insbes.	insbesondere
insges.	insgesamt
i.S.	im Sinne
Jh.	Jahrhundert
m.a.W.	mit anderen Worten
od.	oder
s.o.	siehe oben
sog.	so genannt/e/r/s
u.	und
u.a.	unter anderem
u.ä.	und ähnliches
u.a.m.	und anderes mehr
u.ö.	und öfter
u.U.	unter Umständen
usw.	und so weiter
v.a.	vor allem
z.B.	zum Beispiel
zw.	zwischen
z.Zt.	zur Zeit

Anmerkungen

Sofern nur die männliche Form ausdrücklich benannt wird, ist in relevanten Fällen stets auch die weibliche Form mitgemeint.

Sämtliche Dokumente des II. Vatikanischen Konzils sind zusammengefasst in: Rahner, K./Vorgrimler H. (Hg.), Kleines Konzilskompendium, Freiburg i.B. [33]2006.

Verzeichnis der Autorinnen und Autoren

Ahrens, Theodor, Dr., Professor em. für Missions-, Ökumene- und Religionswissenschaften, Fachbereich Ev. Theologie, Universität Hamburg

Altmeyer, Stefan, Dr., Wissenschaftlicher Assistent am Seminar für Religionspädagogik und Homiletik, Kath.-Theologische Fakultät, Universität Bonn

Antweiler, Christoph, Dr., Professor für Ethnologie, Fachbereich Ethnologie, Universität Trier

Apitzsch, Ursula, Dr., Professorin für Politikwissenschaft und Soziologie, Fachbereich Gesellschaftswissenschaften, Universität Frankfurt a.M.

Arnold, Claus, Dr., Professor für Kirchengeschichte, Fachbereich Kath. Theologie, Universität Frankfurt a.M.

Becker, Ralf, Dr., Wissenschaftler Mitarbeiter am Philosophischen Seminar, Universität Kiel

Boschki, Reinhold, Dr., Professor für Religionspädagogik, Kath.-Theologische Fakultät, Universität Bonn

Braun, Bernhard, Dr., Ass.Professor am Institut für Christliche Philosophie, Universität Innsbruck

Bremer, Thomas, Dr., Professor für Ökumenik und Friedensforschung, Fachbereich 02 – Kath.-Theologische Fakultät, Universität Münster

Brüntrup, Godehard SJ, Dr., Professor für Metaphysik und Geschichte der Philosophie, Hochschule für Philosophie SJ München

Büchner, Christine, Dr., Habilitandin, Lehrstuhl für Dogmatische Theologie und Dogmengeschichte/Institut für Ökumenische Theologie, Kath.-Theologische Fakultät, Universität Tübingen

Bultmann, Christoph, Dr., Professor für Bibelwissenschaften, Martin-Luther-Institut, Universität Erfurt

Büttner, Christian, Dr., Hessische Stiftung für Friedens- und Konfliktforschung, Frankfurt a.M., Hon.Professor an der Ev. Fachhochschule Darmstadt

Dahling-Sander, Christoph, Dr., Leiter der Arbeitsstelle Islam und Migration im Haus kirchlicher Dienste der Ev.-luth. Landeskirche Hannovers, Lehrbeauftragter am Seminar für Ev. Theologie, Technische Universität Braunschweig

Deuser, Hermann, Dr. Dr. h.c., Professor für Systematische Theologie und Religionsphilosophie, Fachbereich Ev. Theologie, Universität Frankfurt a.M.

Dirscherl, Erwin, Dr., Professor für Dogmatik und Dogmengeschichte, Kath.-Theologische Fakultät, Universität Regensburg

Dörpinghaus, Andreas, Dr., Professor für Allgemeine Erziehungswissenschaft, Philosophische Fakultät III, Universität Würzburg

D'Sa, Francis X. SJ, Dr. Dr. h.c., Professor für Indische Religionen und Theologie der Religionen, Päpstliche Hochschule für Philosophie und Theologie, Pune/Indien

Ebertz, Michael N., DDr., Professor für Sozialpolitik, Freie Wohlfahrtspflege und kirchliche Sozialarbeit, Kath. Fachhochschule Freiburg i.B.

Feiter, Reinhard, Dr., Professor für Pastoraltheologie und Religionspädagogik, Fachbereich 02 – Kath.-Theologische Fakultät, Universität Münster

Franz, Albert, Dr., Professor für Systematische Theologie, Institut für Kath. Theologie, Technische Universität Dresden

Gabriel, Karl, DDr., Professor für Christliche Sozialwissenschaften, Direktor des Instituts für Christliche Sozialwissenschaften, Fachbereich 02 – Kath.-Theologische Fakultät, Universität Münster

Gantke, Wolfgang, Dr., Professor für Religionswissenschaft und Religionstheologie, Fachbereich Kath. Theologie, Universität Frankfurt a.M.

Gomolla, Mechtild, Dr., Wissenschaftliche Mitarbeiterin am Institut für Allgemeine Erziehungswissenschaft, Fachbereich Erziehungs- und Sozialwissenschaft, Universität Münster

Gräb-Schmidt, Elisabeth, Dr., Professorin für Systematische Theologie, Institut für Ev. Theologie, Fachbereich Geschichts- und Kulturwissenschaften, Universität Gießen

Greverus, Ina-Maria, Dr., Professorin em., Gründerin und ehem. Leiterin des Instituts für Kulturanthropologie und Europäische Ethnologie, Universität Frankfurt a.M.

Gutheinz, Luis SJ, Dr., Professor für Theologie, Kath.-Theologische Fakultät, Katholische Fu Jen-Universität, Taipei/Taiwan

Guthmann, Thomas, freier Journalist und Autor, zudem in der Bildungsarbeit tätig, Berlin

Häring, Hermann, Dr., Professor em. für Wissenschaftstheorie und Theologie, Leiter des Interdisziplinären Instituts für Religion, Wissenschaft und Kultur (Heyendaal Instituut), Universität Nijmegen/Niederlande

Hämel, Beate-Irene, Dr., Akad. Rätin an der Professur für Pastoraltheologie, Religionspädagogik und Kerygmatik, Fachbereich Kath. Theologie, Universität Frankfurt a.M.

Hainz, Josef, Dr., Professor em. für Neues Testament, Fachbereich Kath. Theologie, Universität Frankfurt a.M.

Haker, Hille, Dr., Professorin für Moraltheologie und Sozialethik, Fachbereich Kath. Theologie, Universität Frankfurt a.M.

Halbfas, Hubertus, Dr., Professor em. für Religionspädagogik, Pädagogische Hochschule Reutlingen

Hasenfratz, Hans-Peter, Dr., Professor em. für Theologie der Religionsgeschichte, Ev.-Theologische Fakultät, Universität Bochum

Hauser, Linus, Dr., Professor für Systematische Theologie, Institut für Kath. Theologie, Fachbereich Geschichts- und Kulturwissenschaften, Universität Gießen

Heimbrock, Hans-Günter, Dr., Professor für Praktische Theologie und Religionspädagogik, Fachbereich Ev. Theologie, Universität Frankfurt a.M.

Hell, Leonhard, Dr., Professor für Dogmatik und Ökumenische Theologie, Kath.-Theologische Fakultät, Universität Mainz

Hermann-Pfandt, Adelheid, Dr., Privatdozentin für Religionswissenschaft, Fachbereich Gesellschaftswissenschaften und Philosophie, Universität Marburg

Hilberath, Bernd Jochen, Dr., Professor für Dogmatische Theologie und Dogmengeschichte, Direktor des Instituts für Ökumenische Forschung, Kath.-Theologische Fakultät, Universität Tübingen

Hock, Klaus, Dr., Professor für Religionsgeschichte – Religion und Gesellschaft, Theologische Fakultät, Universität Rostock

Huber-Rudolf, Barbara, Dr., Wissenschaftliche Mitarbeiterin bei der Christlich-Islamischen Begegnungs- und Dokumentationsstelle (CIBEDO), Frankfurt a.M.

Hübner, Jürgen, Dr., apl. Professor für Systematische Theologie, Theologische Fakultät, Universität Heidelberg, Emeritus Forschungsstätte der Ev. Studiengemeinschaft e.V. (FEST), Heidelberg

Hummel, Reinhart, Dr., Pfarrer i.R., ehem. Leiter der Ev. Zentralstelle für Weltanschauungsfragen, Berlin

Jans-Scheidegger, Franz-Xaver, Spiritueller Leiter des VIA CORDIS-Hauses St. Dorothea, Flüeli-Ranft/Schweiz

Kessler, Hans, Dr., Professor em. für Systematische Theologie, Fachbereich Kath. Theologie, Universität Frankfurt a.M.

Klaes, Norbert, Dr., Professor für Religionsgeschichte, Philosophische Fakultät III, Universität Würzburg

Klinger, Elmar, Dr., Professor für Fundamentaltheologie und Vergleichende Religionswissenschaft, Kath.-Theologische Fakultät, Universität Würzburg

Köhle-Hezinger, Christel, Dr., Professorin für Volkskunde, Leiterin des Bereichs Volkskunde/Kulturgeschichte, Philosophische Fakultät, Universität Jena

Konnertz, Ursula, Wiss. Mitarbeiterin an der Professur für Moraltheologie und Sozialethik, Fachbereich Kath. Theologie, Universität Frankfurt a.M.

Kunstmann, Joachim, DDr., Professor für Ev. Theologie/Religionspädagogik, Pädagogische Hochschule Weingarten

Kuschel, Karl-Josef, Dr. Dr. h.c., Professor für Theologie der Kultur und des interreligiösen Dialogs, Kath.-Theologische Fakultät, Universität Tübingen

Lemhöfer, Lutz, Referent für Weltanschauungsfragen des Bistums Limburg

Lenkersdorf, Carlos, Dr. Dr. h.c., Professor für Mayasprachen, Philologisches Forschungsinstitut, Autonome Universität Mexiko/UNAM, Mexiko D.F.

Lesch, Walter, Dr. Professor für Philosophie und theologische Ethik, Kath. Universität Louvain-la-Neuve/Belgien

Mette, Norbert, Dr. Dr. h.c., Professor für Religionspädagogik und Praktische Theologie, Fakultät Humanwissenschaften und Theologie, Universität Dortmund

Meyer, Uwe, Dr., Wissenschaftlicher Mitarbeiter Philosophie, Fachbereich Kultur- und Geowissenschaften, Universität Osnabrück

Neuner, Peter, Dr. Professor em. für Dogmatik und Ökumenische Theologie, ehem. Direktor des Ökumenischen Forschungsinstituts, Kath.-Theologische Fakultät, Universität München

Nocke, Franz-Josef, Dr., Professor em. für Systematische Theologie, Institut für Kath. Theologie, Fachbereich Geisteswissenschaften, Universität Duisburg-Essen

Nünning, Ansgar F., Dr. Professor für Englische und Amerikanische Literatur- und Kulturwissenschaft, Institut für Anglistik, Universität Gießen

Okano, Haruko Kunigunde, Prof. Dr., Professorin für Religionsphilosophie und Sozialethik, Rektorin der Seisen-Universität Tokyo/Japan

Pauly, Wolfgang, Dr., Akad. Direktor am Institut für Kath. Theologie, Universität Koblenz – Landau, Campus Landau

Platter, Guntram, Dr., Professor für Kommunikation und Öffentlichkeitsarbeit, Fachhochschule Eberswalde

Raske, Michael, Dr., Professor em. für Praktische Theologie/Religionspädagogik, Fachbereich Kath. Theologie, Universität Frankfurt a.M.

Sattler, Dorothea, Dr., Professorin für Geschichte und Theologie der Kirchen und kirchlichen Gemeinschaften aus der Reformation (West-Ökumene), Direktorin des Ökumenischen Instituts, Fachbereich 02 – Kath.-Theologische Fakultät, Universität Münster

Scheer, Brigitte, Dr., Professorin em. für Philosophie, Institut für Philosophie, Fachbereich Philosophie und Geschichtswissenschaften, Universität Frankfurt a.M.

Scheiber, Karin, Dr., Wissenschaftliche Mitarbeiterin, Theologische Fakultät, Universität Zürich

Schmeller, Thomas, Dr., Professor für Exegese und Theologie des Neuen Testaments, Fachbereich Kath. Theologie, Universität Frankfurt a.M.

Schmidt, Thomas M., Dr., Professor für Religionsphilosophie, Fachbereich Kath. Theologie, Universität Frankfurt a.M.

Schorlemmer, Friedrich, Dr. h.c., Studienleiter an der Ev. Akademie Sachsen-Anhalt, Wittenberg

Schreijäck, Thomas, Dr., Professor für Pastoraltheologie, Religionspädagogik und Kerygmatik, Fachbereich Kath. Theologie, Universität Frankfurt a.M.

Schrödter, Hermann, Dr., Professor em. für Religionsphilosophie, Fachbereich Kath. Theologie, Universität Frankfurt a.M.

Siller, Hermann Pius, Dr., Professor em. für Praktische Theologie/Religionspädagogik, Fachbereich Kath. Theologie, Universität Frankfurt a.M.

Simon, Werner, Dr., Professor für Religionspädagogik, Katechetik und Fachdidaktik Religion, Kath.-Theologische Fakultät, Universität Mainz

Simonis, Walter, DDr., Professor em. für Dogmatik und Dogmengeschichte, Kath.-Theologische Fakultät, Universität Würzburg

Spiegel, Egon, Dr., Professor für Religionspädagogik und Pastoraltheologie, Institut für Kath. Theologie, Hochschule Vechta

Stendebach, Franz Josef OMI, Dr., Hon.Professor für Altes Testament, Fachbereich Kath. Theologie, Universität Frankfurt a.M.

Suess, Paulo, Dr. Dr. h.c. mult., Professor für Missionswissenschaft am Instituto Teológico São Paulo/ITESP, São Paulo/Brasilien

Trocholepczy, Bernd, Dr., Professor für Religionspädagogik und Mediendidaktik, Fachbereich Kath. Theologie, Universität Frankfurt a.M.

Vieth, Andreas, Dr., Wissenschaftlicher Mitarbeiter am Philosophischen Seminar, Fachbereich Geschichte/Philosophie, Universität Münster

Wagner, Wolf, Dr., Professor für Sozialwissenschaften am Fachbereich Sozialwesen, Fachhochschule Erfurt

Wenzel, Knut, Dr., Professor für Fundamentaltheologie und Dogmatik, Fachbereich Kath. Theologie, Universität Frankfurt a.M.

Werbick, Jürgen, Dr., Professor für Fundamentaltheologie, Fachbereich 02 – Kath.-Theologische Fakultät, Universität Münster

Wiedenhofer, Siegfried, Dr., Professor für Systematische Theologie, Fachbereich Kath. Theologie, Universität Frankfurt a.M.

Willaschek, Marcus, Dr., Professor für Philosophie, Institut für Philosophie, Fachbereich Philosophie und Geschichtswissenschaften, Universität Frankfurt a.M.

Zirker, Hans, Dr., Professor em. für Fundamentaltheologie, Institut für Kath. Theologie, Fachbereich Geisteswissenschaften, Universität Duisburg-Essen

Verzeichnis der Einträge und Verweise